박정희 노스탤지어와
한국민주주의

Park Chung Hee Nostalgia and Korean Democracy

아연동북아 총서 _ 37

박정희 노스탤지어와 한국민주주의

| 강우진 지음 |

아연출판부
고려대학교 아세아문제연구소

| 차 례 |

아연동북아총서 발간에 부쳐

탈냉전 이후 동아시아의 역동적 발전은 역내의 정치-외교, 경제 질서뿐만 아니라 문화, 사상, 종교 등의 제 영역에서 새로운 변화를 추동하고 있다. 이런 변화는 일국적 차원의 고찰로는 해명될 수 없는 복잡하고도 민감한 초국가적(transnational) 현상을 낳고 있다. 특히 동북아시아는 지리적 인접성, 공통의 역사 · 문화적 경험, 협력과 공존의 필요성 등으로부터 연유하는 초국가적 사고와 움직임이 활성화되고 있다. 이런 동북아에 대한 이해를 심화, 확대하고 새로운 해석과 전망을 제공하기 위해서는 국가별 연구나 학문 분과의 분절적 연구를 넘어 동북아시아를 분석의 단위로 삼는 다학문적·학제적 연구가 요청된다.

동북아시아 연구가 갖는 실천적 의미는 매우 중요하다. 주지하듯이 동북아시아는 세계의 어느 지역보다도 급속한 변화와 발전상을 보여주고 있음에도 불구하고, 여전히 근대성의 문제와 냉전의 구도에 얽매여 있는 곳이다. 20세기 전반기의 제국주의 침략과 식민 경험은 오늘에도 국가적·민중적 기억을 지배하고 있다. 냉전의 산물인 남북 분단과 북한의 핵 위협은 동북아시아의 커다란 불안 요소가 되고 있다. 국가 간 역사 및 영토 분쟁 또한 동북아의 평화로운 발전에 장애로 남아 있다. 그러나 우리는 불편한 역사적 경험과 현재의 불안정이 다른 한편으로 동북아시아의 여러 구성 요소들을 상호 긴밀히 연결시키고, 그로부터 문제 해결을 위한 공통의 기반이 마련될 수 있음에 주목한다. 동북아시아는 대립과 갈등의 무대이기도 하지만 평화와 공존의 모색을 위한 토대이기도 하다. 이제 동북아 연구는 동북아가 처한 현실을 객관적으로 진단하고, 평화로운 미래를 건설하는 시대의 요청에 부응하지 않으면 안 된다.

고려대학교 아세아문제연구소(이하 아연)는 대표적인 동북아시아 지역 종합 연구소로서 학제 간 연구를 통한 동북아 지역 연구를 이끌어왔다. 1957년 설립된 이래 아연은 구한국 외교문서와 공산권 연구 총서 및 동아시아 연구 총서, 중국 연구 총서, 한일 공동 연구 총서, 민주주의 총서 등 연구 성과의 체계적 집성을 통해 학문적 차원에서 현실을 진단하고 바람직한 미래의 방향을 전망하는 대학 연구소의 역할을 충실히 수행해왔다. 2008년부터는 한국연구재단의 '인문 한국'(HK) 사업 해외지역학 분야의 지원 기관으로 선정되어, '동북아시아의 초국가적 공간: 사상·사회·문화·제도의 교류와 재구성'이라는 연구 어젠다를 중심으로 10년 기간의 대규모 프로젝트를 진행하고 있다. 이제 아연은 지난 50여 년 동안 축적된 연구 경험과 현재 진행 중인 '인문 한국' 사업의 성과, 각종 동북아 지역 연구 지원, 국내외 소장 학자 교류 지원 프로그램 등을 기반으로 해 〈아연동북아총서〉를 발간한다. 이 총서의 성과가 동북아 공동의 문제를 해결하고 조율하며 바람직한 미래를 모색하는 장이 될 수 있기를 기대하면서, 관심 있는 분들의 격려와 질정을 바란다.

아세아문제연구소장 이종화

머리말

한국 민주주의는 1987년 6월 학생과 시민들에 의한 항쟁을 통해서 민주화로 이행한 이후에 30돌이 지났다. 지난 30년여 동안 한국 민주주의는 비교적 관점에서 평가할 때 제3의 물결을 통해서 민주화를 이룩한 나라 중에서 가장 성공적인 민주화를 이룬 소수의 사례 중의 하나로 평가될 수 있다. 민주화 이후 공정하고, 경쟁적이며, 주기적인 선거를 통한 권력의 교체를 의미하는 최소 정의적 수준의 민주주의(또는 선거체제)는 안정적으로 제도화되었다. 동시에, 시민들에 의한 저항이 결정적인 국면마다 수차례 촛불시위로 나타나 제도 정치권의 병목현상에 저항하거나 2016-7년 촛불혁명과 같이 이를 돌파하기도 하였다. 이러한 면에서 한국의 민주주의는 안정적으로 제도화되는 과정에서도 저항의 역동성을 유지한 드문 사례라고 볼 수 있다.

글쓴이가 이 책에서 분석하고자 하는 한국 민주주의의 또 다른 특징적 현상은 박정희 노스탤지어(Park Chung Hee Nostalgia)이다. 위로부터 권위주의적 동원에 의해 산업화를 이룬 박정희 전 대통령에 대한 지지와 박정희식 산업화 모델에 대한 수용과 지속적인 선호를 내용으로 하는 박정희 노스탤지어가 민주주의 제도화 과정에서 광범위하게 확산되었다.

박정희 노스탤지어는 다양한 모습으로 우리의 삶 속 깊숙이 들어와 있다. 박정희 추종자들에게는 박정희는 한민족을 가난에서 구원한 반신반인(半神半人)의 불세출의 영웅으로 추앙받는다. 박정희 시대를 버텨온 사람들에게는 박정희 시대는 그래도 모두 어려웠지만 '잘살아보세'라는 구호가 상징적으로 나타내듯이 공동의 목표를 위해서 다 같이 헌신하며 노력했던 역동적인 시절이었다. 긴급조치와 위수령 그리고 인권탄압의 음습한 시대로 박정희 시대를 기억하는 사람들에게도 박정희 노스탤지어는 부지불식(不知不息) 간에 존재한다. 이들 중 어떤 이들은 이렇게 이야기할지 모른다. 모든 시대가 그렇듯이 박정희 시대에도 공과(功過)는 있었다. 민주화는 어느 정도 이루었으니 저성장 시대에 지속적인 경제성장의 동력이 중요한 것 아닌가? 박정희 시절을 경험하지 못한 젊은 세대에게 박정희는 역사적 인물이다. 하지만 베이비 붐 세대가 경험했던 계층 상승이 먼 이야기가 된 이들에게 가장 중요한 가치는 박정희 정권의 지배이념이었던 경제성장우선주의일 수 있다.

이러한 현상을 목도하면서 글쓴이가 가졌던 질문은 왜 가장 성공적인 민주화의 사례라고 평가되는 한국 민주주의에서 위로부터 권위주의적 동원의 방식으로 급격한 산업화를 이끌었던 박정희와 박정희 모델에 대한 향수가 지속되느냐 하는 것이었다. 특히 글쓴이가 이 문제를 본격적으로 연구하도록 이끈 계기는 한 여론조사 결과였다. 한국민주주의바로미터(Korea Democracy Barometer 2010)에 따르면 '가장 좋은 정부가 어떤 정부인가'라는 질문에 박정희 정부를 선택한 응답자의 비율이 34.9%로 나타나 노무현 정부와 김대중 정부를 선택한 응답자의 비율을 상당히 앞섰다. 더구나 추가적인 분석을 통해서 박정희 노스탤지어가 상당한 기반을 가지고 있다는 것이 확인되었다. 이 조사가 실시되었던 2010년은 한국이 두 번의 정권교체의 시험(two-turnover test)을 통과하여 최소 정의적 수준에서 한국

민주주의가 공고화되었다고 평가되던 시점이었다. 이러한 대조적인 두 현상을 어떻게 볼 것인가? 이후 이 질문이 글쓴이를 지속적으로 자극하였다.

이 책의 핵심적인 주장은 박정희 노스탤지어는 다층적인 성격을 가지고 있다는 것이다. 박정희 노스탤지어를 전직 대통령 개인에 대한 회고적인 지지로만 분석한 선행 연구는 박정희 노스탤지어의 다층적인 성격을 분석하지 못하는 한계가 있었다. 박정희 노스탤지어는 일차적으로 한국형 경제성장 모델을 구축함으로써 고도성장을 이끈 전직 대통령 박정희에 대한 회고적 지지를 의미한다. 하지만 여기서 주목해야 할 점은 전직 대통령 박정희에 대한 지지의 원천은 경제성장우선주의라는 점이다. 경제성장우선주의는 민주화 이후에도 박정희 노스탤지어가 재생산될 수 있는 메커니즘이었다.

고도성장 시기를 이미 지난 민주화된 한국에서 박정희식 성장모델은 더 이상 가능하지 않다. 하지만 재벌 중심의 수출주도형 성장중심체제였던 박정희식 성장모델은 민주화를 거치면서도 그 기본적인 골격이 유지되었다. 진보 정부에서도 재벌 중심 경제 체제는 강화되었고 경제성장우선주의는 지속되었다. 박정희식 경제모델의 한계와 비용이 명확한 상황에서도 *'어떤 성장인가 누구를 위한 성장인가가 아니라 얼마나 많은 성장인가'*가 우리의 화두였다. 이에 따라 민주화 과정에서 대내외적 요인에 의한 일시적인 경기침체를 겪을 때마다 박정희 모델에 대한 정치적 호명이 반복되었다.

이 책의 각 장의 내용을 요약하면 아래와 같다. 제1장에서는 다층적인 현상으로서 박정희 노스탤지어를 분석하였다. 1990년 이후 본격화된 박정희 전 대통령과 관련된 여론조사 결과는 다음과 같이 요약할 수 있다. 첫째, '좋아하는 대통령'과 같은 전직 대통령 선호도 조사에서는 관련 조사가 시작된 1990년대 중반 이후 2010년대 초중반까지는 박정희가 수위를 기록해왔다. 하지만 2010년대 중후반 이후 조사에서는 노무현 전 대통령이 박정희 전 대통령을 앞서는 결과들이 제시되었다. 둘째, 전직 대통령의 업적과 관련된 조사에서도 대부분의 조사에서 박정희 전 대통령이 수위를 유지해왔다. 셋째, 박정희 전 대통령에 대한 긍정적인 평가는 일반 시민들과 전문가 모두에서 공통적으로 나타났다.

박정희 노스탤지어를 본격적으로 다룬 선행 연구는 매우 적다. 이는 박정희 노스탤지어를 심리적 시각에서 분석한 연구들과, 대중적 시각에서 분석한 연구들, 정당화 담론의 결과로 분석한 연구들로 구분할 수 있다. 글쓴이의 시각에서 볼 때 선행 연구는 박정희 노스탤지어의 다층적인 성격을 제대로 포착하지 못했다는 한계가 있다. 특히 비판적인 시각에서 박정희 노스탤지어를 분석한 선행 연구는 박정희와 박정희 모델에 대한 지지를 보내는 시민들을 대상화하고 이들의 지지를 병리적인 현상으로 본다는 문제가 있다. 이 연구는 박정희 노스탤지어를 민주화 이후에도 적지 않은 시민들이 권위주의적 지도자 박정희를 한국식 경제성장을 이루어낸 지도자로 평가하고 그 시대에 대한 향수를 느끼고 정치적으로 지지하는 현상과 나아가 경제성장을 가장 중요한 가치로 인식하고 경제성장을 위해서는 박정희식 모델이 효율성이 있다고 지지하는 현상으로 정의한다.

제2장은 박정희 노스탤지어에 대한 선행 연구를 중심으로 네 가지 쟁점을 도출하고 이를 분석함으로써 박정희 노스탤지어에 대한 객관적인 분석을 시도하였다. 분석 결과를 요약하면 첫째, 박정희 노스탤지어를 역사적으로 퇴영적이며 반민주적인 것으로만 볼 수 없다. 오히려 박정희 지지자 중의 상당수는 민주주의적인 정향을 가진 것으로 나타났다. 둘째, 박정희 노스탤지어를 정치적으로 동원된 결과로만 분석할 수 없다. 박정희 노스탤

지어의 지지기반은 광범위했으며 정치적으로 반대진영이라고 할 수 있는 호남, 진보진영에서도 일정한 지지를 받았다. 셋째, 박정희 노스탤지어는 민주 정부의 정책적 실패에 대한 평가와 일정한 관계가 있는 것으로 나타났다. 넷째, 박정희 노스탤지어는 이 책이 주장하는 것과 같이 전직 대통령 박정희에 대한 지지만을 의미하는 것이 아니라 경제성장우선주의와 안보를 매개로 한 국가주의와 연결되어 있었다.

제3장은 박정희 노스탤지어에 대한 미시적 기초를 경험적으로 분석하였다. 박정희 노스탤지어가 민주화 이후 한국 사회의 중요한 현상으로 부상했지만 이를 체계적으로 분석하기 위한 이론적 분석 틀에 대한 논의는 거의 없었다. 이 장은 이를 극복하기 위한 시론적인 논의이다. 이를 위해서 동구 신흥 민주주의 국가에서 민주화 이후 나타난 공산주의에 대한 향수(Communist Nostalgia)를 분석한 에크먼과 린드(Ekman and Linde 2005)의 분석 틀을 활용하여 박정희 지지의 미시적 기초를 분석하였다. 네 가지 모델(생애적 차원; 정치 이념적 차원; 개인적 차원의 수행력; 체제 차원의 수행력)을 분석한 결과 박정희 노스탤지어는 양면적 현상이었다. 연령과 체제적 차원의 수행력에 대한 비판적인 평가가 박정희 노스탤지어의 중요한 결정 요인이었다. 특히 민주주의 체제의 효능성을 나타내는 민주적 효능성(민주주의가 우리 사회의 중요한 문제를 해결할 수 있나)에 대한 부정적인 인식이 박정희 노스탤지어와 중요하게 관련되어 있었다. 이 분석 결과 민주화 이후 체제 수준의 수행력 결핍에 대한 비판적인 평가가 박정희 노스탤지어와 유의미하게 연관되어 있다는 추론이 가능했다.

제4장은 박정희 노스탤지어가 출현할 수 있었던 역사적 조건들과 기원에 대해서 분석하였다. 이 장에서는 박정희 노스탤지어의 출현과 확산에 기여한 조건들과 박정희 노스탤지어에 대한 기원을 추적해보았다. 먼저 역

사적 조건으로는 연성 권위주의 체제로서 한국 권위주의 체제의 하한선, 협약을 통한 민주적 이행의 양식, 전두환 정권의 이중적 역할, 산출 중심의 민주주의에 대한 이해에 주목했다. 이러한 조건들이 시민들이 한국 민주주의의 성취를 상대적으로 과소평가하고 권위주의 체제의 경제적 성과는 과대평가함으로써 박정희 노스탤지어가 출현하는 데 기여했다고 보았다. 박정희 노스탤지어의 기원에 대한 탐색을 위하여 두 가지 기원론(문민정부 기원론, 민주정부 기원론)을 비판적으로 검토하였다. 이를 통해서 박정희 노스탤지어는 박정희 시기에 기원을 두고 있지만 민주화 이후 정치적 경쟁에 의해서 지속적으로 확대 재생산되었다고 주장했다.

제5장은 박정희 체제에 대한 동의와 박정희 노스탤지어와의 관계를 분석하였다. 박정희 체제는 긴급조치와 위수령이 상징하는 강압적인 통치만으로 환원할 수 없는 대중적인 기반을 가지고 있었다. 이 장에서는 대중독재를 둘러싸고 벌어진 이론적인 논쟁에 기초하여 박정희 체제에 대한 대중들의 동의를 분석하고자 하였다. 이 책의 시각에서 볼 때 선행 연구는 박정희 정권의 시도와 노력(공급자)에 초점을 맞추고 대중들의 시각(수요자)에 대한 경험적 근거를 찾는데 취약한 한계를 가졌다. 이 장의 분석 결과 대중과 박정희 체제 사이에는 시대적 과제에 대한 일정한 합의와 믿음이 존재했다. 하지만 유신체제 시기 국회의원 선거에서 집권 민주공화당에 대한 지지를 중심으로 분석할 때 대중들이 적극적인 동의를 보냈다고 보기 힘들다는 결론을 도출했다. 박정희 노스탤지어가 지속될 수 있었던 것은 박정희식 경제발전 모델의 헤게모니가 균열 없이 유지되었기 때문이 아니라 민주화 이후 이에 대한 대항 헤게모니 구축에 실패했기 때문이다.

제6장은 박정희 노스탤지어의 유산으로서 경제성장우선주의를 분석하였다. 이 장에서 시민들은 민주화 이후에도 왜 경제성장우선주의를 지지하

는가라는 질문에 초점을 맞추어 경제성장우선주의의 결정 요인에 대한 경험 분석을 시도하였다. 현재 접근 가능한 여론조사자료 중에서 이 문제에 가장 적합한 여론조사인 2001년 한국민주주의바로미터 조사를 활용하여 분석한 결과 시민들의 경제성장우선주의 선호는 민주주의 체제의 효능성에 대한 비판적인 평가와 밀접히 연결되어 있었다. 또한 시민들의 경제성장우선주의에 대한 선호는 시민들의 민주주의에 대한 이해와도 관련이 있었다.

제7장은 박정희 노스탤지어의 정치적 영향에 대한 분석을 진행하였다. 박정희 노스탤지어의 기원 및 확산과 관련하여 이 책의 주장은 박정희 노스탤지어의 확산에 정치적 동원이 중요한 역할을 했다는 것이다. 이 장은 먼저, 민주화 이후 정치 세력들이 박정희 노스탤지어를 어떻게 동원했는지 역사적으로 분석하였다. 특히, 박근혜 전 대통령은 정치적 국면마다 박정희 노스탤지어를 동원하였으며 이에 의존했다. 또한 박정희 노스탤지어의 또 다른 차원인 경제성장우선주의의 정치적 영향에 대해서 분석했다. 이명박 후보와 박근혜 후보의 당선에서 확인할 수 있듯이 경제성장우선주의는 민주화 이후 유권자의 투표선택에도 중요한 영향을 미쳤다.

제8장은 박근혜 전 대통령에 대한 탄핵 이후 박정희 노스탤지어의 변화 가능성에 대해서 탐색했다. 박정희 노스탤지어는 민주화 이후 한국 민주주의의 발전과정과 궤를 같이했다. 특히 박정희 노스탤지어는 정치인 박근혜의 등장과 쇠락의 한 복판에 존재했다. 박근혜 전 대통령의 탄핵과 구속 이후 박정희 노스탤지어는 어떻게 될 것인가? 이 문제의 중요성에도 불구하고 이를 학술적으로 분석한 선행 연구는 존재하지 않는다. 이 장은 언론 분석 등에서 일부 제시된 세 가지 입장을 비판적으로 검토하고 다층적인 현상으로서 박정희 노스탤지어가 박근혜 전 대통령 탄핵 이후에도 일정하게

지속될 수 있다고 주장한다. 젊은 층에게 박정희 노스탤지어가 재생산될 수 있는 메커니즘은 경제성장우선주의와 국가주의이다.

이 책의 제2장, 제3장, 제6장은 이미 출간된 논문을 기초로 이책의 목적에 맞게 대폭 수정하였다.[1] 이 책은 고려대학교 아세아문제연구소의 동북아 연구총서의 일환으로 기획되었다. 글쓴이의 게으름으로 원래의 일정보다 많이 늦춰져 출간되었다. 아세아문제연구소의 관계자분께 미안한 마음을 전한다. 이 책이 준비되는 과정에서 많은 분의 도움을 받았다. 먼저, 글쓴이가 고려대학교 정치외교학과 석사과정에서 박정희 정권의 산업화 전략의 역사적 맥락을 주제로 석사 논문을 쓸 때 박정희 체제에 대한 문제의식을 일깨워 주신 은사님이신 최장집 교수님께 깊은 감사의 말씀을 드린다. 또한 아세아문제연구소 소장을 역임하신 고려대학교 정치외교학과 이내영 교수님과 아세아문제연구소 중국센터장이신 이정남 박사님께도 감사의 말씀을 드린다. 이 책의 초고를 읽고 좋은 논평을 해 주신 김정, 박성호 교수에게도 감사의 말씀을 드린다. 특히 배진석 교수는 초고를 전체적으로 꼼꼼히 검토하여 세심한 논평을 보내주었다. 또한 이 책의 초고의 참고문헌 정리를 위해서 큰 도움을 준 경북대학교 정치외교학과 박사과정에 재학중인 박인술 군에게 고마움을 전한다.

이 책은 글쓴이가 대 학원 진학 이후 만나고 배웠던 많은 선후배 동학, 학생들과 나누었던 한국 민주주의에 대한 많은 대화와 학문적 교류의 작은 결실이다. 자신의 자리에서 한국의 민주화를 위해서 노력했던 많은 평범한 사람들을 위해서 이 작은 결실을 바친다.

---

1 제2장은 한국과 국제정치 제29권 2호(2013), 제3장은 Asian Perspctive 40(1), 2016, 제6장은 한국과 국제정치 제31권 3호(2015)에 게재된 논문에 기반을 두어 다시 작성되었다. 게재를 허락해 준 경남대극동문제연구소에 감사의 말씀을 전한다.

1장

박정희 노스탤지어는 무엇인가?

이 책이 분석하고자 하는 박정희 노스탤지어(Nostalgia)는 무엇인가? 이 책의 중심적인 주장은 박정희 노스탤지어는 다층적인 현상(multi-level phenomenon)이라는 것이다. 다층적인 현상으로서 박정희 노스탤지어의 세 수준을 구분할 수 있다. 일차적으로 박정희 노스탤지어는 전직 대통령 박정희에 대한 회고적인 지지(retrospective support)를 나타낸다. 또한 박정희 노스탤지어는 박정희 정권의 지배 이념이었던 경제성장우선주의에 대한 내면적 수용 또는 적극적인 지지를 상징한다. 나아가, 박정희 노스탤지어는 박정희 체제와 시대에 대한 적극적인 지지로 나타난다.

세 가지 수준은 서로 밀접히 관련이 있지만 서로 구분된다. 많은 선행 연구가 박정희 신드롬(syndrome)과 일치시키고 있는 박정희 전 대통령에 대한 회고적 지지는 두 번째 수준인 경제성장우선주의에 대한 적극적 수용의 결과로서 나타난 현상이다. 세 번째 수준인 박정희 체제에 대한 적극적인 지지는 첫 번째와 두 번째 수준이 확대된 현상으로 일부 열성 지지자들에게서만 나타난다.

이 책이 주목하는 현상은 첫 번째 수준과 두 번째 수준이다 그동안 많은 연구가 박정희 신드롬 또는 노스탤지어를 분석했다. 하지만 대부분의 연구가 박정희 신드롬 또는 노스탤지어를 전직 대통령 박정희에 대한 선호에 국한해서 분석하는 경향을 나타냈다. 글쓴이는 전직 대통령 박정희에 대한 강한 지지는 박정희 노스탤지어의 정치적 표현이라고 주장한다. 반면에 박정희 노스탤지어의 또 다른 중요한 차원인 경제성장우선주의에 대한 수용과 지지는 박정희 노스탤지어가 지속되는 원천이라고 볼 수 있다. 박정희 노스탤지어를 전직 대통령 박정희에 대한 선호와 지지로만 본다면 다층적인 성격의 박정희 노스탤지어를 축소시키는 것이며 결과를 원인과 치환시키는 것이다.

다음으로 박정희 노스탤지어의 정확한 이해를 위해서 고민해야 하는 중요한 질문은 박정희 노스탤지어와 같은 강력한 리더십에 대한 향수는 권위주의를 경험한 비서구 민주주의 국가에서 나타나는 공통적인 현상인가 아니면 한국만의 특수한 현상인가라는 것이다. 박정희 노스탤지어는 공산주의를 경험한 탈공산주의 동유럽 민주주의 국가에서 나타나고 있는 공산주의에 대한 향수 또는 권위주의 독재를 경험했던 일부 후발 민주주의 국가에서 나타나고 있는 강력한 리더십에 대한 향수와 공통점이 존재한다. 민주주의로 이행하는 과정에서 나타난 새로운 체제의 수행력에 대한 비판적인 평가가 이러한 향수의 추동력이라는 면에서 공통점이 있다. 물론 이러한 향수의 지향점은 매우 다양하다. '그때가 좋았다'라는 단순한 회고적인 감정으로부터 카리스마를 가진 강력한 지도자에 대한 회고적 지지, 나아가 과거의 권위주의 체제에 대한 적극적인 지지로까지, 쉽게 하나로 묶을 수 없는 다양한 모습으로 나타난다.

하지만 박정희 노스탤지어는 다른 향수들과 구분되는 고유의 특성을 가지고 있다. 박정희 노스탤지어는 한국형 경제성장 모델의 기획자 · 집행자 · 유공자로서 박정희를 대상으로 하고 있다.[2] 제2차 세계대전 후에 비약적인 경제성장을 이룬 나라가 한국만은 아니었다. 세계은행의 보고서(World Bank 1993)에 따르면 전후 두드러진 경제성장을 이룬 나라는 여러 지역 중에서 동아시아에 집중되었다. 보고서는 일본을 포함한 동아시아 4개국(대한민국, 타이완, 홍콩, 싱가포르)과 동남아시아 국가연합(ASEAN) 중 인도네시아, 말레이시아, 태국 등의 3개국을 높은 수행력 국가(High-performing Asian Economics)로 분류하였다. 특히 일본과 동아시아 4개국(동아시아 네 마리의 용)은 제2차 대전 후 1990년대 중반 동아시아 경제 위기 전까지 비약적인 성장과 (상대적으로) 균등한 분배의 어려운 조합을 이룬 나라로 칭송받았다(Wang 2011). 이후에는 1990년대부터 최근까지 연평균 10% 내외의 고도성장을 달성한 중국이 뒤를 이었다.

비약적인 경제성장의 역사적 경험을 가진 어떤 나라도 경제성장기를 이끌었던 지도자의 이름을 둘러싼 경제모델 논쟁은 벌어지지 않았다. 한국의 박정희 노스탤지어는 권위주의적 동원을 통해서 급속한 경제성장을 이룸으로써 한국형 경제성장 모델을 만들었던 박정희 정권기의 성취에 대한 권

2_한국형 경제발전 모델의 중심적 특성과 한국형 경제발전에 대한 지도자로서 박정희의 기여에 대해서는 치열한 논쟁이 진행되었고 여전히 진행 중이다. 하지만 이 책이 분석의 대상으로 삼고 있는 박정희 노스탤지어를 소유한 시민들에게 박정희와 박정희 경제모델의 기여는 의문의 여지가 없다. 더구나 이 책의 분석이 제시하듯이 일반 시민들의 인식에서도 박정희(정권)가 경제발전에 기여했다는 평가는 압도적이다. 그동안 박정희 정권의 인권탄압과 비민주성에 비판적인 진보진영에서도 경제발전에 대한 박정희의 공을 인정하는 흐름이 2000년대 들어서 나타났다. 대표적으로 백낙청(2005)은 박정희가 지속 불가능한 경제발전의 유공자라는 점을 객관적으로 평가하자고 제안했다. 한국의 급속한 경제성장에 대해서 권위주의적 지배자 박정희가 실제로 어느 정도 기여했느냐는 별도의 논쟁이 필요하며 그동안 여러 차원에서 논의가 진행되어왔다. 개괄적인 평가에 대해서는 임혁백(2011), 한국형 경제성장 모델과 연관하여 박정희 정부의 기여에 대한 대립되는 두 입장은 유종일 외(2011)과 Kim Hung-A(2003), 이영훈 외(2017) 등을 참고하라. 하지만 박정희 노스탤지어에 대한 분석에서 있어서 중요한 사실은 대중들이 한국식 발전 모델에 대한 박정희의 역사적 기여에 그다지 의문을 제기하지 않는다는 사실이다.

위주의적 지도자 박정희의 공에 대한 나아가 이러한 모델의 현재적 유용성에 대한 시민들의 지지를 나타낸다. 이러한 면에서 박정희 노스탤지어의 차별성이 있다.

박정희 노스탤지어를 정확히 이해하기 위해서는 박정희 노스탤지어를 둘러싼 명명(命名)을 분명히 할 필요가 있다. 대다수의 선행연구가 박정희 신드롬(syndrome)이라는 표현을 쓰고 있다. 국립국어원의 표준국어대사전에 따르면 신드롬은 "어떤 것을 좋아하는 현상이 전염병과 같이 전체를 휩쓸게 되는 현상"이다. 1990년대 초반 박정희 노스탤지어가 급속히 확산되는 현상을 설명하는 데에 신드롬이란 용어가 유용성이 있을 수 있다. 하지만 이 책은 다수의 선행 연구(대표적으로 서유석(2009))가 바라보는 것과 같이 박정희 노스탤지어를 병리적이고 퇴영적인 현상으로만 보지 않는다. 그렇다면 박정희 신드롬이라는 용어보다는 이 책이 채택하고 있는 노스탤지어(Nostalgia)란 용어가 더 적절할 수 있다. 국립국어원 표준대사전에 따르면 노스탤지어는 "지난 시절에 대한 그리움"을 의미한다.

1. 박정희 노스탤지어의 현황-여론조사자료를 중심으로

1990년 이후 최근까지 실시된 전직 대통령 선호도에 대한 거의 모든 여론조사에서 박정희는 압도적으로 1위를 기록해왔다. 이러한 경향에 변화가 나타나서 최근 실시된 일부 여론조사에서는 노무현 전 대통령에 대한 선호가 박정희 전 대통령에 대한 선호를 능가하기도 했다.

박정희 전 대통령에 대한 선호도가 화제가 되었던 첫 번째 계기는 1997년 초에 고대신문에 게재되었던 '인간복제에 대한 의식'에 관한 주관식 여론조사일 것이다. 이 조사에서 김구와 테레사 수녀가 각각 '복제하고 싶은 인물' 1위와 2위에 올랐다. 박정희 전 대통령은 한 표 차이로 테레사 수녀에 이어서 3위를 기록했다(동아일보 1997/03/17). 비록 이 조사의 조사대상이 고려대학교 학생으로 한정되었지만 학생들을 대상으로 한 조사에서 박정희가 복제하고 싶은 인물 상위에 오른 것은 흥미로운 현상이었다. 이 조사의 시기가 경제 위기 이전이라는 시점을 고려할 때 젊은 층 사이에서도 박정희 전 대통령에 대한 지지기가 경제 위기 전에도 이미 일정하게 존재했었다는 것을 알 수 있다.

표〈1-1〉 박정희 전 대통령 대한 선호도에 대한 주요 여론조사 결과

조사 개요	1위	2위	3위
한국 정부 수립 50주년 기념 「대한민국 50년의 50대 인물」 (한국갤럽, 1998/7/15)	박정희 (66.9%)	김구 (26.3%)	
「금세기 최고의 인물은 누구일가?」(월간조선, 99/12월호).	박정희 (52.1%)	김구 (16.6%)	김대중 (10.7%)
「역사상 가장 존경받는 인물」 한국갤럽(조선일보 02/08/26).	박정희 (20.1%)	세종대왕 (16%)	이순신 (15.3%)
「5천 년 한국을 빛낸 위대한 인물」, 월간조선(03/09월 22일~11월 14일 · 재인용 박정희 대통령기념관).	박정희 (49.4%)	세종대왕 (10.0%)	광개토대왕 (7.4%)
「지난 60년 동안 대한민국을 세계에 널리 알린 인물은」, KBS(05/01/01 · 재인용 박정희대통령기념관).	박정희 (24.6%)	김구 (23.9%)	이승만 (9.2%)
「정부 수립 60년 대한민국 발전에 가장 큰 업적을 남긴 정치 지도자」, 코리아리서치(동아일보 08/08/15).	박정희 (56%)	김대중 (11.0%)	김구 (3.9%)

표〈1-1〉은 전직 대통령 선호도에 대한 주요 여론조사 결과를 나타내고 있다. 박정희 전 대통령은 그동안 다양한 분야의 조사에서 압도적인 표차로 지속적인 1위를 차지했다. 정부 수립 50주년 기념으로 실시된 대한민국의 50년의 50대 인물 조사(한국 갤럽 1998/07/15)에서 박정희 전 대통령은 김구 주석을 누르고 1위를 기록했다. 또한 해방 후 60년 동안 대한민국을 세계에 가장 널리 알린 인물 조사(KBS 2005/01/01)에서도 박정희 전 대통령

은 24.6% 지지를 얻어 2위를 기록한 김구 주석을 근소한 차이로 앞서서 1위를 기록했다. 비슷한 맥락에서 '정부 수립 이후 60년 동안 대한민국의 발전에 가장 큰 업적을 남긴 정치 지도자 조사'에서도 2위를 기록한 김대중 전 대통령(11.0%)보다 다섯 배가 넘는 절반 이상(56%)의 지지를 얻어 1위를 기록했다.

나아가 박정희 전 대통령에 대한 지지는 '금세기 최고의 인물', '5천 년 한국을 빛낸 위대한 인물'에 대한 조사에서도 압도적인 결과를 나타냈다. 더구나, '역사상 가장 존경받는 인물'에 대한 조사에서도 박정희 전 대통령은 20.1%의 지지를 얻어 세종대왕(16%)을 누르고 1위를 기록했다(한국갤럽 2002/08/14).

〈그림 1-1〉 전직대통령에 대한 선호도 조사

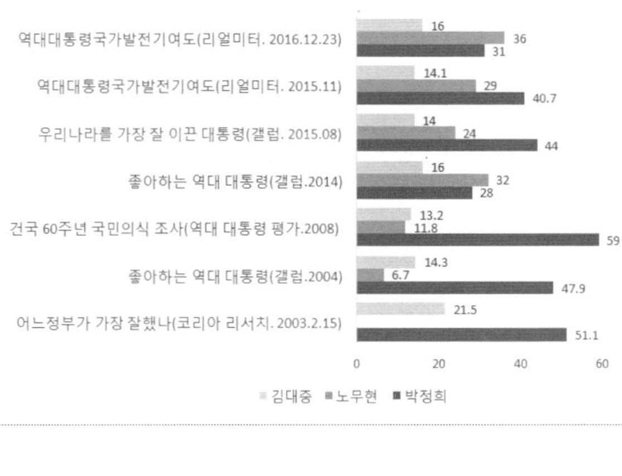

위에서 1990년대에 실시된 전직 대통령에 대한 선호도를 포함한 거의 모든 여론조사에서 박정희 전 대통령이 1위를 차지한 결과를 살펴본 바 있다. 그렇다면 다른 전·현직 대통령과의 비교에서 박정희 전 대통령은 어느 정도 지지를 받았는가? 본격적인 전·현직 대통령 선호도를 비교한 본

격적인 여론조사는 2000년대에 들어서 실시되었다.

전직 대통령에 대한 선호도 변화를 구체적으로 살펴보자. 〈그림 1-1〉은 2000년 이후 전직 대통령 선호도 조사 결과를 요약 제시하고 있다. 2000년대에 들어서 실시된 전 · 현직 대통령에 대한 선호도에 관한 거의 모든 조사에서도 박정희 전 대통령은 1위를 기록했다. 코리아리서치가 2003년에 실시한 '어느 정부가 가장 잘했나'라는 여론조사에서 박정희 정부는 51.1%의 지지를 얻어 2위인 김대중 정부에 대한 지지(21.5 %)를 압도했다. 이후 '좋아하는 역대 대통령' 조사(한국갤럽 2004; 2014), '역대 대통령 국가발전 기여도 조사'(리얼미터 2015/12/13) 등에서도 박정희 전 대통령은 1위를 기록했다.

하지만, 같은 주제로 리얼미터가 2016년 말 실시한 조사(2016/12/23)에서는 노무현 대통령이 36% 지지를 얻어서 1위에 올랐다. 반면에, 박정희 전 대통령은 31%를 얻어 2위에 그쳤다. 이는 2016년 하반기 한국 사회를 뒤흔들었던 박근혜 · 최순실 게이트와 이로 인한 박근혜 전 대통령 탄핵의 영향을 받은 것으로 추론할 수 있다.

박정희 전 대통령에 대한 압도적인 지지는 일반 시민들뿐만 아니라 전문가 평가에서도 확인된다. 한국대통령평가위원회(2002/08/26-27)가 해당 분야 전문가 학자 320명을 대상으로 실시한 역대 대통령 분야별 평가에서 박정희 대통령은 업무수행능력, 업적수행평가, 자질 분야 모두에서 1위를 기록했다. 이와 비슷하게 중앙일보와 중앙 선데이가 '국가 리더십의 탐색'이란 주제로 전문가 100인에게 의뢰한 조사에서 업적-비전과 의제설정-행정운영능력-경제관리 능력 면에서 박정희 전 대통령은 역대 대통령 중에서 최고의 점수를 얻었다. 리더십에 대한 평가는 대중들에 대한 조사에서도 53.5%로서 박정희가 1위를 차지하였으며 2위의 김대중(24.4%)에 비해서는 두 배가 넘는 지지를 얻었다(중앙일보 2010/02/19).

박정희 노스탤지어와 관련된 여론조사 결과를 살펴보면 다음과 같은 몇 가지 특징을 보인다. 첫째, '좋아하는 대통령'과 같은 전직 대통령 선호도 조사에서는 관련 조사가 시작된 1990년대 중반 이후 2010년대 중반까지는 박정희가 수위를 기록해왔다. 하지만 2010년대 중후반 이후 조사에서는 노무현 전 대통령이 박정희 전 대통령을 앞서는 결과들이 제시되었다. 둘째, 전직 대통령의 업적과 관련된 조사에서는 박정희 전 대통령이 대부분의 조사에서 수위를 유지해왔다. 셋째, 박정희 전 대통령에 대한 긍정적인 평가는 일반 시민들과 전문가 모두에서 공통적으로 나타났다. 전직 대통령에 대한 여론조사 결과에 대한 분석에서 강력한 박정희 노스탤지어를 확인할 수 있었다.

〈표1-2〉 박정희 전 대통령에 대한 선호와 업적에 대한 세대별 평가

	"귀하는 박정희 전 대통령이 대통령으로서 잘한 일이 많다고 보십니까, 혹은 잘못한 일이 많다고 보십니까?"(응답자 1003명)		"귀하는 해방 이후 역대 대통령 중에서 우리나라를 가장 잘 이끈 대통령이 누구라고 생각하십니까?" (응답자 2003명)
	잘한일이 많다	잘못한일이 많다	박정희 대통령
19세~29세	44%	28%	19% (노무현 40%, 김대중 21%)
30대	52%	22%	23% (노무현 38%)
40대	58%	21%	36%
50대	81%	7%	62%
60대 이상	91%	3%	71%
전체	67%	16%	44%

출처: 역대 대통령 직무수행평가(한국갤럽 2015/08/04~06).

박정희 전 대통령에 대한 압도적인 지지는 박정희 시대를 경험한 노년층에 국한된 현상인가? 물론 박정희 노스탤지어는 박정희 시대를 직접 경험한 노년층을 포함한 중장년층 이상에서 두드러지게 나타난다. 하지만 박정희 노스탤지어는 청년층에서도 존재한다. 젊은 박정희 지지자들이 꽤 존

재한다는 것을 여러 가지 자료를 통해서 확인할 수 있다.[3]

위의 표〈1-2〉는 박정희 전 대통령에 대한 선호와 업적 평가에 대한 최근 여론조사 결과를 세대별로 비교하고 있다. 2015년 갤럽 조사에서 확인할 수 있는 두드러진 사실은 박정희 전 대통령 평가에서 연령효과가 나타난다는 것이다. 연령대가 높아질수록 박정희 전 대통령에 대한 긍정적인 평가는 증가했다. 하지만, 주목할 부분은 청년층에게도 박정희 전 대통령에 대한 우호적인 평가가 상당히 나타났다는 점이다. 조사 시점(2015년)을 감안할 때 박정희 시대를 전혀 경험하지 못했던 20대와 30대에서도 박정희 전 대통령에 대한 지지가 상당히 확인되었다. 박정희 전 대통령이 잘한 일이 많은가 잘못한 일이 많은가에 대한 질문에서 20대에서는 부정적인 평가(28%)보다도 훨씬 높은 44%가 잘한 일이 더 많다고 대답했다. 30대에서 긍정적인 평가의 비율은 절반을 넘어 52%로 증가했다.

단순한 선호도 조사가 아니라 전직 대통령 직무 수행에 대한 결과도 크게 다르지 않다. 같은 조사에서 초대 대통령 이승만부터 이명박 대통령까지 전직 대통령의 직무 수행 비교를 조사한 결과를 살펴보자. 해방 이후 우리나라를 가장 잘 이끈 대통령으로는 전체 응답자의 44%의 지지를 얻은 박정희 전 대통령이 1위를 기록했다. 2위는 박정희 전 대통령에 대한 지지의 절반보다 약간 많은 24%로서 노무현 전 대통령이었다(3위 김대중 전 대통령, 14%). 그렇다면 청년층의 평가는 어떠했나? 20대에서 박정희 전 대통령이 우리나라를 가장 잘 이끌었다고 대답한 응답자의 비율은 19%로서 노무현 전 대통령(40%), 김대중 전 대통령(21%)에 이어서 3위를 기록했다. 30대에서는 23%의 지지를 얻어 노무현 대통령(38%)에 이어서 2위를 기록했다.

3_제3장에서 박정희 노스탤지어 결정 요인에 대한 체계적인 분석이 제시될 것이다.

위의 여론조사 결과에 대한 분석에서 알 수 있듯이 전직 대통령 직무수행에 대한 비교에서 박정희 전 대통령은 청년층에서도 상당한 지지를 얻었다. 이러한 결과는 흥미로운 퍼즐을 제시한다. 박정희 시대를 경험하지 않은 청년층들이 박정희 전 대통령을 적극적으로 지지하는 이유가 무엇인가?

이 책이 제기하는 퍼즐에 대한 본격적인 분석을 진행하기에 앞서 박정희 노스탤지어에 대한 앞선 연구들을 간단히 살펴볼 필요가 있다.

2. 박정희 노스탤지어에 대한 선행 연구

박정희 시대를 분석한 선행 연구는 여러 가지 시각에서 많이 존재한다.[4] 하지만 박정희 노스탤지어를 직접적으로 분석한 선행 연구는 매우 적다. 적은 수에 지나지 않은 박정희 노스탤지어에 대한 선행 연구를 요약하면 세 가지 시각으로 나눌 수 있다.

먼저 박정희 노스탤지어를 심리적인 관점에서 분석하는 접근법이다. 대표적으로 한민(2008)은 빌헬름 분트의 '민족 심리학'의 전통에서 발전한 문화심리학적 관점에서 한국인의 전통 신앙인 무속 신앙과 박정희 신드롬

4_박정희 시대에 대한 평가를 둘러싼 선행 연구에 대한 분석은 이 책이 다루는 범위를 벗어난다. 관련된 많은 연구가 존재한다. 대표적으로, 임혁백. 2012. "박정희에 대한 정치학적 평가: 리더십, 근대화, 유신, 몰락." 『평화연구』 가을호, 51-84; 김일영. 1995. "박정희 체제 18년을 어떻게 볼 것인가?" 『계간 사상』 겨울호 208-256, 등이 있다. 최근 들어서는 박정희 시대를 재평가하려는 시도가 연속적인 연구기획으로 출간되었다. 송복 외. 2017. 『박정희 바로 보기: 우리가 알아야 할 9가지 진실』. 서울: 기파랑; 이영훈 외. 2017. 『박정희 새로 보기: 오늘에 되살릴 7가지 성공모델』. 서울: 기파랑; 류석춘. 2018. 『박정희는 노동자를 착취했는가-대한민국 기능공의 탄생과 노동귀족의 기원』. 서울: 기파랑; 좌승희. 2018. 『박정희-동반성장의 경제학』. 서울: 기파랑.

과의 관계를 분석했다.[5] 그의 분석에 따르면 박정희 신드롬은 무속 신앙의 세계관에서 지배적인 현세주의적인 기복주의와 밀접히 관련이 있다. 또한 강력한 카리스마적 리더십을 발휘했던 박정희는 무속적인 세계관에서 나타나는 재복(災福)을 관리하는 신령, 즉 장군신의 역할을 했다고 볼 수 있다. 실제 다수 무속인의 신당에서는 박정희가 장군 신으로 모셔져 있다. 한국인의 무의식을 지배하고 있는 현세주의(現世主意)적 세계관이 경제성장을 매개로 무속신앙에서 신장(神將)과 같은 역할을 한 카리스마적인 지도자 박정희에 대한 지지로 나타난 것이다.

강준만(2002)은 정도의 차이만 있을 뿐 상당수 한국 국민들도 집단 최면에 걸려서 히틀러를 향해서 환호하던 독일 국민들과 비슷한 심리 상태를 가졌다고 주장한다. 강준만은 정신분석학자 신용구(2000)분석에 의존하여 박정희 신드롬의 심리학적 차원을 분석한다.

신용구(2000)에 따르면 박정희와 히틀러는 충동적이고 즉흥적인 성격이 서로 유사하다. 또한 히틀러의 게르만 민족의 우월성을 내세운 선동정치와 '위대한 한국 건설'의 기치를 내세운 박정희의 경제개발과 전통의 재창조도 닮아있다. 신용구(2000)에 따르면 한반도의 지정학적 위치는 생존을 위해서 강자와 타협하게 만드는 요인이 되었다. 권위에 저항하는 아래로부터의 지속적인 도전과 저항이 있었지만 지속해서 실패해왔으며 이러한 역사적 경험들은 한국인들의 잠재의식 속에 거세불안으로 투영되었다. 그렇다면 박정희 신드롬은 어떻게 이해할 수 있을 것인가? 전례를 찾을 수

5_그는 1979년 박정희 전 대통령의 사망 당시 전 국민적인 애도와 1994년 김일성의 사망 당시 북한 국민들의 반응을 병치시키면서 한국적인 문화코드로서 강력한 지도자에 대한 지지와 사랑을 지적한다. 그가 보기에는 한국인들의 전통적 · 문화적인 전통이 이러한 예외적인 현상의 배경이다(2008).

없는 외부로부터의 충격이었던 IMF(International Monetary Fund, 국제통화기금) 경제 위기는 30대 이상의 한국인들에게 유년 시절 겪었던 보릿고개와 같은 고통스러운 기억을 떠올리게 하였다. 신용구(2000)에 따르면 이러한 경험은 환란을 초래한 무책임한 정치인과 대비시켜 헌신적으로 일하며 국민들(자식들)을 가난에서 벗어나게 해준 아버지 상(像)으로 박정희를 호명하게 하였다. 한국인의 무의식을 중심으로 정신분석학적 관점에서 박정희 신드롬을 분석한 신용구(2000)는 극적인 죽음을 맞이한 박정희가 한국인의 무의식 속에 신화로 잠재하고 있었을 가능성을 주장한다. 이러한 가능성에 불을 지른 것이 외환위기였다(2000, 295).[6]

강준만(2002)은 또 다른 글에서 공적인 영역의 소멸로서 박정희 신드롬을 분석한다. 한국의 불행한 현대사는 국민들이 오로지 사적인 영역만이 안전과 번영을 보장해줄 수 있다는 인식을 가지게 했다. 강준만은 나아가 박정희는 국민 개조를 주장한 파시스트적인 인식의 소유자로서 공적인 영역을 사유화했다고 주장하고 자율을 모르고 살아온 사람들에게 이러한 인식은 불가피한 것일지 모른다고 주장한다. 심지어 그는 '박정희 신드롬'에 감염된 사람들을 측은하게 보고 사랑과 아량을 가지고 대해야 한다고까지 주장한다(2002, 36-37).

서유석(2009)은 박정희 노스탤지어를 퇴행적이고 병적인 현상으로 분석한다. 서유석(2009)은 박정희 신드롬을 분석하기 위해서 에리히 프롬의 독일 파시즘과 대중들의 도피심리에 대한 분석을 불러낸다(『자유로부터의 도피』). 프롬에 따르면 독일 파시즘의 등장에는 대중들이 강력한 지도자에

6_이와 비슷한 맥락에서 정신과 전문의 조성준(43)씨는 박정희 신드롬을 "우리 국민들 사이에 카리스마적 권위에 기대고 싶은 의존 심리가 아직 남아 있기 때문일 것"이라고 진단한다(한겨레 1997/05/13).

게 스스로 복종하려는 도피의 심리가 기여했다는 것이다. 서유석에 따르면 박정희 신드롬은 이와 비슷하게 "무의식적이고 병적 심리 이상이 아니다(2009, 148)." 이는 무오류의 지도자에게 모든 문제의 해결을 맡기려는 심리와 유사한 것으로 "성인의 삶(자유와 책임의 삶)에 지친 결과 어머니의 품에 안긴 어린이로 돌아가고자 하는 퇴행 심리의 일종"이다(2009, 149).

진중권(2003)은 나아가 박정희 신드롬을 병적인 현상으로 주장한다.[7] 그는 박정희 신드롬을 지속성을 가진 이데올로기로 분석하고 이를 세 가지 차원으로 구분한다. 세 가지 차원은 담론(談論)의 차원, 세론(世論)의 차원, 우리 몸속에 기입된 코드로서 사회정치적 실천을 이끄는 육체적 알고리듬(algorithm)으로 존재하는 습속의 차원으로 구성된다(2003, 341-342).

한 역사학자(임경석 2009)는 흥미로운 분석을 제시한다. 다수의 선행 연구가 문민정부 개혁 드라이브의 좌절이 박정희 노스탤지어를 불러왔다고 주장했다. 반면에 그는 1990년대 초 1인당 국민소득이 1만 달러를 돌파하고 해외여행 자유화 조치 이후 해외여행이 급증하며, 자가용 보유가 증가하고, 인터넷 사용이 보편화되는 사회·경제적 풍요가 박정희 신드롬의 배경이 되었다고 주장한다. 박정희 정권 동안 오랫동안 반복적으로 주입되어 온 성장만능주의가 국민들의 심리적인 내면에 잠복하고 있다가 경제적 풍요와 만나면서 집단적으로 표출한 현상이라는 것이다(2009, 9).

심리적인 시각에서 박정희 노스탤지어를 분석하고 있는 시각은 박정희 노스탤지어가 기초하고 있는 심리적인 기반에 주목한다는 의미가 있다. 하지만 이러한 시각은 박정희 노스탤지어를 퇴행적인 병리적 현상으로 단정

7_그에 따르면 박정희 신드롬은 "…일시적인 발작이 아니다. 그것은 어떤 만성 질환, 즉 우리 사회의 무의식 깊은 곳에 아직까지 남아있는 증상이 특정한 조건을 만나 발병한 것"이다(2003, 340).

한다는 문제점이 있다. 박정희는 최근까지도 거의 모든 여론조사에서 전직 대통령 선호도에서 가장 높은 지지를 받아왔다. 또한 다음 장에서 더 자세히 분석하겠지만 박정희 노스탤지어는 광범한 지지기반을 가지고 있다. 다수의 시민이 박정희 노스탤지어를 가지고 있다면 이러한 현상을 병리적이고 퇴행적인 현상으로 단정하는 것은 설득력 있는 주장이 아니다. 또한 이러한 시각은 박정희 노스탤지어의 심리적인 기초에만 주목하기 때문에 박정희 노스탤지어가 왜 특정한 국면을 통해서 부상했으며 확산되었는지를 분석하는데 취약하다.

둘째, 박정희 노스탤지어에 대한 분석에서 대중의 시각을 강조하는 접근법이다. 이 접근법에는 여러 가지 갈래가 있으나 2000년대 들어서 진행된 중요한 논쟁 중의 하나인 '대중 독재론'이 대표적이다. 이 접근법의 핵심 주장은 심리적인 접근법과는 대조적이다. 대중 독재론을 제기함으로써 박정희 시대에 대한 대중들의 동의를 둘러싼 논쟁을 불러일으킨 임지현은 그가 편집한 『우리 안의 파시즘』(삼인 2000)을 통해서 박정희 노스탤지어의 기초로서 우리 안에 자리 잡고 있는 일상화된 파시즘을 날카롭게 포착한 바 있다. 문제는 적나라한 누드 권력으로서 파시즘이 아니라 "사람들을 자발적으로 굴종하게 만들어 일상생활의 미세한 국면에까지 지배권을 행사하는 보이지 않는 규율"이다(2000, 30).

그는 이후 대중 독재론을 본격적으로 제시하면서 대중의 시각과 독재의 역사적 맥락의 중요성을 강조한다. 박정희 시대는 "항상적 위기와 지속적인 강압의 시절이었음에도 불구하고 "박정희 대통령 시절이 좋았지"라고 회상하는 대중의 집단 기억이 어떤 역사적 맥락 속에서 만들어졌는가"를 임지현은 강조한다(2005, 503-504). 이렇게 볼 때 대중은 박정희 독재 권력에 의한 일방적인 희생자가 아니다. 박정희 독재와 자신을 일체화하는 방식이 수동적 동의, 부분적 동의, 타협적 순응, 무의식적 순응과 같은 다양한 차원으로 나타난다(임지현 2004).

이승만 개인의 카리스마와 반공주의에 기반을 두었던 사인(私人)주의적 권위주의 체제였던 이승만 체제와 비교하여 박정희 체제는 지지기반을 적극적으로 창출하였던 최초의 근대적 체제였다(최장집 2010). 박정희 체제는 경제발전을 통한 조국 근대화라는 근대화 프로젝트에 국민들을 산업 전사로 호명하여 적극적으로 동원하였다.

이러한 시각에서 볼 때 ('대중 독재론' 주창자들이 명시적으로 주장하지는 않지만) 박정희 노스탤지어는 박정희 체제에 대한 대중들의 동의가 특정한 정치적 계기를 통해서 표출된 것으로 볼 수 있다. 대중 독재론을 박정희 노스탤지어에 적용한 접근법은 이 책이 주장하고 있는 바와 같이 대중의 시각에서('아래로부터의 시각') 박정희 노스탤지어를 분석하여 박정희 노스탤지어의 미시적 기초를 밝혀내려고 시도했다는 점에서 의미가 있다. 하지만 박정희 시대에만 초점을 맞추었기 때문에 박정희 노스탤지어의 역동적인 변화 과정과 재생산 메커니즘에 관심을 가지지 않은 아쉬움이 있다.

셋째, 박정희 노스탤지어를 박정희 체제에 대한 정당화 담론에 기반을 둔 신화화 시도에 의해서 유포·확산된 것으로 보는 시각이다(홍윤기 2003). 이 시각에 따르면 "박정희 신드롬은 단순히 과거 박정희가 이룩한 위업에 대한 복고적인 향수가 아니다. 그것은 명백히 공론장에서 현재적인 사회과정의 맥락을 배경으로 이루어진 이데올로기화 작업의 소산이다(홍윤기 2003, 64)." 특히 문민정부 개혁의 좌절을 배경으로 박정희 신화화 담론이 제기되었으며 1997년 IMF(International Monetary Fund, 국제통화기금) 경제 위기를 겪으면서 광범위하게 확산되었다는 것이다.

박정희 정권 정당화 담론은 세 가지 계기를 통해서 제시되었다. 첫 번째 계기는 유신의 출현이다. 유신 쿠데타와 함께 민주적 대표 체제가 사실상 무력화되었으며 집권세력은 이를 정당화할 필요가 있었고 유신 쿠데타 정당화 담론이 집권세력에 의해서 광범위하게 제시되었다. 이시기에 박정희 전 대통령 연설문집 시리즈와 박정희 자신이 저자로 발표된 다양한 저작을 제외하고도 다수의 저작이 출간되었다. 대표적으로 송효빈 『가까이서 본 박정희 대통령』(휘문출판사 1977), 박원탁 『박정희 대통령의 정치와 철학: 역사의 점화』(태양문화사 1978), 정진기 편 『박정희 대통령의 지도이념과 행동철학』(매일경제신문사, 1977), 서울신문사편 『민족과 함께 역사와 함께: 박정희 대통령-그 인간과 사상』(서울신문사 1978) 등이 있다.

이러한 저작들은 박정희 집권 기간 동안 출간된 것으로 박정희 정권 홍보에 치중한 글들이다. 따라서 박정희 노스탤지어가 대중적인 기반을 갖는데 직접적으로 기여했다고는 볼 수 없다.

두 번째 계기는 김영삼의 문민정부이다. 문민정부는 정치적 부침을 크게 겪었고 문민정부 시기에 박정희 정당화 담론을 내용으로 하는 저작들이 본격적으로 출간되었다.[8] 많은 저작들이 있지만 대표적으로 조갑제 『박정희-불만과 불운의 세월』(까치 1992), 정재경 『위인 박정희』(집문당 1992), 정재경 『박정희 대통령 전기 1,2』(민족중흥연구회 1995), 허수정 편 『박정희를 다시 생각한다』(신라출판사 1997), 김태형 『영웅 박정희』(광명 1997) 등이 있다.

특히 1997년을 기점으로 대중적인 영향력을 가지고 있던 보수 언론과 베스트셀러 작가들에 의해서 제시된 박정희 정권 정당화 논리가 정치적 논쟁을 불러일으키면서 대중들의 관심을 끌었다. 『영원한 제국』(세계사 1993)

8_박정희 사후와 김영삼 정부 이전 기간 동안 출간된 저작들도 다수 존재한다. 대표적으로 박재경 『박정희 사상 서설』(집문당 1991), 안광제 『농민의 아들에서 국가원수』(대일서관 1980), 이진희 『고뇌하는 한국 지도력의 위기』(세광출판사, 1991)등이 있다.

으로 대중적인 작가가 된 이인화 이화여대 교수의 『인간의 길 1~3』(살림출판사 1997~ 1998)이 대표적이다. 또한 조선일보에 연재하면서 화제가 되었던 『내 무덤에 침을 뱉어라 1~8-근대화 혁명가 박정희의 비장한 생애』(조선일보사 1998~2001)가 있다. 이와 비슷하게 가장 오랫동안(9년 3개월) 박 대통령의 비서실장을 지냈던 최측근 김정렴이 『아 박정희』(중앙 M&B, 1997)를 펴내어 박정희의 인간적인 모습을 부각시켰다.

한 언론사의 박정희 신드롬 분석 기사는 정당화 담론의 맥락에서 박정희는 "1993년에야 위대해졌다"고 주장한다. 이 분석에 따르면 박정희 사후 30년 동안 대표적인 보수 언론인 조선일보에서 박정희를 언급한 기사는 모두 3,454건이었다. 이중 93.6%에 이르는 3,231건이 김영삼 전 대통령이 취임한 1993년 2월 이후의 시기에 집중되었다. 1995년을 즈음해서 조선일보를 포함한 보수 언론에서 박정희와 다른 대통령을 비교하는 전직 대통령에 관한 선호도 조사가 본격적으로 실시되었고 널리 보도되었다(한겨레21 2009/10/21). 이와 비슷한 시각에서 강준만(1999)은 박정희 신드롬을 자본에 기반을 둔 기득권 세력의 PR(Public Relations)의 결과라고 단언했다. 그는 압도적인 기득권 세력의 영향력하에서 일반 대중들도 '박정희 미화 세력'의 영향력 하에 놓여있는 것이라고 주장한다. 그에 따르면 "이건 도무지 게임이 안 되는 게임이다. '박정희 미화' 세력과 그 세력에 동조하거나 수수방관하는 세력이 압도적인 다수를 점하고 있는 현실에서 역사적 사실과 논리는 극소수 사람들에서만 유통되다 끝날 뿐, 일반 대중은 그런 힘의 관계에서 '박정희 미화' 세력의 영향권 아래 놓여 있는 것이다(1999, 33)."

문민정부 이후에 출간된 관련 저작들은 1997년 경제 위기(IMF 경제 위기)와 참여정부를 거치면서 본격적으로 출간된 박정희 정권의 경제모델에 대한 찬양을 중심적인 내용으로 하고 있다. 대표적으로, 오원철 『박정희는 어떻게 경제 강국을 만들었나』(동서문화사 2006), 『한국형 경제건설 1~5』(기아 경제연구소, 1995~1996), 김정렴 『최빈국에서 선진국 문턱까지 한국 경제정책 30년사』(랜덤하우스코리아 2006), 김형아(신명주 역) 『박정희의 양날의 선택』(일조각, 2005), 홍하상 『주식회사 대한민국 CEO 박정희』(국일미디어, 2005) 등이 있다.

정당화 담론 시각에서 박정희 노스탤지어를 분석하는 접근법은 심리적인 접근법을 채택하고 있는 첫 번째 접근법과 일부 겹친다. 대표적으로 비판적인 시각에서 박정희 노스탤지어를 퇴영적이고 반역사적인 현상으로 보는 시각이 그것이다. 이 시각은 박정희와 박정희 모델에 대한 지지를 보내는 시민들을 대상화하고 이들의 지지를 병리적인 현상으로 본다는 문제가 있다. 박정희 노스탤지어가 병리적인 현상이라면 전직 대통령 박정희와 박정희 모델에 대한 광범위한 지지를 설명할 수 없다.

위에서 살펴본 바와 같이 박정희 신드롬과 노스탤지어에 대한 선행 연구는 박정희 노스탤지어의 다층적인 성격을 제대로 포착하지 못했다. 박정희 노스탤지어를 박정희 개인에 대한 지지로 국한한 일면적인 접근으로는 박정희 노스탤지어의 변화 과정과 그 미래에 대해 정확히 분석할 수 없다. 그렇다면 박정희 노스탤지어를 어떻게 정의할 수 있나?

3. 박정희 노스탤지어에 대한 정의

박정희 정권이 남긴 방대한 유산[9]은 한국 사회 전역에 현재형으로 존재

9_많은 유산이 존재하지만 압축적인 경제성장, 강력한 성장중심주의, 가부장적인 국가주의, 군사

한다. 위에서 살펴본 바와 같이 1990년대 이후 실행된 여론조사에서 박정희는 가장 존경하는 대통령으로 또는 다시 뽑고 싶은 대통령으로 지속적으로 선정되었다. 심지어는 한국민주주의바로미터 2010년 조사(KDB 2010)에 의하면 응답자의 3분의 1이 넘는 34.9%가 박정희 정부를 가장 좋은 정부로 선택하였다. 가장 좋은 정부라는 질문에 대한 대답은 응답자의 가치 판단을 포함하고 있다는 점에서 이전의 조사 결과와는 근본적으로 다른 결과이다.

제2~3장에서 더 자세히 분석하겠지만 박정희 노스탤지어는 전직 대통령에 대한 개인적인 존경과 회고적인 지지를 넘어서는 훨씬 포괄적이고 체계적인 현상이다. 박정희 전 대통령과 박정희 정부에 대한 이러한 광범위한 지지는 1987년 민주화 이후 한 세대가 지난 시점에서 가장 성공적인 민주화 사례 중의 하나로 평가되는 한국 민주주의에 엄연히 존재하고 있는 '박정희 노스탤지어(Nostalgia)'라고 명명할 수 있을지 모른다.

그렇다면 박정희 노스탤지어는 어떻게 정의할 수 있는가? 국민들이 박정희 정부에 대해 이러한 광범위한 지지를 보내는 이유는 무엇인가? 박정희 노스탤지어를 정의하기 위해서는 먼저 박정희 노스탤지어가 정부 수립 후 존재했던 정부들의 수행력 비교에 근거한 것이라는 점을 기억하는 것이 중요하다. 그렇다면 정부 간 비교의 기준은 정부 수립 이후 한국 사회가 이루어낸 중요한 성과에 대한 시민들의 평가가 될 수 있을 것이다.

먼저 시민들이 생각하는 가장 중요한 성취는 무엇인가? 한 여론조사에 따르면 응답자의 61.7%가 정부 수립 이후 가장 자랑스러운 일로 '경제발전'을 꼽았다. 이에 반해서, 민주주의 신장을 선택한 응답자는 단지 14.1%에 지나지 않았다(국민일보 2008/08/14). 또한 최근까지 실시된 많은 여론조사

문화와 같은 유산들이 중요한 유산들로서 논의되어 왔다.

에서 경제발전에 대한 국민들의 선호가 민주주의에 대한 선호를 훨씬 능가하였다. 예를 들어, 2011년에 조사된 아시안 바로미터(Asian Barometer Survey) 3차 조사에 따르면 절반이 넘는 응답자(58.75%)가 경제발전이 더 중요하다고 대답하였으며 이 수치의 절반에 훨씬 못 미치는 23.32%만이 민주주의가 더 중요하다고 대답하였다.

이러한 일련의 여론조사 결과는 한국 사회에 뿌리 깊게 자리 잡은 경제성장우선주의의 현주소를 잘 나타내고 있다고 할 수 있다(제6장 참고). 비교적 관점에서 볼 때 한국의 경제성장이 예외적으로 성공적이었던 것에 못지않게 한국 민주주의 또한 가장 성공적인 민주주의의 대표적인 사례로 평가받고 있다고 할 수 있다.[10] 하지만 국민들의 평가는 경제성장에 집중되고 있다.

두 번째로, 그렇다면 국민들은 어떤 정부가 '경제성장'에 가장 기여한 정부로 평가하고 있는가? 이에 대해서 수많은 여론조사가 존재한다. 하지만 국민들의 전반적인 인식을 묻는 반복적 조사가 보다 더 객관적일 수 있다는 판단에서 동아시아 연구원에서 실시한 '한국인의 정체성 조사 2005~2015'[11]를 살펴보자.

〈표1-3〉은 역대 정부가 경제발전과 정치발전에 미친 영향을 묻는 질문 대한 국민들의 평가를 비교하고 있다. 먼저, 2005년 조사에서 90%가 넘는 압도적인 다수가 박정희 정부가 경제발전에 긍정적인 영향을 미쳤다고 대답하였으며 이러한 수치는 2010년과 2015년에 미세하게 줄어들었지만 여

10_이러한 맥락에서 한 연구자는 한국 민주주의의 성취를 "경이로운 한국 민주주의(Mriculous Korean Democracy)"라고 평가하였다(Hahm 2008).

11_동아시아 연구원에서 2005년과 2010년, 2015년 같은 문항을 가지고 한국인의 정체성이라는 주제로 여론조사를 실시하였다.

전히 90%대를 유지했다. 특히 세 번의 조사 모두에서 절반 이상의 응답자가 박정희 정부가 경제발전에 '매우 긍정적인 영향을 미쳤다'고 평가하였다. 한편 IMF 경제 위기를 극복한 김대중 정부에 대해서는 2005년 조사에서는 3분의 일이 조금 넘는 응답자(39.21%)만이 긍정적인 영향을 미쳤다고 평가하였으나 2010년, 2015년 조사에서는 절반이 넘은 응답자(각각 56.62%, 58.85%)가 긍정적인 평가를 내렸다. 조사 당시 집권 세력이었던 노무현 정부는 2005년 조사에서 단지 14.93%만의 긍정적인 평가를 받았다. 하지만 김대중 정부의 경우와 비슷하게 2010년, 2015년 조사에서는 긍정적인 인식이 절반 이상으로 상승하였다(각각 58.59%, 59.64%).

요컨대 해방 후 대한민국의 가장 중요한 성취로 평가되는 경제발전과 관련하여 민주 정부에 대한 국민들의 평가는 시간을 두고 상당한 편차가 존재한다. 하지만 경제발전에 대한 박정희 정부의 기여에 대한 국민들의 평가에서는 압도적으로 견고한 지지가 존재한다. 경제성장과 관련하여 국민들은 각 정부와 대통령에 대한 비교 분석에서 더 뚜렷한 차별적 평가를 내리고 있다.

〈표1-3〉 경제발전과 정치발전에 대한 국민들의 평가-박정희 정부와 민주 정부 간 비교

		박정희 정부			김대중 정부			노무현 정부		
		2005	2010	2015	2005	2010	2015	2005	2010	2015
경제발전	매우 긍정적인 영향	67.34	56.82	56.66	5.49	8.54	11.03	0.77	7.07	8.45
	대체로 긍정적인 영향	29.77	37,29	36.58	33.72	48.09	47.81	14.16	51.52	51.19
	합	97.11	94.11	93.24	39.21	56.62	58.85	14.93	58.59	59.64
정치발전	매우 긍정적인 영향	33.53	26.59	28.53	8.0	13.74	15.31	4.05	15.31	17.99
	대체로 긍정적인 영향	38.92	46.83	45.73	42.77	53.68	50.99	25.72	52.70	52.68
	합	72.45	72.42	74.25	50.77	67.42	66.30	29.77	68.01	70.68

출처: 한국 정체성 조사 2005,2010,2015 동아시아 연구원. 질문은 "다음의 역대 정부들이 경제성장(정치발전)에 어떠한 역할을 했다고 평가하십니까?"; 2005년 노무현 정부에 대한 조사 문항은 '현정부...'

예를 들어, 조선일보가 정당학회에 의뢰하여 '기억의 정치' 시리즈의 일환으로 한국 산업화에 대한 국민들의 인식을 분석한 결과 한국 경제발전에 기여한 대통령으로 응답자의 4분의 3에 가까운 73.4%가 박정희 대통령을 꼽았다. 김대중 대통령과 노무현 대통령이 뒤를 이었으나 그 비율은 각각 10.8%와 4.3%로 박정희 대통령에 비하면 미미한 수준이었다(조선일보 2010/05/28).

그렇다면 박정희 노스탤지어를 어떻게 정의할 수 있는가? 박정희 노스탤지어는 다층적인 현상으로서 여러 측면에서 다양하게 정의할 수 있지만 본 연구는 정치적 현상으로서 박정희 노스탤지어에 주목한다. 따라서 본 연구는 위의 논의에 기반을 두어 박정희 노스탤지어를 "민주화 이후에도 적지 않은 시민들이 권위주의적 지도자 박정희를 한국식 경제발전을 이루어낸 지도자로 평가하고 그 시대에 대한 향수를 느끼고 정치적으로 지지하는 현상"이라고 정의한다.[12] 나아가, 경제성장우선주의를 가장 중요한 가치로 인식하고 경제성장을 위해서는 박정희식 경제모델이 효율성이 있다고 지지하는 현상으로 정의할 수 있다. 이러한 지지는 전직 대통령으로서 박정희 개인에 대한 지지를 넘어서는 광범위한 지지를 나타낸다. 이러한 정의를 바탕으로 다음 장에서는 박정희 노스탤지어를 객관적으로 이해하기 위해서 박정희 노스탤지어를 둘러싼 쟁점 중에서 네 가지 쟁점을 추려서 이에 대한 분석을 시도한다.

12_이와 비슷한 정의는 이남희(Lee 2009, 2)를 참조하라.

2장

박정희 노스탤지어를 둘러싼 쟁점에 대한 분석

많은 앞선 연구들이 박정희 정권에 대한 다양한 분석을 시도해왔다. 앞선 연구들은 박정희 정권에 대한 역사적 · 정치적 평가를 내리는데 집중해왔다. 대표적으로 박정희 18년 통치의 가장 중요한 논쟁 지점이라고 할 수 있는 경제성장을 둘러싼 논의들을 정리한 김일영(1995)의 논의와 박정희 체제에 대한 정치학적 평가를 시도한 임혁백(2004; 2005; 2012)의 연구가 있다. 임혁백(2012)에 따르면 박정희는 우리 시대의 거울이다.

> "한국형 산업화를 이해하기 위해서 박정희 모델을 연구해야 하고, 한국형 권위주의, 한국형 민주화를 밝히기 위해서도 박정희 유신체제의 수립과 몰락을 연구해야 한다." 조용한 아침의 나라(country of morning calm)였던 한국이 "빨리 빨리의 나라"로 바뀌게 된 것도 "싸우면서 건설하자"는 기치를 들고 압축적 또는 돌진적으로 산업화를 독려하는 박정희를 모르고서는 이해할 수 없다. 그렇게 수백 년을 형성되어온 정치문화가 수십 년 만에 변화한 것을 이해하기 위해서는 한국인의 심성까지 개조하려 했던 박정희를 알아야 한다(임혁백 2012, 52).

박정희 시대에 대한 연구와는 별개로 박정희 노스탤지어에 대한 연구도

한국 민주주의의 질적인 심화를 위해서 매우 중요한 함의를 가지고 있다. 하지만, 현재까지 박정희 노스탤지어에 대한 체계적인 선행 연구는 턱없이 부족하다. 이 책은 제1장에서 이를 간략히 분석한 바 있다. 박정희 노스탤지어를 정확히 분석하기 위해서 다음의 두 가지 점을 고려해야 한다.

먼저, 많은 선행 연구들이 박정희 체제에 대한 역사적 · 정치적 평가와 현재 실체를 가지고 존재하는 박정희 노스탤지어에 대한 분석을 엄격히 구분하지 않는다. 하나의 시각은 박정희 체제에 대한 무비판적 찬양으로부터 박정희 노스탤지어에 대한 긍정적인 분석과 평가를 도출한다. 반대로, 또 다른 시각은 박정희 체제에 대한 비판적인 평가로부터 박정희 노스탤지어에 대한 부정적인 평가를 이끌어 낸다. 이에 따르면 박정희 노스탤지어를 가진 시민들은 반민주적이거나 퇴영적인 사람들로 심지어는 병적인 것으로까지 평가된다.

물론, 박정희 전 대통령에 대한 일방적인 지지를 보내는 집단이 여전히 존재하고 있는 것도 사실이다. 제1장에서 간단히 살펴보았고 제3장에서 본격적으로 분석하겠지만 박정희 노스탤지어의 기반은 상당히 넓고 견고하다. 하지만 박정희 노스탤지어를 가진 시민들이 박정희 시대를 무조건적으로 지지하고 찬양한다고 단정할 수 없다. 박정희 노스탤지어를 객관적으로 분석하기 위해서는 연구자의 정치적 입장과 이념적인 정향으로부터 박정희 노스탤지어에 대한 평가를 연역적으로 추론(deductive reasoning)하는 것을 지양해야 한다.

여기서 가치판단과 가치중립에 대한 막스 베버의 개념을 다시 살펴보는 것이 유용하다. 막스 베버의 사회과학에서 가치중립은 사실상 가치판단을 전제하는 것이다. 그에 따르면 가치판단은 그가 중시한 의미에 대한 인식의 경험적 논의의 출발점이다. 왜냐하면 "경험적 논의는 원칙적으로 그리고 중재될 수 없이 서로 상치되는 궁극적 가치 판단들의 가능성에 대한 이해를 전제"로 하는 것이기 때문이다(Weber 저 · 진성우 역 2011, 145). 그가 구분한 것은 경험적 사실의 확인과 그 자신이 행하는 실천적 가치판단, 즉 확인된 경험적 사실에 대한 가치판단이었다(Weber 저 · 진성우 역 2011, 141).[13] 이 문제에 대한 하나의 해석에 따르면 베버는 연구자가 개념이나 개념 틀 또는 가설을 설정하는 발견의 맥락에서는 해당 시대를 지배하는 평가적 관념들(evaluative ideas)의 역할이 절대적일 수 있다고 인정한다. 하지만 분석의 결과 연구자가 설정한 가설을 받아들일 것인가를 결정하는 타당화 또는 정당화의 맥락(context of justification)에서 가치의 개입으로 개인적인 평가를 내리는 것을 경고하였다(김용학 · 장덕진 1995, 81-89). 박정희 체제를 역사화하기 위해서라도 박정희 노스탤지어에 대한 객관적인 분석이 중요하다.

둘째, 이를 위해서는 박정희 노스탤지어의 미시적 기초를 분석해야 한다. 박정희 노스탤지어가 개인적 수준의 현상이기 때문에 미시적 기초에 대한 분석은 당연한 과제이다. 하지만 앞선 연구는 박정희 노스탤지어에 대한 연구자의 평가나 해석에 치중해왔다.[14] 이러한 분석이 충분한 경험적 준거를 가지지 못할 때 이는 중요한 사회현상에 대한 당파적 합리화(partisan rationalization)에 지나지 않을 것이다. 이러한 문제의식을 기초로 이 장은 박정희 노스탤지어에 대한 기존의 논쟁에서 네 가지 쟁점을 도출

13_이러한 입장으로 박정희 시대에 대한 분석과 평가를 진행한 연구로는 임혁백(2012)의 연구가 있다. 임혁백의 해석에 따르면 가치중립으로 번역되는 막스 베버의 가치 자유성(wertfreheit)은 몰가치성이 아니라 학자적인 소명 의식을 가지고 권력으로부터 자율성을 가지고 인간과 사물을 분석하는 것이다(2012, 각주 1 참조).

14_매우 소수의 선행 연구가 예외에 속한다. 예외적인 분석으로는 Kang Woo-Jin(2016), Kang Won-Taek(2010)등이 있다.

하여 이러한 논쟁의 경험적인 기반을 분석한다.

1. 박정희 노스탤지어가 역사적으로 퇴영적이며 반민주적인 현상인가?

먼저 첫 번째 중요한 쟁점은 박정희 노스탤지어가 역사적으로 퇴영적이며 반민주적인 현상인가 하는 것이다. 이와 관련하여 두 가지 흐름이 존재한다. 먼저 박정희 노스탤지어를 민주화 이후 개혁의 실패와 민주화 진영의 (정책적) 허약함이 만들어 낸 반작용으로 해석하는 시각이다. 예를 들어 박정희 노스탤지어를 "개혁실패가 낳은 퇴영적 현상"(박노승 2005)이거나 "한국 민주주의의 허약함에서 비롯된 과거의 한 역설적 현상이라고 할 수 있다(한겨레, 2006/12/19)"는 시각이 대표적이다.

또한 박정희 노스탤지어를 퇴영적인 병리 현상으로 보는 시각이 존재한다. 정상호(2009)는 박정희 노스탤지어를 "한국 보수주의자들의 '아버지 콤플렉스'가 낳은 퇴행적 병리 현상이다(한겨레 2009/11/09)"라고 주장한다. 홍성태(2009, 4-5)는 더 나아가 "박정희 노스탤지어는 하나의 사회의 병이다"라고까지 주장한다. 비슷한 입장에서 서유석(2009, 4-5)은 "박정희 노스탤지어는 무의식적이고 비합리적인 병적 심리 이상이 아니다. 강력한 지도자, 우리의 모든 문제를 해결해주는 무오류의 지도자에게 모든 것을 내맡기자는 심리와 유사한 것으로 마치 성인의 삶(자유와 책임의 삶)에 지친 결과 어머니의 품에 안긴 어린이로 돌아가고자 하는 일종의 퇴행 심리의 일종이기 때문이다"라고 비판한다.

박정희 노스탤지어에 대한 해석은 연구자가 가지고 있는 역사적 · 정치적 시각과 관점에 기반을 둘 수밖에 없다. 예를 들어 박정희 정부에 대해서 비판적인 입장을 견지하는 진보적 시각을 가진 연구자는 박정희 노스탤지어를 바람직한 현상이라고 보기 힘들 것이다. 하지만 박정희 노스탤지어를 반민주적이고 퇴영적인 현상 나아가 병리적인 현상이라고 할 때 이러한 주장을 할 수 있는 정확한 기준과 경험적인 근거에 대한 분석이 필요하다. 이러한 시각이 얼마나 경험적인 근거를 가지고 있는 것인가?

박정희 노스탤지어가 반민주적이거나 역사적으로 퇴영적인 현상인가를 분석하기 위해서는 노스탤지어의 대상이 되는 박정희 정부가 반민주적이고 퇴영적인 정부였는가라는 문제와는 별개로 박정희 노스탤지어를 가지고 박정희 정부를 지지하는 시민들이 민주주의에 대해서 어떠한 태도를 가지고 있느냐를 분석하는 것이 더 타당할 것이다.

이 문제와 연관하여 박정희 노스탤지어를 반민주적이고 퇴영적인 현상으로 단정하기 위해서는 적어도 다음의 두 가지 조건이 충족되어야 한다. 먼저 박정희 정부 지지자들 대다수가 민주주의에 대해서 유보적인 태도를 가지고 있거나 혹은 나아가 권위주의적인 정향을 가지고 있어야 한다. 둘째, 권위주의적 정치 정향이 박정희 정부 지지에 중요한 영향을 미쳐야 한다. 이 장에서는 이를 박정희 정부 지지자들이 민주주의 원칙에 대해서 어떠한 태도를 가지고 있느냐 하는 문제와 나아가 이들이 어떤 민주주의자인가라는 문제를 통해서 분석해 보고자 한다.

먼저 박정희 정부 지지자들은 민주주의 원칙에 대해서 어떠한 태도를 나타내고 있는지 살펴보자. 다음 장(제3장)에서 박정희 지지자를 대상으로 한 민주주의자 유형 분류를 좀 더 자세히 분석할 예정이다. 여기서는 예비적인 고찰로 민주주의에 대한 지지와 권위주의적 정향을 중심으로 이를 살펴보자.

〈표2-1〉 박정희 정부 지지와와 민주주의에 대한지지

	A: 전체 샘플	B:박정희 정권지지	차이 (B-A)
"상황에 따라서는 독재가 낫다"	19.12%(192)	23.10%(85)	+3.98%
"민주주의가 다른 어떤 형태의 정부보다 더 낫다"	65.34%(656)	58.15% (214)	-7.19%
"나 같은 사람에게는 민주 정부나 독재 정부나 상관없다"	8.96%(90)	11.96%(44)	+3.00%

출처: KDB 2010
참고: 표에 제시되지 않은 모름/무응답을 포함하여 각 범주의 합계는 100%; 괄호안은 사례수.

KDB 2010에 기반을 두어 분석한 결과가 〈표2-1〉에 제시되어 있다. 〈표2-1〉에서 확인되는 결과는 흥미롭다. 먼저 박정희 정부 지지자 중 절반을 훨씬 넘는 58.15%가 민주주의에 대한 선호를 나타내고 있다. 박정희 정부 지지자 중에서 '상황에 따라서 독재가 낫다'고 대답한 응답자는 전체 응답자의 4분의 1에 못 미쳤다(23.10%). 또한 '독재든 민주주의든 상관없다'라고 대답한 응답자는 단지 11.96%에 지나지 않았다.

박정희 정부 지지자와 전체 샘플과의 차이를 보면 전체 샘플에 비해서 민주주의를 지지하는 집단이 박정희 정부 지지자 집단에서 과소대표 되었다(7.19%). 나머지 두 집단의 경우 박정희 정부 지지자 집단에서 과대 대표되었다(3~4%). 하지만 두 집단의 차이는 그다지 크지 않았다. 가장 차이가 많이 난 민주주의 지지 집단에서도 그 차이는 7% 정도에 그쳤다.

이러한 분석을 통해서 다음과 같은 추론이 가능하다. 먼저 민주주의에 대한 태도와 관련하여 전체 샘플과 박정희 정부 지지 간에는 큰 차이가 존재하지 않는다. 또한 박정희 정부 지지자 중의 절반이 민주주의 지지자들이다. 물론 이 집단의 4분의 1에 가까운 응답자가 독재가 낫다고 대답한 것으로 볼 때, 권위주의적인 성향과 박정희 정부 지지 사이에는 일정한 상관관계가 존재할 수 있다고 추측할 수 있다. 하지만 박정희 정부 지지 집단

중에서 절반 이상이 민주주의를 지지했다는 것이 중요하다. 또한, 박정희 정부 지지와 '상황에 따라서는 독재도 낫다'는 인식과는 매우 약한(0.076) 상관관계만이 존재하였다.

〈그림 2-1〉 박정희 정부 지지자와 전체 응답자의 권위주의적 정향 비교

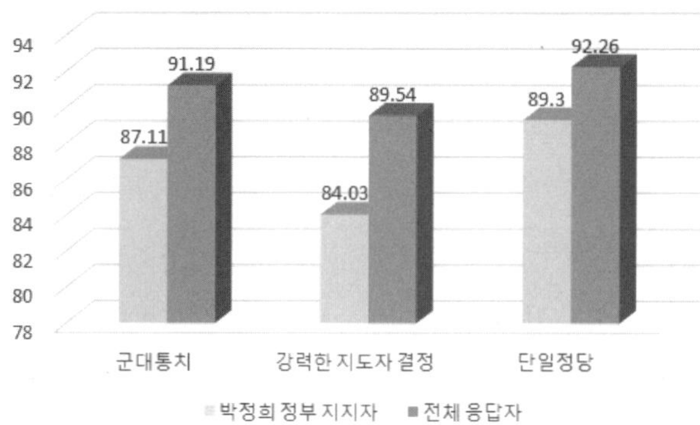

출처: KDB 2010

참고: 위 수치는 반대한다(약간 반대한다, 매우 반대한다)를 나타냄; 전제 수치는 매우 동의한다, 동의한다, 모름, 무응답을 포함하여 100%.; 원 설문 문항은 각각 '군대가 나라를 통치해야 한다', '국회와 선거제도를 없애고 강력한 지도자가 모든 것을 결정해야 한다', '정당하나만 선거에 참여시키고 국정을 맡도록 해야 한다.'

그렇다면 박정희 정부 지지자들은 권위주의적 정향을 지닌 시민들인가? 〈그림 2-1〉은 KDB 2010 데이터를 기반으로 '군대 통치 선호', '강력한 지도자 결정 선호,' '단일 정당 선호'의 세 가지 차원으로 측정된 권위주의적 정향에 관해 박정희 정부 지지자들과 전체 응답자의 차이를 보여주고 있다.

권위주의적 정향을 측정하는 세 차원 모두에서 전체 응답자와 박정희 정부 지지자 둘 다 압도적으로 반(反)권위주의적 정향을 보여주고 있다. 먼

저, 군대의 통치와 관련하여서는 전체 응답자의 91.19%, 박정희 정부 지지자의 87.11%가 반대의 입장을 나타냈다(4.08% 차이). 강력한 지도자 결정 선호 여부에 대해서는 전체 응답자의 경우 89.34%, 박정희 정부 지지자의 84.03%가 반대의 정향을 보였다(5.31% 차이). 일당체제에 대한 선호에 대해서 전체 응답자와 박정희 정부 지지자 모두 가장 높은 반대를 나타냈다. 전체 응답자의 92.26%, 박정희 정부 지지자의 89.3%가 반대의 태도를 가지고 있었다(2.96% 차이).

요컨대, 박정희 정부 지지자를 포함한 한국의 시민들은 군대의 통치, 강력한 지도자 결정, 일당체제와 같은 권위주의적 정향을 측정하는 주요 항목들에 대해서 압도적으로 반대의 선호를 가지고 있었다. 두 집단의 차이는 2.96%에서 5.31%로 나타나 미미했다. 이 분석을 통해서 추론할 수 있는 것은 박정희 정부 지지자들이 다수의 시민과 뚜렷이 구별되는 권위주의적인 정향을 지닌 시민들이 아니라는 것이다.

민주주의를 지지하고 반권위주의적인 정향을 가진 시민들이 박정희 정부에 대한 노스탤지어를 가지고 있다면 이러한 현상이 퇴영적이고 반민주적인 현상인가? 오히려 흥미로운 퍼즐은 *이들이 민주주의 친화적인 정향과 선호를 가지고 있음에도 불구하고 왜 박정희 체제에 대한 노스탤지어를 가지고 있는가라는 질문일 것이다.*

2. 박정희 노스탤지어는 정치적 동원의 결과인가?

두 번째 중요한 쟁점은 박정희 노스탤지어는 박정희와 그 추종 세력을 지지하는 보수 세력에 의해서 정치적으로 동원된 결과로만 해석할 수 있는가 하는 것이다. 이 주장은 박정희 노스탤지어의 기원과 확산 문제와 밀접히 관련되어 있다.[15] 이러한 주장의 근거에는 두 가지 역사적인 계기가 존재한다.

첫 번째는 김영삼 정부 등장 이후 특히 국제통화기금(IMF) 구제금융을 계기로 조선일보로 대표되는 보수 언론들이 본격적인 박정희 살리기에 나서왔다는 것이다. 두 번째는 박정희 전 대통령의 장녀인 박근혜 전 대통령의 정치 입문이다. 물론 박근혜 전 대통령의 정치입문 이전에도 박정희의 정치적 호명(political interpellation)을 위한 시도들이 있었다. 박정희의 정치적 호명의 첫 번째 계기는 박정희 시대 정치적 후예들의 정치적 등장이었다. 흥미롭게도 이들의 부활은 한 연구가 지적했듯이 한국 민주주주의 민주적 이행과 함께 전개된 지역주의를 통해서 가능했다. 13대 총선의 지역구도 하에서 박정희 시대 2인자였던 김종필이 이끈 신민주공화당이 4당 체제의 한 축으로 등장하였다(전재호 2001, 113). 하지만 박정희에 대한 본격적인 정치적 호명은 IMF 경제 위기의 와중에서 치러진 1997년 대선을 통해서 이루어졌다. 당시 집권 여당이었던 신한국당 경선에서 거의 모든 후보가 박정희의 리더십을 찬양하고 이를 계승 발전시키겠다고 약속하였다. 특히 이인제 후보는 외모적인 유사성을 강조하면서 "그분은 40대에 군사혁명으로 대통령이 됐지만 나는 40대에 대의원 혁명으로 대통령이 되겠다"고 공언하였다(주간한국 1999/01/06).

이들의 노력이 박정희 노스탤지어가 정치적으로 동원되는 배경이 되었다. 특히 박정희 노스탤지어의 직접적인 동원은 박정희 전 대통령의 딸 박근혜 전 대통령의 정치적 성공에 의해서 본격화되었다. 박근혜 전 대통령

15_박정희 노스탤지어의 기원과 확산에 대해서는 이 책의 제4장 2절에서 자세히 다룰 것이다.

은 IMF 경제 위기를 계기로 해서 정계에 입문하였다고 알려져 있다. 이후 박근혜 전 대통령은 원칙과 신뢰의 정치인 이미지를 얻게 되었고 한나라당의 정치적 위기 때마다 매번 한나라당을 구하여 '선거의 여왕'이라는 닉네임까지 얻게 되었다. 이를 기반으로 박근혜 전 대통령은 지난 18대 대선에서 유권자 절반 이상의 지지를 얻어서 대통령에 당선되었고 한국 최초의 여성 대통령과 부녀 대통령이라는 기록을 남겼다. 정치인 박근혜의 성공에는 아버지 박정희의 후광이 작용하였다는 데에는 이론의 여지가 없지만(Kang 2010; Kang 2018), 거꾸로 박근혜의 정치적 성공이 박정희 노스탤지어를 확산시키는 데에도 기여했다고 볼 수 있다.

이러한 배경을 기반으로 박정희 노스탤지어가 정치적으로 동원된 것이라는 시각이 제기되었고 이러한 입장은 주로 진보진영에서 많은 지지를 얻었다. 한 조사에 의하면 박정희 전 대통령은 '1993년에 위대해졌다'(한겨레21, 782호, 2009/10/23). 이 조사에 의하면 박정희 대통령 사후 30년 동안 박정희 대통령을 언급한 조선일보 기사 3,454 건수 중에서 93.6%에 해당하는 3,231건이 김영삼 대통령의 취임 이후(1993년 2월)에 집중적으로 보도되었다. 또한 이 시점부터 조선일보 중앙일보 등에서 해방 후 훌륭한 지도자와 전직 대통령에 대한 본격적인 여론조사 결과에 대한 집중적인 보도가 시작되었다.[16]

이러한 면에서 강준만(1999, 31)은 "박정희 노스탤지어는 PR의 승리"라고 단언하였다. 그는 같은 맥락에서 박정희 미화 세력과 이에 동조하는 세력들이 압도적인 현실에서 일반 대중들은 이러한 세력들의 영향권 하에 놓

16_이 시점을 전후해서 박정희 시대에 대한 논쟁이 본격화되었다. 박정희 살리기의 대표적인 언론인 조갑제가 2년여 동안 564회에 걸친 같은 제목의 연재 기사를 기반으로 『내 무덤에 침을 뱉어라』 1-5를 발간하였고 진중권은 이에 대항하여 『내 무덤에 침을 뱉으마』를 출판하였다.

여있다고 주장함으로써 박정희 노스탤지어가 정치적으로 동원된 것이라는 입장을 분명히 하고 있다(1999, 33). 이러한 맥락에서 한 연구는 박정희 노스탤지어에 감염된 세대로서 신세대를 지목하였다. 이들은 풍요를 기반으로 한 자유로운 세대로서 박정희를 청렴하고 당당한 성장의 전도사로서 인식한다(조석곤 2005, 285).[17]

실제로 일부 국민들의 경우 김영삼 정부 이후 본격화된 보수 언론을 포함한 보수 진영의 박정희 살리기에 영향을 받았고 그 결과 박정희 노스탤지어를 가지게 되었을 가능성을 전혀 배제할 수는 없다. 하지만 보수 세력에 의한 박정희 노스탤지어의 정치적 동원론은 얼마나 경험적인 근거를 가진 것인가?

박정희 노스탤지어는 앞서 살펴본 대로 한국형 경제성장모델을 구축하는 과정에서 박정희 정부가 이룩한 급속한 경제성장에 대한 국민들의 평가에 기반하고 있다. 만약에 박정희 노스탤지어가 보수 언론과 보수 정치 세력에 의해서 동원된 것이라면 박정희 정부에 대한 평가는 박정희 정권의 최대 치적인 경제성장에만 국한되지 않을 것이다. 수동적으로 동원된 지지는 박정희 정부에 대한 무조건적 지지로 나타날 가능성이 높다. 그렇다면 박정희 정부 지지자에 대한 구체적인 분석을 통해서 이 문제의 실마리를 찾을 수 있을 것이다.

다소 포괄적인 설문 문항을 포함하고 있는 동아시아 연구원(East Asia Institute, EAI)의 "한국인의 정체성 조사"에서 2005년과 2010년 조사 모두 4분의 3에 가까운 응답자들이 박정희 정부가 '정치발전'에 긍정적인 영향을

17_하지만 다음 장에서 제시될 사회 경제적 배경에 대한 분석을 통해서 드러났듯이 박정희 정부를 지지하는 가장 큰 두 집단은 60대와 40대였다. 20-30대에서 박정희 정부에 대한 지지는 평균 10%의 지지에 그쳤다.

미쳤다고 대답하였다.[18] 하지만 흥미로운 것은 '매우 긍정적인 영향을 미쳤다'는 응답자는 2005년 조사에서는 3분의 1에 지나지 않았고 이 수치는 2010년 조사에서는 4분의 1로 감소하였다.

보다 직접적인 문항을 포함하고 있는 KDB 2010 조사를 통해서 이 문제를 확인해 보자. KDB 2010 조사는 '가장 민주적인 정부'와 가장 '비민주적인 정부'를 묻는 설문 문항을 포함하고 있다. 〈표 2-2〉는 박정희 정부 지지자들이 선택한 가장 민주적인 정부와 가장 비민주적인 정부 1위와 2위를 제시하고 있다. 흥미로운 것은 박정희 지지자 중 절반에 약간 못 미치는 응답자(42.39%)가 가장 민주적인 정부로서 노무현 정부를 선택했다는 것이다. 2위는 박정희 정부였다. 박정희를 가장 민주적인 정부로 선택한 응답자는 노무현 정부를 선택한 사람의 3분의 1에도 못 미쳤다(14.95%). 이를 전체 응답자와 비교해 보면 전체 샘플에서도 노무현 정부가 절반을 약간 넘는 51% 지지로 1위를 차지하였다. 전체 샘플과 큰 차이가 없었다.

또한 박정희 정부 지지자들은 가장 비민주적인 정부로 응답자의 3분의 2를 약간 넘는 68.85%가 전두환 정부를 선택했다. 흥미로운 사실은 비록 비율은 8.15%에 지나지 않았지만 박정희 지지자들은 가장 비민주적인 정부로 박정희 정부를 두 번째로 선택했다는 점이다. 전체 응답자와 비슷하게 박정희 정부 지지자들도 전두환 정부를 가장 비민주적인 정부로 인식하고 있었고 박정희 정부를 그다음으로 비민주적인 정부로 인식하고 있다.

18_이와 비슷하게 조선일보의 기억의 정치 시리즈 4.19 50년 민주화 50년에 따르면 민주발전에 기여한 대통령으로 김대중이 33.4%의 지지를 얻어서 1위를 차지하였다. 하지만 흥미롭게도 2위는 24.3%를 차지한 박정희 대통령이었다(조선일보 2010/04/19). 이러한 일반적인 여론조사의 결과로는 박정희 노스탤지어를 소유한 사람들이 박정희 정부에 보내는 지지의 특성을 분석하기 어렵다는 단점이 있다.

이러한 결과를 통해서 박정희 정부 지지자들이 전두환 정부와 박정희 정부의 비민주성을 일정하게 인식하고 있었다는 평가가 가능하다.

정치적 동원론은 절반에 가까운 박정희 정부 지지자들이 '노무현 정부를 *가장 민주적인 정부*로 선택한 사실과 박정희 정부를 *'가장 비민주적인 정부*로 선택한 결과를 설명하는데 어려움에 봉착한다. 이러한 결과는 박정희 정부에 대한 지지가 정치적 동원을 통해서만 만들어진 무조건적인 지지라기보다는 정부 간 수행력을 나름대로 엄밀하게 비교한 분화된 지지일 가능성이 높다는 것을 나타낸다.

〈표 3-2〉 박정희 정부 지지자들이 본 가장 민주적인 정부와 반민주적인 정부(상위2위)

	전체샘플(1,004명)		박정희 정부 지지자 (368명)	
가장 민주적인 정부	노무현 정부	51%(512명)	노무현 정부	42.39%(156명)
	김대중 정부	17.83%(179명)	박정희 정부	14.95%(55명)
가장 비민주적인 정부	전두환 정부	54.78%(550명)	전두환 정부	68.85%(235명)
	박정희 정부	16.64%(162명)	박정희 정부	8.15%(30명)

출처: KDB 2010
참고: 괄호안 수치는 사례수.

또한 정치적 동원론을 그대로 수용한다면 박정희 노스탤지어가 지역적으로 광범위한 지지기반을 가지고 있다는 사실을 설명하는데 어려움에 봉착한다. 다음 장에서 사회 경제적 배경에 대한 분석을 통해서 좀 더 자세히 살펴보겠지만, KDB 2010에 따르면 박정희의 정치적 라이벌이었던 김대중의 정치적 기반인 호남 출신 응답자(181명) 중의 4분의 1이 넘는 응답자(26.52%/48명)가 박정희 정부를 가장 좋은 정부로 선택하였다. 이와 비슷하게 민주당 지지자(264명) 중의 4분의 1에 가까운 응답자(23.86%/63명)가 박정희 정부가 가장 좋은 정부라고 인식하고 있었다.

이러한 결과는 비슷한 시기에 실시된 한 여론조사와 비교해도 그다지 다르지 않다. 한 언론사의 건국 이후 정부 평가에 대한 여론조사에 의하면 전반적인 국가발전에 기여한 대통령으로서 박정희가 10명 중 8명의 지지(79.8%)를 획득해 압도적인 1위를 차지하였다. 2위는 김대중으로서 단지 6.8% 지지만을 얻었다. 흥미로운 것은 호남 지역에서 응답자의 절반이 넘는 55.3%가 박정희를 선택하였다는 것이다(서울경제, 2008/01/01).

마지막으로 정치적 동원론은 박정희 정부 지지자들의 이념적인 다양성을 설명하는 데에도 어려움에 봉착한다. 즉 박정희 정부에 대한 지지는 보수의 전유물만은 아니라는 사실이다. KDB 2010 조사는 10점 척도(1. 매우 보수~10. 매우 진보)로써 이념을 측정하고 있다. 전체 응답자의 이념 평균은 5.471로서 약간 진보 쪽으로 기울어 있다. 이에 반해서 박정희 지지자의 평균은 5.099로서 전체 평균에 비해서 약간 보수 쪽으로 기울어져 있음을 알 수 있다. 하지만 그 차이는 그다지 크지 않으며 박정희 지지자와 전체 이념 사이에는 매우 약한 상관관계(-.1504)만이 존재한다. 박정희 지지자와 진보적 응답자 간의 관계를 살펴보면 진보적인 응답자(이념의 7-10) 중의 3분의 1에 약간 못 미치는 29.57%가 박정희 정부를 가장 좋은 정부로 선택하였다. 비슷한 맥락에서, 한 조사에 의하면 박근혜 후보와 문재인 후보가 양자 대결로 맞붙었던 지난 2012년 18대 대선에서 진보적인 유권자의 43.5%가 박정희 전 대통령에 대해서 호감을 가지고 있었던 것으로 나타났다(강원택 2013). 이러한 분석을 종합하면 진보적 유권자의 상당수도 박정희와 박정희 정부에 긍정적인 평가를 내리고 있다는 것을 알 수 있다.

종합하면, 박정희 정부에 대한 노스탤지어를 가진 시민들을 정치적으로 동원된 무조건적인 지지자로 볼 수 없다는 추론이 가능하다. 물론 박정희 정부에 대한 지지에는 정치적으로 동원된 지지가 일부 포함되어 있을 가능성을 배제할 수 없다. 하지만 전반적으로 볼 때 박정희 지지자들은 김대중 노무현 정부가 이룬 민주적 성취와 박정희 정부에 대한 지지를 구분하는 분화된 지지 양상을 보이고 있다고 평가할 수 있다.

3. 박정희 노스탤지어는 민주 정부의 정책적 취약성과 연관된 것인가?

세 번째 중요 쟁점은 박정희 노스탤지어가 민주화 이후 집권한 민주 정부의 사회 경제적 차원의 정책적 취약성과 직접 연관되어 있는가 하는 것이다. 이러한 입장은 박정희 정부를 비판적으로 평가하는 진보진영과 박정희 정부를 신봉하는 보수진영 모두에서 서로 다른 근거를 가지고 공통적으로 나타났다.

먼저 진보진영에서는 문민정부의 개혁 실패와 IMF 경제 위기 그리고 김대중 노무현 정부가 드러낸 정책적 취약성에 대한 반성적인 성찰에 기반을 두어 박정희 노스탤지어를 해석한다. 예를 들어 한홍구는 박정희를 무덤에서 불러낸 것은 김영삼이었다고 지적한다(한겨레21 2005/02/02). 비슷한 맥락에서 신광영은 "오히려 조금 장기적 관점에서 바라본다면, 문민정부 이후 이루어져 온 민주화 세력의 정책적 실패, 혹은 무능력과 연결돼 있다고 생각한다"라고 박정희 노스탤지어의 배경을 해석하였다. 또한 조희연은 "무능한 민주세력이 박정희 부활의 정치적 · 지적 공간을 제공하고 있다"고 주장하였다(한겨레 2006/02/27).

또한 보수 진영에서는 김영삼 정부의 경제 위기와 민주정권의 정책적 취약성을 박정희 노스탤지어의 정당성의 근거로 삼는다. 대표적인 보수 언론인 조갑제(2005)는 "노스탤지어는 김영삼 정부 말기의 부패한 정치와 침체한 경제에 대한 국민들의 실망과 아울러, 대선을 앞두고 박 전 대통령의 인기를 업고 표를 얻으려는 정치인들로 인해 초래됐다"고 주장했다.[19]

실제로 IMF 경제 위기를 거치면서 심화된 한국 사회의 경제적 불평등은 김대중 노무현 정부를 거치면서 한국 사회의 가장 중요한 문제로 등장하였다. 즉 정치적으로 성공한 민주주의로 평가받는 한국 민주주의의 사회 경제적 토대는 매우 취약했다(최장집 2005). 한 연구는 이를 '한국 민주주의 성공의 역설'이라고 불렀다(Kang 2012).

그렇다면 국민들은 어떻게 이 문제를 인식하고 있는가? 지금까지 실시된 많은 여론조사는 국민들이 한국 사회의 불평등이 매우 크다고 인식하고 있으며 정부가 이 문제를 해결해야 한다고 믿고 있음을 입증하고 있다. 예를 들어, 국제 사회조사 프로그램(ISSP) 2008년도 조사에 의하면 90% 이상의 압도적인 대다수가 한국 사회에서 소득 불평등이 크다고 답하였으며 4분의 3에 달하는 75.1%가 소득 불평등을 줄이는 것은 정부의 책임이라고 답하였다(Kang 2013).

특히 중요한 사실은 다수의 국민이 이러한 불평등의 심화가 민주 정부의 정책 실패에서 기인하고 있다는 평가를 내려왔다는 사실이다. 참여정부 말기(2006년 11월)에 한국사회여론연구소에 의해서 실시된 여론조사에 따르면 참여정부 경제정책 전반에 대한 부정적인 여론이 79.5%에 달해 잘하고 있다는 여론(19.5%)을 압도하였다. 중요한 것은 한국 사회의 중심적인 문제로 자리 잡은 양극화의 문제가 정부 정책의 실패로 인한 것이라는 응답자가 77.8%에 달해 경제적 구조 변화 등 환경적 요인으로 인한 것이라

19_https://www.chogabje.com/board/view.asp?C_IDX=5587&C_CC=AZ
홍영림 기자의 블로그 〈민심이 궁금하세요?〉(blog.chosun.com/ylhong)에서 전재한 글(검색일: 2016/12/11).

는 응답자의 비율 18.8%보다 네 배 이상 월등하게 높았다는 사실이다(한국사회여론연구소 2006).[20]

시민들이 민주 정부의 정책적 취약성에 대해서 부정적인 평가를 내리고 있다면 이러한 부정적 평가는 박정희 노스탤지어와 관련이 있는 것인가? 앞서 언급한 대로 많은 논자가 이 둘 사이의 연관성을 논하고 있지만 경험적인 근거를 밝힌 논문은 거의 존재하지 않는다. 아쉽게도 이를 직접적으로 검증할 수 있는 여론조사자료 또한 현재 존재하지 않는다. 하지만 KDB 2010 조사가 '가장 좋은 정부'와 '가장 나쁜 정부'에 대한 선호를 묻는 문항을 포함하고 있기 때문에 이를 통해서 이 문제를 분석해 보자.

〈표 3-3〉은 박정희 지지자들과 민주 정부에 대한 부정적 평가 사이의 상관관계를 제시하고 있다. 먼저 박정희 정부에 대한 지지와 김영삼 정부에 대한 부정적인 평가 사이에는 매우 약한 상관관계(0.034)만 존재하며 유의미한 연관성이 존재하지 않았다. 이러한 결과는 선행 연구가 박정희 노스탤지어가 확산된 계기는 김영삼 정부 말 IMF 경제 위기라고 주장한다(Kang 2010, 4-8)는 점에서 흥미로운 결과라고 할 수 있다. 한편 박정희 정부의 지지자와 김대중 · 노무현 정부에 대한 부정적인 평가 사이에는 유의미한 연관성이 존재하였으며 일정한 상관관계도 존재하였다. 특히 김대중 정부와 노무현 정부를 합할 경우에는 박정희 정부에 대한 지지와 민주 정부에 대한 부정적인 평가 사이에는 상당한 연관성이 있음을 확인하였다.

20_양극화와 불평등 심화의 기원에 대한 별도의 논쟁이 가능하다. 양극화의 원인을 박정희 시대의 발전모델에서 찾는 시각도 존재한다. 이에 대해서는 유종일 외(2011)를 참고하라. 하지만, 박정희 노스탤지어 와 관련하여 중요한 사실은 대다수의 국민이 민주 정부의 경제적 실패가 불평등과 양극화의 심화의 원인이라고 판단하는 것이다.

이 문제에 대한 본격적인 경험 분석은 제3장에서 이루어질 것이다.

하지만 여기서 유의할 점은 이러한 분석이 민주 정부의 개혁 실패나 정책적 취약성이 박정희 노스탤지어의 직접적 원인이라는 것을 나타내지는 않는다는 것이다. 박정희에 대한 지지는 문민정부의 개혁 실패와 IMF 경제위기 이전에도 존재하였다. 예를 들어, 1989년 중앙일보 조사에 따르면 응답자의 61%는 박정희 정부가 과오보다 공적이 많았다고 평가하였다(중앙일보 2010/02/19). 또한 비슷한 시기 한국 갤럽조사에서도 응답자의 66%는 박정희 정부가 우리 역사에 유익했다고 대답하였다(주간경향 2011/05/19). 이와 비슷하게 1995년 조선일보가 실시한 '가장 훌륭한 지도자는 누구입니까'라는 조사에서 박정희 전 대통령이 67.3%의 지지를 얻어 압도적인 1위를 차지하였다(조선일보 1995/03/05).

〈표 3-3〉 박정희 지지자와 민주 정부 부정적 평가사이 상관관계

	박정희 정부 지지자 (368명)		
	사례수	상관관계	Chi-squaure
김영삼 정부 부정적 평가	9.51%(35명)	.0344	Pearson Chi2=1.185 Pr=.276
김대중 정부 부정적 평가	13.04%(48명)	.1536	Pearson Chi2=23.694 Pr=.000
노무현 정부 부정적 평가	17.93% (66명)	.2026	Pearson Chi2=41.194 Pr=.000
민주 정부 부정적 평가 (김대중 노무현 정부 합)	30.98%(114명)	.2665	Pearson Chi2=71.284 Pr=.000

출처: KDB 2010.

참고: 정부에 대한 부정적 평가는 "어느 정부가 가장 나쁜 정부라고 생각하십니까"라는 문항에 기반을 두고 있다.

4. 박정희 노스탤지어는 전직 대통령 박정희에 대한 회고적 지지에 국한된 현상인가?

네 번째 주요 쟁점은 '박정희 노스탤지어는 전직 대통령 박정희 개인에 대한 회고적인 지지에 국한된 현상인가' 하는 점이다. 제1장에서 글쓴이는 박정희 노스탤지어를 전직 대통령 박정희 개인에 대한 회고적인 지지와 존경을 넘어서는 다층적인 현상이라고 정의하였다. 박정희 노스탤지어는 헤게모니 체제로서 박정희 체제 핵심적인 지배이념에 대한 암묵적인 수용과 나아가 적극적인 지지를 나타내는 개념이었다. 박정희 노스탤지어를 박정희 체제에 대한 지지로 해석할 때 이는 전직 대통령 박정희에 대한 지지와 박정희 시대가 남겨놓은 강력한 유산인 경제성장지상주의에 대한 지지와 긴밀히 연결되어 있다(6장 참조). 여기서는 박정희 체제에 대한 지지가 박정희 개인에 대한 호감과 경제성장지상주의와 국가주의에 대한 지지와 어떻게 연결되어 있는지 경험적으로 분석한다. 이를 통해서 이 책이 주장하는 대로 박정희 노스탤지어가 다층적인 현상임을 경험적으로 보여준다. 경험 분석을 위해서 사용하는 자료는 동아시아 연구원(East Asia Institute)의 2012년 제18대 대통령 선거 패널 조사이다. 종속변수는 성장주의를 나타내는 경제성장에 대한 선호이다.

〈그림 2-2〉 국가 안보와 경제성장에 대한 선호-박정희 정부 지지자와 전체 응답자 비교

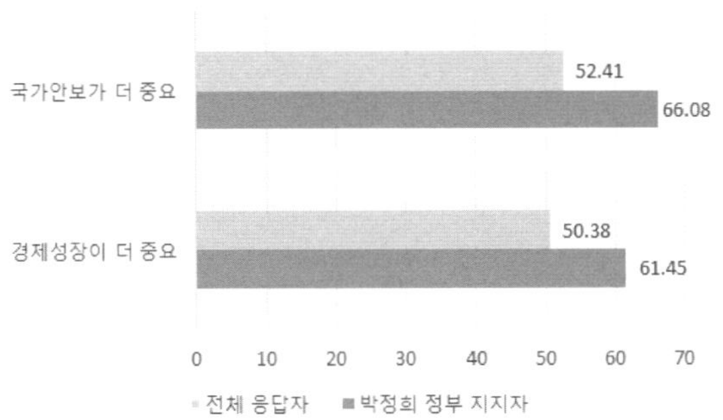

이 문항은 2012년 10월에 실시된 4차 조사에 포함됨; 박정희 정부 지지자는 "다음 대통령 중에서 대통령으로서 일을 가장 잘한 대통령은 누구라고 생각하십니까"라는 질문에 박정희 정부를 선택한 응답자를 대상으로 한 가변수에 기반을 두어 측정됨.

자료: 동아시아 연구원 2012년 대통령 선거 여론조사
참고: 수치는 %, 원 설문문항은 현재 우리 사회에서 국가안보와 인권 중에 어느 쪽이 더 중요하다고 보십니까" "현재 우리 사회에서 성장과 분배 중에 어느 쪽이 더 중요하다고 보십니까."

위의 그림 〈2-2〉에서 알 수 있듯이 전체 응답자에 비해서 박정희 정부 지지자가 경제성장의 경우 11.05%, 국가안보의 경우 13.67% 더 높은 선호를 나타냈다.(카이제곱 검정 유의미 0.000 수준).

그렇다면 박정희 노스탤지어를 나타나는 박정희 정부에 대한 지지를 결정하는 요인은 무엇인가? 단지 박정희 전 대통령에 대한 회고적인 지지인가? 아니면 이 책이 주장하는 것처럼 박정희 노스탤지어는 박정희 전 대통령에 대한 선호뿐만 아니라 박정희 정부의 지배이념이었던 성장주의와 국가주의/안보중심주의도 중요한 결정 요인인가?

〈표 2-4〉 박정희 정부 지지 결정 요인에 대한 경험 분석

	계수(표준오차)	한계계수(marginal value)
성장주의(성장이 복지보다 중요)	0.529 (0.162)***	0.1269
국가안보(안보가 인권보다 중요)	0.568 (0.128)***	0.1371
박정희에 대한 선호	2.930 (0.143)***	0.5794

연령	0.239 (0.004)***	0.3579
교육	-0.012 (0.011)	-0.2180
가구수입	0.014 (0.029)	0.0345
자신의 이념	0.000 (0.003)	0.003
상수	-3.608 (0.299)***	
사례	1801	
Pseudo R2	0.3422	

자료: 동아시아 연구원 2012 대통령 선거 여론조사

참고: ***p≤.001; 종속변수는 박정희 정부에 대한지지; 박정희에 대한 선호는 박정희 대통령에 대한 응답자의 선호를 묻는 문항에서 긍정적인 대답을 추출하여 가변수 형성; 교육은 4급간으로 측정(중졸이하~대학졸업이상);가구소득은 11급간으로 측정(100만원 미만~1000만원 이상).

〈표 2-4〉는 박정희 노스탤지어를 결정하는 요인에 대한 경험 분석 결과를 제시하고 있다. 이 결과를 통해서 알 수 있듯이 박정희 노스탤지어를 결정하는 요인으로서는 전직 대통령 박정희에 대한 선호(개인적 수준)와 함께 성장주의와 국가안보주의와 같은 박정희 정권의 지배이념이 중요하게 나타났다. 한계계수를 통해서 확인할 수 있는 세 변수의 영향력은 전직 대통령 박정희에 대한 선호가 가장 컸다(0.5794). 하지만 성장주의(0.1269)에 대한 선호와 국가안보에 대한 선호(0.1367)도 적지 않은 영향력을 가지고 있는 것으로 나타났다.

위에서 살펴본 바와 같이 박정희 노스탤지어는 다층적인 현상이다. 따라서 박정희 노스탤지어를 전직 대통령 박정희에 대한 개인적인 존경과 지지에 국한하여 분석하는 것은 박정희 노스탤지어의 복합적인 모습을 축소하는 것이다.

이 장은 박정희 노스탤지어에 대한 네 가지 쟁점을 중심으로 박정희 노스탤지어와 한국 민주주의에 대한 관계를 살펴보았다. 특히 KDB와 한국 정체성 조사 등의 자료를 활용하여 네 가지 쟁점의 대립되는 입장에 대한 경험적인 근거를 찾으려는 노력을 전개하였다. 다음 장은 박정희 노스탤지어의 미시적인 기초를 찾기 위한 경험적인 분석을 진행한다.

3장

박정희 노스탤지어의 미시적 기초-이론적 분석 틀의 모색

앞 장에서 살펴본 바와 같이 언론사에서 시행하는 여론조사에서 박정희 전 대통령은 가장 존경하는 대통령으로 또는 다시 뽑고 싶은 대통령으로 지속적으로 선정되었다. 또한 박정희 전 대통령의 생가를 방문하는 방문객은 1995년 3만여 명에 지나지 않았으나 2010년 50여만 명까지 증가하였다. 심지어는 한국민주주의바로미터(Korea Democracy Barometer, KDB) 2010년 조사에 의하면 응답자의 3분의 1이 넘는 34.9%가 박정희 정부를 가장 좋은 정부로 선택하였다.

이 글에서는 과거 대통령에 대한 개인적인 존경과 회고적인 지지를 넘어서는 훨씬 포괄적이고 체계적인 현상으로서 이를 박정희 노스탤지어로 명명한 바 있다. '박정희 노스탤지어'는 한국 민주주의에 매우 중요한 화두를 던지고 있다. 박정희(시대)는 우리 시대를 비추는 거울이다(임혁백 2012).[21]

21_박정희 정부에 대한 적극적인 지지가 아니더라도 최근에 이른바 진보진영에서도 박정희 정부

그렇다면 박정희 정부의 지지자들은 누구인가? 그들이 박정희 정부를 적극적으로 지지하는 이유는 무엇인가? 그들이 다른 민주 정부보다 박정희 정부에 대해서 강력한 지지를 보내는 이유는 무엇인가? 이러한 지지가 한국 민주주의의 현재와 미래에 던지는 함의는 무엇인가? 이 장은 이러한 질문에 답하기 위해서 박정희 노스탤지어의 미시적 기초를 분석하는 것을 목적으로 한다. 이를 통해서 박정희 노스탤지어를 규명하기 위한 이론적 분석 틀을 모색한다.

이 장의 분석은 광범위하게 존재하는 박정희 정부에 대한 지지가 정당하다거나 이러한 지지의 근거가 역사적으로 객관적 사실에 부합하는지 여부에 대한 판단을 목적으로 하지 않는다. 이에 대한 분석과 해석은 그 자체로 매우 중요한 연구 주제로서 별도의 논의가 필요하다. 하지만 이 연구의 범위를 넘어서는 영역이라고 할 수 있다. 이에 대한 역사적 해석과 규범적 판단을 차치하고서라도, 실체로 존재하고 있는 박정희 노스탤지어 결정 요인을 경험적으로 확인하는 일은 한국 민주주의의 과제에 대한 논의에 매우 중요한 의미를 지닌다고 할 수 있다.

많은 연구가 박정희 정부의 성격과 유산에 대해서 분석[22]을 시도하였지만 놀랍게도 박정희 정부에 대한 대중들의 정치적 지지에 대한 체계적인

를 재평가하려는 시도가 이루어졌다. 대표적으로는 박정희 정부시기 지배에 대한 대중들의 동의에 대한 해석을 둘러싼 임지현과 조희연 간의 '대중 독재론'을 둘러싼 논쟁이 있다. 또한 최근에 백낙청(2005)은 박정희를 '지속 불가능한 발전의 유공자'로 규정하고 경제성장 정책의 '한국식 배합 모델'을 창안한 박정희의 지적 재산권을 인정해 주자고 제안한 바 있다.

22_박정희 개인 차원의 분석이 아니라 박정희 체제의 성격, 정책, 유산 등에 대한 체계적인 분석을 시도한 중요한 연구로서는 조희연, 『동원된 근대화-박정희 개발 동원 체제의 정치사회적 이중성』, 유종일 외 『박정희의 맨 얼굴』 등을 참고하라. 또한 박정희 정부의 유산에 대해서 일상적 삶의 관점에서 분석한 연구로서는 공제욱 외 『국가와 일상-박정희 시대』가 인상적이다.

경험 분석을 시도한 문헌은 매우 소수에 지나지 않는다.[23] 이 장은 〈한국민주주의바로미터Korea Democracy Barometer, KDB〉 2010년 자료를 사용하여 이 문제를 경험적으로 분석한다.

1. 분석의 틀과 가설

일반적인 의미에서 정치적 지지가 복합적인 것처럼 박정희 정부에 대한 정치적 지지 또한 복합적이며 다층적인 현상(multi level political phenomenon)이라고 할 수 있다. 이 장은 다층적인 현상으로 박정희 정부에 대한 지지를 분석하기 위해서 동구 신생 민주주의에서 민주화 이후에 부각되고 있는 공산주의에 대한 향수(Communist Nostalgia)를 분석하는데 사용된 이론적 분석 틀을 한국적 맥락에 맞게 수정하여 적용하고자 한다.

대표적으로 에크맨과 린드(Ekman and Linde 2005, 356-358)는 동구 신생 민주주의에서 부활하고 있는 공산주의에 대한 향수를 네 가지 분석적 차원[24]에 기초하여 개념화하였다. 이 네 가지 차원은 개인적인 생애의 차원(personal biography dimension), 정치 이념의 차원(political ideological dimension), 그리고 마지막으로 개인과 체제 수준의 사회 경제적 차원(socioeconomic dimension)이 그것이다. 이러한 분석의 틀은 동구 신생 민주주의에 일차적으로 적용되었으나 신생 민주주의 국가에서 정치적 지지에 관한 다양한 이론적 배경에 근거한 분류로서 한국적 맥락에서도 유용한

23_이에 대한 예외로는 Kang Won-Taek(2010), Kang Woo-Jin(2016, 2018)을 들 수 있다.

24_이 네 차원은 경험적인 차원에서 반드시 서로 배제적일필요는 없다. 하지만 분석적인 수준에서는 이를 구분하는 것이 유용하다.

분석 틀이 될 수 있다.

먼저 개인적인 생애의 차원을 살펴보도록 하자. 이 차원에서는 개인의 경험에 기반을 둔 과거의 기억과 체험이 정치적 지지에 중요한 역할을 한다. 과거의 체험과 기억에 근거하여 과거의 권위주의 체제와 현재의 민주주의 체제를 비교 평가하고 이에 따라서 권위주의에 대한 향수를 가지게 된다.

실제로 박정희 전 대통령은 박정희 정부를 경험한 특정한 집단의 사람들에게는 '한강의 기적을 이룬 근대화의 기수' '한민족을 가난에서 구해낸 민족중흥의 영도자'등으로 인식된다. 따라서 이 차원은 일차적으로 박정희 정부 시기 고도성장을 경험한 상대적으로 나이가 많은 사람들에게서 더욱 영향력을 발휘할 수 있는 차원이다. 또한 이른바 '뉴라이트' 그룹의 경우에서 알 수 있듯이 젊은 시절 박정희 정부에 대해서 비판적이었던 사람들도 나이가 들어가면서 나타나는 보수화의 경향 또는 학습효과로 인해서 박정희 정부에 대해서 지지를 보낼 수 있는 가능성도 있다.

강력한 권위주의 통치를 시행했던 박정희 정부를 형성기(formative year)에 경험한 시민들의 경우 다른 젊은 연령 집단보다 권위주의적 정향을 가질 가능성이 높고 권위주의적 정향을 가진 시민들은 박정희 정부를 긍정적으로 평가할 확률이 높다고 예측할 수 있다.[25]

특히, 이 연구가 주목하는 박정희 노스탤지어의 원천이 위로부터 권위주

25_물론, 이러한 가설이 박정희 정권기를 경험한 모든 시민이 권위주의적 태도를 가지게 된다고 가정하는 것은 아니다. (대학) 교육의 효과를 고려할 때 반대의 가설도 가능하다. 박정희 정권기 대학가를 중심으로 한 강력한 저항이 존재했다. 대표적으로 한일협정 반대 투쟁, 3선개헌 반대 투쟁, 유신반대 투쟁, 유신 말기 부마항쟁 등이 있다. 이 과정을 통해서 민주주의 수호라는 저항의 정체성이 형성되기도 했다. 하지만 박정희 정권 기간 고등교육기관 진학률은 30%를 넘지 않았다(교육통계분석 자료집 2006).

의적 동원에 의한 압축적 경제성장이었다는 점을 고려할 때 권위주의적 리더십에 대한 선호가 박정희 정부에 대한 긍정적인 평가로 이어질 수 있다. 박정희 시기 한국형 경제성장은 수출로 나타나는 경제성장우선주의를 매개로 위로부터의 권위주의적 총력 동원 체제를 통해서 이루어졌다. 따라서 위로부터 권위주의적 동원 모델의 유용성을 수용하는 시민들은 박정희 정부를 지지할 가능성이 더 크다고 추론할 수 있다.

가설1) 나이가 많은 시민들일수록 박정희 정부가 가장 좋은 정부이었다고 판단할 가능성이 높다.

가설1-1) 권위주의적 정향을 가진 시민들일수록 박정희 정부가 가장 좋은 정부였다고 판단할 가능성이 높다.

가설1-2) 강력한 지도자에 의한 결정을 선호하는 시민들일수록 박정희 정부를 긍정적으로 평가할 가능성이 높다.

다음으로 이념(ideology)의 차원을 살펴보자. 먼저 정치 이념을 살펴보면 국민의 정부와 참여정부를 거치면서 정치 이념을 둘러싼 갈등은 한국 사회에서 가장 중요한 갈등의 축으로 부상하였다(이내영 2011). 이는 정치적 수준에서 정당 간의 경쟁과 갈등뿐만 아니라 한국 사회를 가르는 사회 · 정치적 양극화의 또 다른 단면이 되었다(Lee 2005). 최근에 일정한 변화가 나타나고 있지만 민주화 이후 한국 사회에서 이념적 차이를 결정하는 요인은 주로 정치적인 차원의 요인들이었다. 그간의 연구에 의하면 구체적으로 대북정책 그리고 한미관계가 이념적 갈등을 결정하는 가장 중심적인 요인으로 확인된 반면에 세금과 복지 그리고 한미 자유무역 협정(Free Trade Agreement)과 같은 경제적인 이슈는 이념적인 차이를 결정하는 데

있어서 그다지 중요한 영향력을 미치지 않는 것으로 나타났다(이내영 2011).[26]

박정희 정부는 냉전이라는 국제 정치적 조건 속에서 반공 이데올로기를 국시로 하고 총화 단결을 내세웠고 북한과의 경쟁을 정부 차원의 가장 중요한 정책 목표였던 산업화의 추동력으로 삼았다. 국제적 차원에서는 냉전의 해체와 함께 지배 이데올로기로서 반공은 해체의 계기를 맞았다. 국내적 차원에서는 민주화 이후 대북 포용 정책을 추진했던 김대중 · 노무현 정부의 집권이 그러한 계기의 마련하였다고 할 수 있다. 하지만 역설적이게도 민주 정부의 집권은 대북 포용 정책을 둘러싼 논쟁을 통해서 이념적 차원에서 대북 문제가 실질적으로 갈등의 중심축으로 부상하는 계기가 되었다. 특히, 문민정부 등장 이후 본격화된 북한의 핵무기 개발 이슈는 대북정책을 정책을 둘러싼 국내 갈등을 심화시켰다. 이러한 측면에서 한국의 정치 이념적인 차원은 박정희 정부의 지지를 분석하는데 유용한 분석의 틀을 제공해준다. 이에 따라 정치적으로 보수적인 이념을 가진 사람들은 박정희 정부에 대해서 지지를 보낼 가능성이 높은 반면에 정치적으로 진보적인 사람들은 박정희 정부에 대해서 더욱 비판적일 가능성이 높은 것으로 예측이 가능하다.

위에서 논의한 세대적 요인과 관련하여 박정희 정부를 경험하지 않은 세대의 경우에도 개인이 경험한 특정한 정치적 경험을 통해서 박정희 정부에 대해서 지지를 보낼 수 있다. 북한의 핵무기 개발 이슈가 본격화되자 보수 정치세력이 안보이슈를 통해서 젊은 보수층을 동원하는 데 성공하였다.

26_2011년 서울시장 보궐 선거 이후 복지의 중요성이 부상하였다. 2012년 제18대 대통령 선거와 2017년 제19대 대통령 선거에서 확인할 수 있듯이 정치 이념의 구성에서 경제적 차원의 변수들이 점차 중요해지고 있다고 할 수 있다.

실제로, 노무현 정부와 이명박 정부를 거치면서 스스로를 보수라고 밝히고 안보와 법치를 강조하며 자유민주주의 체제 수호를 설파하는 많은 젊은 보수단체가 생겨났다. 대표적으로 '바른 사회 대학생 연합' '한국 대학생 포럼' 그리고 '청소년 미래 리더 연합'등이 있다(시사IN 2010/07 /23). 이 책의 8장에서 제시된 것처럼 현재에도 박정희 전 대통령을 지지하는 다양한 청년 단체가 활동하고 있다. 정치 이념의 차원에 관해서는 다음과 같은 가설이 도출 가능하다.

> 가설2) 정치적으로 보수적인 시민들은 박정희 정부가 가장 좋은 정부였다고 판단할 가능성이 높다.
>
> 가설 2-1) 북한에 대해서 비판적인 시민일수록 박정희 정부가 가장 좋은 정부였다고 판단할 가능성이 크다.

마지막으로 사회 경제적 차원이 있다. 이 차원은 개인적 수준의 사회 경제적 조건과 정치적 체제(regime) 수준의 사회 경제적 차원으로 나눌 수 있다. 정치적 지지에 관한 제도주의적 이론들은 시민들의 정치적 지지는 시민들의 정치체제에 대한 기대와 정치체제의 수행력(performance) 간의 함수로서 설명할 수 있다고 주장한다(Mishler and Rose 1997). 즉 정치체제의 수행력이 높을수록 정치체제에 대한 시민들의 지지는 높아진다고 할 수 있다. 이러한 시각에서는 민주주의 체제의 정책적 산출의 결손(output deficit)에 대한 시민들의 (부정적)인식이나 민주주의 체제의 수행력에 대한 일반적인 불만족을 통해서 권위주의 정부에 대한 향수를 분석한다(Ekman and Linde 2005). 정치적 지지에 대한 선행 연구에서는 정치적 수행력과 경제적 수행력 모두 중요하게 분석되어 왔다. 하지만 신생 민주주의 국가에서

권위주의 정부에 대한 향수를 분석할 때는 경제적 수행력이 중심적인 분석의 대상이 되어 왔다.[27]

동아시아적 맥락에서 민주주의와 수행력 간의 관계를 좀 더 정확히 이해하기 위해서는 한국을 비롯한 동아시아 신생 민주주의가 처한 구조적인 조건을 간단히 분석할 필요가 있다. 한국을 비롯한 동아시아의 민주주의는 민주주의의 (경제적) 수행력이라는 측면에서 이중적인 도전에 직면하고 있다. 먼저 그것이 보수 세력의 이데올로기적인 동원[28]에 의한 것이든 아니면 실체를 가진 것이든 국민들의 기억 속에서 박정희 정부는 경제적인 면에서 상대적으로 효율적인 거버넌스(governance)와 높은 수행력을 가진 정부로 기억된다는 것이다.

실제로 한국적 맥락에서 권위주의 정부하에서 경제적 실적이 높았는지 아니면 민주화 이후 민주 정부하에서 경제적 실적이 높았는지에 대해서는 여전히 논쟁이 진행 중이다. 한 연구에 따르면 구체적인 지표에 근거하여 분석할 때 권위주의 정부의 경제 실적보다 민주 정부의 경제적 실적이 더 우월했다(임혁백 2011). 또한 박정희 정부 기간 동안 경제 정책이 효율적이었다는 주장도 비판적인 시각에 의하면 신화에 가깝다(유종일 외 2011).[29]

27_정치적 수행력은 주로 선거의 공정성(fairness of election), 수직적 책임성(vertical accountability), 수평적 책임성(horizontal accountability) 등 주로 민주주의와 연관된 변수로 측정되어왔다는 점에서 권위주의에 대한 지지가 이에 기반을 둘 가능성은 매우 낮다고 할 수 있다. 이러한 점에서 경제적 수행력을 중심으로 한 권위주의에 대한 지지의 분석은 논리적으로 자연스러운 일이라고 할 수 있다.

28_조선일보를 중심으로 한 한국의 보수 언론들은 일련의 작업을 통해서 '박정희' 부활을 적극적으로 추진하였다. 대표적인 결과물로는 조갑제의 『내 무덤에 침을 뱉어라』가 있다. 박정희의 정치적 부활은 그의 딸인 박근혜의 정치적 성장을 통해서 이루어졌다. 하지만 이전에도 '1997년 대통령 선거에서 이인제 국민신당 후보가 박정희 이미지를 벤치마킹함으로써 정치권에서 박정희 논쟁을 촉발한 계기를 제공하였다.

시민들의 정치적 태도 결정에는 객관적인 성취와는 별개로 시민들의 인식이 종종 더 중요하다(perception is more important than reality). 이러한 측면에서 역설적이게도 한국 민주주의는 일차적으로 과거 '성공의 유산'으로부터 도전에 직면하고 있다.

또한 한국을 비롯한 동아시아의 신생 민주주의 국가는 중국, 싱가포르 넓게는 말레이시아까지 높은 수행력을 보이고 있는 권위주의 정부의 사례로부터 동시대적인 도전을 받고 있다고 할 수 있다(Kang 2013; Kang 2016). 예를 들면 효율적인 거버넌스, 높은 경제성장, 낮은 부패, 권위주의적 지배 등의 특징을 가지는 싱가포르 모델은 정치적 자유화를 유보한 채 경제성장을 달성하려고 하는 다른 권위주의 국가의 모델이 되었다(Ortmann 2011, 162). 절차적 차원의 민주주의를 달성한 한국의 경우 경제적으로 경쟁력을 가진 주변 권위주의 국가의 존재는 민주 정부의 기대에 못 미치는 경제적 실적과 맞물려 일부 국민들이 민주주의가 반드시 효율적이고 경쟁력이 있다는 판단을 유보하는 배경적 요인이 되었다. 대중의 수준에서 자유민주주의적 가치의 내면화가 여전히 진행 중인 것으로 평가되는 한국에서, 이러한 구조적인 조건은 시민들이 30년이 넘는 민주적 실험 이후에도 기대치에 못 미치는 민주주의의 수행력에 실망하고 박정희 향수에 젖을 수 있는 배경이 되었다.

또 다른 구조적 조건을 언급할 필요가 있다. 먼저 동아시아 권위주의 체제 특히 박정희 체제는 권위주의 통치 기간에 선거 경쟁, 그리도 제도화

29_이와 연관하여 박태균(2009)의 시론적 연구는 민주주의 체제하에서 경제발전을 이룬 최근 사례로서 인도와 브라질의 사례에 주목하여 구체적인 데이터를 중심으로 분석하였다. 그의 분석에 따르면 발전국가는 민주주의 결여로 인한 내부적인 위기극복 시스템이 부재하였기 때문에 끊임없이 위기를 창출하였다.

된 야당을 허용했다는 사실이 중요하다(Chang, Chu and Park 2007, 69). 또한 한국의 민주화의 경로가 아래로부터의 혁명에 의한 방식에 비교해 볼 때 엘리트 간의 타협을 통한 비교적 안정적인 방식이었다는 사실을 기억할 필요가 있다. 이러한 조건에서 한국의 시민들은 민주화를 통해서 획득한 정치적인 자유와 권리의 신장을 드라마틱한 변화로 인식하지 않을 가능성이 있는 것이다(이 책의 4장). 요컨대 한국 민주주의의 구조적 조건은 시민들이 민주화를 통한 정치적 성취를 상대적으로 과소평가하고 민주 정부의 사회 경제적 취약성에 대해서 훨씬 덜 관용적일 수 있는 조건을 부여하였다고 할 수 있다.

그렇다면 과거 권위주의 정부에 대한 지지와 연관하여 어떠한 경제적 수행력이 중요한가? 선행 연구에 따르면 일반적으로 거시적인 수준에서는 경제성장률, 실업률, 인플레이션과 같은 변수들이 그리고 미시적 수준에서는 가정경제와 국가 경제에 대한 응답자의 인식이 중요한 변수로 논의되었다. 앞서 언급한 대로 경제적 수행력 모델은 개인적 수준과 체제적 수준의 수행력으로 구분할 수 있다. 개인적 수준의 수행력은 가정 경제 조건에 대한 인식을 통해서 체제적 수준의 수행력은 국가 경제에 대한 인식을 통해서 일반적으로 측정될 수 있다.

하지만 이 연구는 경제적 불평등에 대한 시민들의 인식이 박정희 정부에 대한 지지를 결정하는 경제적 수행력 모델과 연관하여 보다 더 중요한 변수라고 주장한다. 이 모델에 따르면 박정희 정부에 대한 지지가 회고적 지지이고 이는 민주 정부들의 경제적 수행력과의 비교적 평가에 근거한 것이라고 할 수 있다.

그렇다면 이와 연관해서는 다음의 두 조건이 중요하다. 먼저 많은 논의가 지적하듯이 이른바 권위주의 시절 동아시아 발전 모델의 강점은 지속적인 경제성장에만 있지 않았다. 예를 들어 한국은 박정희 정부 기간 연 10%에 육박하는 경제성장률과 함께 비교적 관점에서 볼 때 상대적으로 균등한 분배를 유지해왔다는 점이다.[30] 이러한 점에서 학자들은 한국을 포함한 동아시아의 경제성장은 수출을 통해 국가 경제의 발전에 직접적으로 기여했지만 간접적으로 부의 분배에도 일정한 기여를 했다고 주장한다(Wang 2011). 다음으로 이와 연관하여 민주 정부의 사회 경제적 취약성이 중요하다. 주지하듯이 한국 사회에서 경제적 불평등이 급격하게 악화된 것은 IMF 경제 위기가 중요한 계기였다. 하지만 민주주의와 시장 경제의 병행 발전을 국정 기조로 내세운 국민의 정부는 급속히 악화된 경제적 불평등을 완화하는 데 정책적으로 실패하였다. 국민의 정부를 계승한 참여정부 역시 확대된 경제적 불평등에 대처하기 위하여 복지정책의 확대를 정책적 기조로 내세웠으나 결과적으로 사회 경제적 불평등은 확대되었다. 즉 최초의 평화적 정권 교체를 통해서 민주주의의 제도화를 이룬 이른바 민주 정부에서 경제적 불평등이 심화되었고 이 문제는 한국 민주주의의 중심 문제로 부상한 것이다. 민주화 이후 한국의 민주 정부는 경제 위기 이후 악화된 경제적 불평등을 완화시키기 위해서 정책적 진단을 하고 처방하는 데 실패했다고 할 수 있다(고세훈 2007).

이 결과 민주 정부 이후 경제적 불평등과 양극화에 대한 시민들의 인식은 지속적으로 악화되어 왔다. 일례로, 이명박 정부를 탄생시켰던 2007년 17대 대선 직전의 여론조사에 의하면 43.49%가 경제적 양극화가 가장 중

30_UN. 1999. "Growth with Equity: Policy Lessons from the Experiences of the Selected Asian Countries."를 참조하라. 또한 최근의 연구(Kim, Kwon, Lee and Yi 2011, 121-122)의 분석에 따르면 박정희 정부 기간 한국 사회는 높은 경제성장과 빈곤의 개선 그리고 일정한 수준의 불평등의 개선을 함께 달성했다. 이러한 실적은 1960년대 70년대에 유례를 찾기 힘든 것이었다.

요한 국정과제로 인식하였다(동아시아연구원 패널조사 2007). 보다 더 중요한 문제는 이러한 경제적 불평등과 양극화에 대한 인식이 민주주의의 문제해결 능력에 대한 회의로 이어질 수도 있다는 가능성이다. 2006년에 실시된 아시아바로미터(Asia Barometer Survey)의 2차 조사 결과에 따르면 한국에서 민주주의의 효능성(efficacy), 즉 민주주의 문제 해결 능력에 대한 시민들의 부정적인 인식이 이전 조사(2003년)에 비해서 증가하였다. 2차 조사에서는 단지 절반 조금 넘는 사람들(55.2%)만이 민주주의 문제해결 능력에 긍정적인 믿음을 소유하였다. 이러한 수치는 일본을 제외한 동아시아 전체 평균(61.5%)보다도 낮은 수치이다(Chang, Chu and Park, 2007, 특히 표1). 민주화의 가장 성공적인 사례로 칭송받는 한국에서 절반에 가까운 사람들이 민주주의 효능성에 의문을 가진다는 것은 놀라운 수치가 아닐 수 없다.

이 문제를 정확히 이해하기 위해서는 시민들의 민주주의에 대한 이해를 간단히 언급할 필요가 있다. 민주주의에 대한 절차적 정의가 대세를 이루고 있음에도 불구하고 최근의 비교연구에 의하면 신생 민주주의 국가에서 많은 시민이 정치적 측면과 함께 결과적 차원(output dimension) 또한 민주주의 본질적인 요소로 인식하고 있음이 나타났다. 특히 한 비교조사(Shin and Cho 2010)에 따르면 3분의 1이 넘은 응답자가 경제적 평등(36%)을 민주주의의 가장 중요한 본질로 인식하였다. 이 수치는 정치적 자유(15%)을 선택한 비율보다 훨씬 컸으며 선거의 공정성(35%)을 꼽은 비율보다도 큰 수치였다. 또한 이러한 수치는 다른 동아시아 민주주의 국가에서 경제적 평등을 민주주의의 본질로 선택한 비율(14.8%)보다도 두 배 이상 큰 수치였다.

요약하면, 다음과 같은 추론이 가능하다. 한국의 시민들은 민주 정부가 민주주의의 실질적인 문제해결 능력을 보일 것을 기대하였으나 민주 정부는 IMF 경제 위기 이후 사회의 핵심적인 문제로 등장한 경제적 불평등의 문제를 정책적으로 처방하고 완화하는데 취약하였다. 이에 따라서 한국의 시민들은 민주주의 효능성에 대한 의문을 가지게 된 것이다. 위에서 제시한 조건에 대해서는 제4장에서 좀 더 자세히 논의할 것이다.

이러한 배경에서 본 연구는 경제적 수행력 모델의 시각에서 박정희 정부에 대한 지지를 해석하기 위해서는 단기간의 경제적 조건에 대한 시민들의 인식만을 분석하는 것은 충분치 않다고 주장한다.[31] 오히려 보다 장기적이고 체제적 수준의 변수라고 할 수 있는 민주주의 효능성이 박정희 정부에 대한 회고적인 지지를 결정하는 보다 더 중요한 변수라고 주장한다. 이러한 논의에 기반을 두어 이 연구의 중심적인 가설을 도출하였다.

> 가설3) 민주주의 효능성에 대해서 부정적인 인식을 가진 시민일수록 박정희 정부가 가장 좋은 정부였다고 판단할 가능성이 크다.

또한 앞에서 논의한 대로 박정희 노스탤지어는 다층적인 현상이다. 제6장에서 본격적으로 논의하겠지만 경제성장우선주의(성장주의)는 박정희 정부의 핵심적인 지배 이데올로기였다. 경제성장우선주의는 위로부터의 권

31_이와 관련한 설문 문항은 일반적으로 현재의 가정경제와 국가 경제 조건을 묻고 있거나 지난 몇 년 동안의 경제적 조건의 변화 여부에 대한 인식만을 묻고 있다. 앞서 언급한 대로 이러한 경제적 조건에 대한 인식과 투표행위와의 연계를 분석하는 경제투표는 투표행태를 설명하는 가장 중요한 모델 중의 하나이다. 하지만 이와 연관하여 많은 논쟁이 현재형으로 존재한다. 특히 경제 위기가 일정 정도 지속되지 않는 상황에서 이를 체제차원의 수행력 평가와 직접 연결하는 것은 무리가 있다(Dalton 2004). 다른 변수를 고려하지 않고 현재의 경제 조건에 대한 인식과 단지 일 년 전 또는 수년 전 인식을 비교함으로써 민주주의 체제에 대한 불신과 박정희 정부에 대한 적극적 지지를 도출해내는 것은 논리적 비약이 될 수 있다.

위주의적 동원 체제였던 박정희 체제의 국가-기업-국민을 접합해주는 역할을 했다. 중요한 사실은 민주화된 이후에도 경제성장우선주의가 경로의존성을 가지며 한국사회의 지배적인 이념으로 깊게 자리 잡고 있다는 사실이다(윤상우 2016). 이에 따라서 다음과 같은 가설을 도출하였다.

가설4) 경제성장우선주의를 지지하는 시민일수록 박정희 정부가 가장 좋은 정부였다고 판단할 가능성이 높다.

2. 연구설계와 변수측정

본 연구는 KDB 2010년 여론조사를 사용하여 박정희 정부에 대한 지지를 경험적으로 분석한다. KDB 2010 조사는 본 연구의 문제의식과 연관하여 여러 가지 유용성을 가지고 있다. 먼저 박정희 정부로부터 이명박 정부까지 어떤 정부가 가장 좋은 정부인지와 가장 나쁜 정부인지를 조사하는 문항을 포함하고 있다. 또한 응답자의 정치 정향과 민주주의의 공급과 질에 관한 인식을 묻는 광범위한 문항이 존재한다.

이 연구의 종속변수는 과거 박정희 정부부터 조사 당시 현직이었던 이명박 정부까지 정부 중에서 가장 좋은 정부에 대한 응답자의 선호를 묻는 문항을 사용하였다. 이 문항으로부터 가변수(dummy variable)를 도출하여 박정희 정부가 가장 좋은 정부라고 선택한 사람들에게 1을 부여하고 나머지는 0으로 부여하였다.

독립변수는 앞선 이론적 논의에 근거하여 네 차원으로 구성되었다. 앞서 논의한 대로 중심적인 독립변수는 경제적 수행력에 대한 응답자의 인식이다. 이는 개인적 차원의 경제적 조건에 대한 인식과 체제 차원에서 경제적 불평등에 대한 인식으로 구성된다. 특히 앞선 논의에서 설명한 바대로 체제 차원의 수행력을 중심적인 변수로 주목한다. 이 책은 박정희 체제의 특징으로서 대기업 중심의 수출 주도형 경제성장을 위한 위로부터의 권위주의적 동원 체제에 주목했다. 따라서, 박정희 노스탤지어는 권위주의 체제의 효능성과 민주주의 체제의 효능성에 대한 비교분석에 근거하고 있다. 그렇다면 민주주의의 능력에 대해서 회의적인 사람일수록 박정희 정부를 가장 좋은 정부였다고 평가할 가능성이 크다고 볼 수 있다. 이를 측정하기 위해서 민주주의가 한국 사회의 문제를 해결할 수 있는지를 묻는 문항으로부터 가변수를 도출하였다. 민주주의의 문제해결 능력에 부정적인 답변을 한 사람은 1을 부여하였고 그렇지 않은 경우는 0을 부여하였다.

앞선 논의대로 박정희 정부에 대한 지지가 민주 정부에 대한 실망에서 기인한 것일 수 있다면 응답자의 민주 정부에 대한 비판적 인식이 박정희 정부에 대한 지지와 연결될 수 있다. 이를 확인하기 위해서 응답자의 민주 정부에 대한 부정적 인식을 포함하였다. 이 변수는 어느 정부가 가장 나쁜 정부라고 생각하는지를 묻는 문항으로부터 도출되었다. 김대중 정부 또는 노무현 정부를 가장 나쁜 정부로 선택한 사람들에게 각각 1을 부여하였고 그렇지 않은 경우는 0으로 부여하였다.

또한 박정희 정부의 지배 이념으로서 경제성장우선주의는 경제발전과 민주주의 둘 중 어느 것이 더 중요한지를 묻는 문항을 통해서 특정되었다. 이 문항에서 경제발전이 더 중요하다고 대답한 응답자를 대상으로 가변수를 도출하였다,

이러한 중심 변수들과 연관하여 제기될 수 있는 문제점은 이러한 변수 간의 다중 공선성(multicollinearity)의 문제다. 이를 확인하고자 경제적 경

험 분석의 주요 변수들인 불평등에 대한 인식과 국민의 정부에 대한 부정적 인식, 참여정부에 대한 부정적 인식, 민주주의에 대한 효능성 사이의 상관관계를 조사하였다. 조사 결과, 불평등과 민주주의의 효능 사이의 상관관계가 가장 큰 것으로 나타났는데 그다지 크지 않았다(-0.1040). 다른 변수들 사이의 관계도 모두 0.100 이하로 나타나 주요한 변수들 사이에 공선성은 존재하지 않음을 확인하였다.

경제적 수행력에 대한 개인적 차원의 인식은 경제적 조건에 대한 응답자의 인식을 조사하는 일반적인 문항을 사용한다. KDB 2010년 조사는 국가 경제와 가정경제에 대하여 현재의 경제 조건에 대한 인식과 현재의 경제 조건이 일 년 전에 비해서 악화되었는지 여부를 묻는 문항을 둘 다 포함하고 있다. 따라서 경제 인식에 관한 총 네 가지 변수가 경험 분석에 포함되었다. 이 변수들은 모두 5점 척도로 구성되어 있으며 높을수록 부정적인 인식을 나타낸다.

정치적 이념에 대한 변수는 이념적 성향에 대한 응답자 자신의 답변을 묻는 문항을 사용하였다. 이 변수는 10점 척도로 코딩되어 있고 점수가 높을수록 진보적인 정치 이념을 나타낸다. 또한 권위주의적인 정치 정향을 가진 시민은 박정희 정부가 가장 좋은 정부라고 인식할 가능성이 크다. KDB 2010년 조사에는 권위주의적 정향과 연관하여서는 여러 가지 변수가 포함되었다. 예를 들면 지도자가 기존질서를 무시해서라도 목표 달성하는 것이 중요한지, 지도자가 반대 집단과 타협을 거부해도 되는지, 그리고 지도자가 정치적 견해가 다른 사람들 인정해야 하는지, 마지막으로 다수의 지지를 받을 경우 소수의 견해를 무시해도 되는지에 대한 응답자의 인식을 묻는 변수들이다. 이러한 문항을 통해서 응답자가 지도자와 민주적 정치과정에 대해서 권위주의적 정향을 가지고 있는지 여부를 측정할 수 있다. 또한 추가적으로 강력한 리더십의 결정에 대한 태도를 포함시켰다. 이는 '국회와 선거제도를 없애고 강력한 지도자가 모든 것을 결정해야 한다'라는 문항에 대한 태도를 기반으로 측정되었다.

권위주의적 정향은 박정희 정부에 대한 정치적 지지와 연결될 수 있음을 예측할 수 있다.

3. 분석 결과

시민들의 각 정부에 대한 인식 비교

〈표 3-1〉 박정희 정부부터 이명박 정부에 대한 평가 비교

	가장 좋은 정부	가장 나쁜 정부	가장 민주적인 정부	가장 비민주적인 정부
1위	박정희 정부(34.9)	전두환 정부(32.8)	노무현 정부(51.8)	전두환 정부(54.5)
2위	노무현 정부(25.0)	이명박 정부(18.4)	김대중 정부(17.9)	박정희 정부(16.3)
3위	김대중 정부(15.7)	노무현 정부(9.4)	이명박 정부(9.8)	이명박 정부(9.4)
4위	이명박 정부(6.5)	김영삼 정부(8.3)	박정희 정부(5.7)	김대중 정부(3.5)
5위	전두환 정부(5.5)	노태우 정부(8.1)	김영삼 정부(3.3)	김영삼 정부(2.5)
6위	노태우 정부(1.6)	김대중 정부(7.2)	노태우 정부(2.9)	노태우 정부(2.5)
7위	김영삼 정부(1.2)	박정희 정부(3.1)	전두환 정부(0.9)	노무현 정부(1.6)

출처:KDB 2010 조사
참고: 괄호안은 %. 각 항은 모름 무응답을 포함해서 100%

〈표 3-1〉은 KDB 2010 조사에서 나타난 각 정부(박정희 정부부터~이명박 정부까지)에 대한 시민들의 지지패턴을 비교 정리한 것이다. 〈표 3-1〉의 비교는 이 장의 중심적인 문제의식과 연관하여 매우 흥미로운 패턴을 보여주고 있다. 먼저 가장 좋은 정부를 묻는 문항에 대한 응답에서 응답자의 3분

의 1이 넘은 34.9%가 박정희 정부를 택하였다. 반면에 박정희 정부를 가장 나쁜 정부로 평가한 응답자는 단지 3.1%에 지나지 않아 가장 나쁜 정부의 맨 하위를 기록하였다. 응답자의 3분의 1가량인 32.8%가 전두환 정부를 가장 나쁜 정부로 꼽았다. 흥미로운 것은 비록 그 차가 절대적인 수치에서 크지는 않더라도 박정희 정부가 가장 나쁜 정부라고 평가한 응답자(3.1%)의 두 배 이상이 김대중 정부(7.2%)를 가장 나쁜 정부로 대답하였고 세배에 달하는 응답자가 노무현 정부(9.4%)를 가장 나쁜 정부로 인식하고 있다는 점이다.

가장 민주적인 정부에 대한 항목에서도 전체 응답자의 5.7%가 박정희 정부를 가장 민주적인 정부로 선택하여 전체의 중간(4위) 순위를 기록하였다[32]. 이 비율은 김영삼 정부가 민주적인 정부라고 인식한 응답자의 비율(3.3%)보다도 높았다. 가장 비민주적인 정부 대한 항목에서는 압도적인 다수가 전두환 정부(54.5%)를 선택하였다. 박정희 정부(16.3%)는 전두환 정부에 이어서 2위를 차지하였으나 1위와 2위는 세배 이상의 격차를 나타내었다.

위의 분석을 통해서 시민들 사이에 존재하는 박정희 정부에 대한 광범위한 지지를 확인할 수 있다. 위수령과 긴급조치로 상징되고 강압적 국가기구를 통한 통제와 감시, 억압의 비민주적인 시대로서 박정희 정부라는 부정적인 인식은 박정희 정부를 뒤이어 집권한 전두환 정부의 폭압적이고

32_이러한 흥미로운 결과는 다른 여론조사에서도 확인된 바 있다. 조선일보가 '기획의 정치'라는 이름으로 기획·연재한 조사에 의하면 박정희는 73.4%의 지지로서 '경제발전' 분야에 가장 기여한 대통령으로 평가되었다. 2위인 김대중은 10.8%의 지지만을 획득하였다. 또한 국민을 대상으로 한 '민주주의 발전에 기여한 대통령' 항목 조사에서도 박정희는 24.3%의 지지를 얻어 2위를 차지하였다. 1위인 김대중(33.4%)와는 10% 미만의 격차를 나타내었다(조선일보 2010/04/19).

강압적인 이미지에 의해 시민들의 기억 속에서 상당히 희석되고 있음이 나타났다.

또 다른 중요한 사실은 민주 정부에 대한 시민들의 평가는 극명하게 엇갈린다는 사실이다. 노무현 정부는 가장 좋은 정부의 항목에서 2위를 차지하였으나 가장 나쁜 정부의 분야에서도 전두환 이명박 정부에 의해서 3위를 차지하였다. 노무현 정부가 가장 민주적인 정부의 항목에서 1위를 차지하였고 가장 비민주적인 정부에서 최하위를 기록하였다는 점을 감안할 때 시민들이 노무현 정부에 부정적인 평가를 내리는 이유는 민주주의 발전이라는 측면이 아니라 다른 측면일 가능성이 높다는 추론이 가능하다. 이제 누가 박정희 정부를 지지하는가? 라는 문제를 살펴볼 차례다.

박정희 정부 지지자의 사회 경제적 배경

박정희 정부 지지자는 누구인가? 이들은 권위주의적 정향을 소유하고 민주주의에 반대하는 사람들인가? 먼저 그들의 사회 경제적 배경을 살펴보자. 〈표3-2〉는 박정희 정부를 가장 좋은 정부라고 답한 응답자의 사회 경제적 배경을 전체 표본의 사회 경제적 배경과 비교한 분석을 제시하고 있다.

〈표 3-2〉 박정희 정부 지지자의 사회 경제적 배경

	A: 박정희 정부지지자(368)	B:전체표본 (1004)	차이 (B-A)
연령			
20대	8.42 (31)	19.22 (193)	10.80
30대	11.68 (43)	22.41 (215)	10.78
40대	25.54 (94)	22.21 (223)	-3.33
50대	23.91 (88)	17.83 (179)	-6.08

60대 이상	30.43 (112)	19.32 (194)	-11.11
학력			
초등	13.04 (48)	8.67 (87)	-4.37
중학교	16.30 (60)	9.86 (99)	-6.44
고등학교	40.76 (150)	35.26 (354)	-5.50
전문대학	11.42 (42)	18.43 (185)	7.02
4년제	17.66 (65)	26.89 (270)	9.23
소득			
1분위	16.16 (59)	13.18 (133)	-2.98
2분위	39.45 (144)	35.92 (357)	-3.53
3분위	35.62 (130)	39.84 (396)	4.22
4분위	7.40 (27)	9.26 (92)	1.86
5분위	1.37 (5)	1.61 (16)	.24
출신 지역			
광주전라	13.04 (48)	18.03 (181)	4.99
대구경북	20.92 (77)	14.94 (150)	-5.98
부산경남	18.75 (69)	16.33 (164)	-2.42
서울	10.33 (38)	13.35 (134)	3.02
정당 일체감			
한나라	54.35 (200)	34.35 (375)	-20.00
민주당	17.12 (63)	26.29 (264)	9.17
자유선진당	2.72 (10)	2.39 (24)	-.33

출처: KDB 2010
참고: 표에 제시되지 않은 모름/무응답을 포함하여 각 범주의 합계는 100%; 괄호안은 사례 수.

먼저 연령과 박정희 정부에 대한 지지의 관계를 살펴보면 나이가 많을수록 박정희 정부가 가장 좋은 정부라고 밝힌 지지자가 많아 연령효과가 나타났다. 가장 적은 지지를 나타낸 20대와 가장 많은 지지를 나타낸 60대의 차이는 22.01%에 달했다. 이에 따라서 전체 표본에 비해서 가장 과대 대표된 집단은 60대 이상(11.1%)이었고 가장 과소 대표된 집단은 20대였다(10.8%). 하지만 그 차이가 10% 내외로 그다지 크지 않았다.

학력의 경우에는 연령의 경우처럼 선형적인 관계가 나타나지 않았다. 박정희 정부에 대한 가장 큰 지지집단(40.76%)은 고등학교 이상의 학력을 보유한 집단이었다. 이는 전체 표본에서 이 집단이 차지하는 비율(35.26%)

이 크다는 사실에서 주요하게 기인하는 것으로 판단된다. 전체 표본과의 차이가 가장 큰 집단은 4년제 대학을 졸업한 집단에서 나타났다(9.23% 과소대표). 따라서 교육의 효과가 일정하게 나타날 수 있을 것으로 추측된다. 하지만 교육의 수준에서 분석한 박정희 정부의 지지자는 연령을 통해서 본 집단과 비교할 때 전체 표본과 비슷한 구성 비율을 가지고 있다.

소득의 경우는 박정희 정부에 대한 지지 중 70% 이상이 전체표본에서 가장 큰 집단인 2분위(39.45%) 3분위 집단(35.62%)에 집중되었다. 전체 표본과 가장 큰 차이는 3분위 집단이었는데 차이는 단지 4.22%에 지나지 않았다. 전체 표본과 박정희 지지자의 유사성이 가장 크게 나타난 범주는 소득이었다.

출신 지역의 경우 흥미로운 사실은 박정희 정부에 대한 지지가 박정희의 고향인 대구·경북에만 편중되지 않았다는 사실이다. 박정희 정부에 대한 지지자 중에서 영남 출신은 대구·경북 출신과 부산·경남 출신 비율을 합하더라도 절반에 훨씬 미달했다(39.67%). 이에 따라 출신 지역으로 볼 때 전체 표본과 박정희 정부 지지자 집단 간의 격차도 그다지 크지 않았다. 대구·경북 지역 출신이 박정희 지지자 그룹에서 가장 크게 대표된 집단이었지만 두 집단 사이의 차이는 단지 5.98%에 지나지 않았다.

마지막으로 일반적인 예상대로 박정희 정부 지지자의 절반 이상(54.35%)이 한나라당 지지자였다. 한나라당 지지자가 박정희 정부 지지 그룹에서 가장 크게 과대 대표된 집단이었다(20% 차이). 하지만 흥미로운 사실은 박정희 정부 지지자 중에서 적지 않은 수(17.12%)가 조사 당시 야당인 민주당 지지자 집단이었다는 점이다.

요컨대, 연령과 정당 일체감의 경우에는 전체 표본과 박정희 정부 지지 지 집단 사이에 차이가 나타났지만 다른 사회 경제적 범주의 경우에는 두 집단 사이에 그다지 큰 차이가 존재하지 않았다. 그렇다면 박정희 정부에 대한 지지가 특정한 집단에 편중된 지지가 아니라 상당한 기반을 가지고 있다고 추론할 수 있다.

이 장의 분석의 목적(박정희 노스탤지어의 미시적 기초)을 감안할 때 중요한 질문은 박정희 정부 지지자들이 민주주의에 대해서 어떠한 태도를 가지고 있는지 나아가 어떠한 유형의 민주주의자 인지를 분석하는 것은 의미있는 작업이다. 다음절에서 이에 대한 분석이 제시될 것이다.

박정희 정부 지지자에 대한 민주주의 유형 분류

이 절에서는 민주주의에 대한 시민들의 수용 관점에서 동아시아 민주주의를 분석한 추와 황(Chu and Huang 2010)의 분석 틀을 본 연구의 목적에 맞도록 일정 정도 변용하여 박정희 정부에 대한 지지자를 분류해 보고자 한다.

먼저 간단한 개념적 고찰이 필요하다. 추와 황(2010)에 따르면 민주주의에 대한 지지를 분석하기 위해서는 두 가지 기준이 중요하다. 먼저 민주주의 원칙에 대한 지지이다. 이는 일반적으로 정치체제에 대한 시민들의 선호를 묻는 문항(독재체제와 민주주의 체제 중 어떠한 정치체제가 더 나은가)을 통해서 측정된다. 두 번째 기준은 민주주의의 본질적인 가치라고 할 수 있는 자유민주주의적 가치에 대한 시민들의 태도이다. 자유민주주의적 가치의 본질적인 내용은 다양한 측면을 포괄한다고 할 수 있지만 이 장에서는 추와 황의 연구(2010, 116-117)에서 제시된 인민주권(popular sovereignty), 정치적 다원주의(political pluralism), 권력분립(separation of power) 등의 변수들을 사용한다. 세차원의 변수를 통합하여 자유민주주의(liberal democratic value) 가치변수를 도출하였다.

추와 황(2010)에 의하면 민주주의에 대한 대중들의 수용은 위의 두 가지 기준에 의해서 네 가지의 범주로 나눌 수 있다. 먼저 일관된 민주주의자(consistent democrat)집단이다. 이들은 높은 수준의 자유민주주의적인 가치를 가지고 있으면서 동시에 민주주의 원칙에 강한 지지를 보내는 집단이다. 다음으로 비판적 민주주의자들(critical democrat)이다. 이 집단은 높은 수준의 자유민주주의적 가치를 가지고 있지만 민주주의 원칙에 대한 지지는 낮은 집단이다. 세 번째로는 피상적인 민주주의자(superficial democrat) 집단이 있다. 이들은 민주주의에 대해서는 높은 지지를 보내지만 실제로 낮은 자유민주주의적 가치를 소유한 집단이다. 마지막으로 비민주주의자(non-democrat) 집단이다. 이들은 민주주의에 대해서도 낮은 지지를 보내면서 자유민주주의적 가치도 낮은 집단이다.

〈표 3-3〉 박정희 정부 지지자의 분류 - 민주주의에 대한 지지와 자유민주주의적 가치에 대한 태도

민주주의자 유형	전체표본(A)	박정희 정부 지지자(B)	차이 (A-B)
일관된 민주주의자	49.30 (495)	41.03 (151)	8.27
비판적 민주주의자	19.42 (195)	23.64 (87)	-4.22
피상적 민주주의자	16.04 (161)	17.12 (63)	-1.08
비민주주의자	8.67 (87)	11.41 (42)	-2.74
기타	6.57 (66)	6.79 (25)	-.22
합계	100 (1004)	100 (368)	

출처: KDB 2010를 기반으로 필자가 분류.
참고: 수치는 %를 나타냄. 민주주의자 유형은 민주주의 원칙에 대한 지지와 자유민주주의 가치를 기준으로 분류한 것임.
이에 대한 구체적인 설문 문항은 부록을 참조하라.

그렇다면 KDB 2010년 자료를 기반으로 분석한 박정희 정부의 지지자들은 어떤 집단인가. 〈표3-3〉은 전체 응답자와 박정희 정부 지지자를 위의 기준에 따라 분류한 결과이다. 이 분석표는 흥미로운 결과를 제시하고 있

다. 박정희 정부를 지지하는 사람들 중의 가장 큰 집단은 전체 표본과 마찬가지로 일관된 민주주의자 집단이었다. 박정희 정부 지지자 중에서 41.03%에 해당하는 사람이 일관된 민주주자로 나타났다. 즉 이들은 민주주의 원칙을 지지하는 동시에 자유민주주의 가치에 높은 지지를 보내는 집단이었다. 전체 표본과의 차이는 8.27%로 가장 크게 나타났다.

박정희 정부 지지자 중에서 비판적 민주주의자 집단은 전체 지지자의 4분의 1에 약간 못 미치는 23.64%에 달했다. 박정희 정부 지지자 중에서 두 번째로 큰 집단이었다. 앞서 정의한 대로 이들은 자유민주주의적 가치에는 높은 지지를 보내지만 민주주의에는 비판적인 집단이다. 이는 전체 표본(19.42%)과 비교해 볼 때 조금 더 큰 수치였다(+4.22% 차이).

박정희 정부 지지자 중에서 피상적 민주주의자 집단의 경우는 17.12%로서 세 번째로 큰 규모이다. 이 집단은 민주주의의 원칙에 높은 지지를 보내지만 실제로는 자유민주주의적 가치에는 낮은 지지를 보내는 집단이다. 이 집단이 민주주의자 유형 분류상 전체 표본의 비율(16.04%)과 비슷한 규모로 그 차이는 1.08%에 지나지 않았다.

마지막으로 박정희 정부 지지자 중에서 비민주주의자 집단이 11.41%를 차지하여 규모가 가장 작은 집단으로 나타났다. 이 집단은 민주주의 원칙에도 자유민주주의적 가치에도 낮은 지지를 나타내는 집단이었다, 이들 집단의 구성 비율과 전체 표본에서 비율의 차이도 단지 2.74%에 지나지 않았다.

위와 같은 분석을 토대로 박정희 정부의 지지자는 민주주의의 원칙과 자유민주주의적 가치의 내면화를 중심으로 분류한 민주주의 유형에 비추어 볼 때 다양한 태도를 가진 집단임을 확인할 수 있었다. 하지만, 박정희 정부 지지자는 대체적으로 전체 표본의 구성 비율에 크게 벗어나지 않았다. 흥미로운 사실은 박정희 정부를 가장 좋은 정부로 인식한 응답자 중에서 가장 큰 집단이 일관된 민주주의자 집단이였다는 점이다. 하지만 이 집단은 전체 표본에 비해서 박정희 정부 지지자 중에 가장 과소 대표된 집단으로 표본과의 차이가 제일 큰 집단이었다(+8.27%). 또한 두 번째로 큰 집단인 비판적 민주주의자는 전체 표본에 비해서 가장 과잉 대표된 집단이었다(-4.22%). 이 두 집단을 합하면 비율이 64.67%에 달하여 전체 박정희 정부 지지자 중에서 3분의 2는 자유민주주의 가치를 지지하는 집단이다.

위 분석의 결과 제2장에서 살펴본 바와 같이 박정희 정부에 대한 지지가 정치적 동원의 결과이거나 단순히 권위주의에 대한 향수에 근거한 것으로만 분석할 수 없는 기반을 가진 것으로 추론이 가능하다. 박정희 정부 지지자 중에서 피상적 민주주의자의 경우 전체 표본의 비율과 거의 차이가 없었고 비민주주의자의 경우도 전체 표본과 미미한 차이만을 나타냈다.

그렇다면 박정희 정부에 대한 지지를 결정하는 중요한 요인은 무엇인가? 다음절에서 인과관계 분석을 통해서 이 문제에 대한 해답을 찾아보자.

박정희 정부 지지 결정 요인에 대한 경험 분석

〈표 3-4〉은 박정희 정부에 대한 정치적 지지 결정 요인에 대한 이항 로짓 분석의 결과이다. 로짓 분석(logit analysis)에서 계수를 통해서 변수의 직접 영향력을 도출하는 데 어려움이 있기 때문에 모델 시행 후 각 변수의 승산비(Odd Ratio)를 계산하여 같이 제시하였다.

〈표 3-4〉 박정희 정부 지지요인에 대한 통계분석

변수	계수(표준오차)	승산비
개인적 생애모델		
연령	**0.038 (0.007)******	**1.036**
권위주의적 정향		
-절차무시	0.166 (0.233)	1.106
-반대견해 타협거부	0.144 (0.206)	1.050
-소수의견 무시	-0.008 (0.186)	0.922
-정치적 이견 불인정	0.140 (0.194)	1.088
강력한 지도자 결정 지지	**0.302 (0.109)****	**1.353**
이념 모델		
정치 이념	-0.033 (0.042)	0.964
친북단체 집회금지	-0.036 (0.079)	0.948
친북단체 불법단체	-0.055 (0.078)	0.957
경제적 수행력 모델		
국가 경제	**0.318 (0.109)****	**1.374**
국가 경제 1년 전 비교	-0.178 (0.109)	0.836
가정경제	0.136 (0.127)	1.145
가정경제 1년 전 비교	-0.136 (0.129)	0.872
민주주의효능성 부정적평가	**0.456 (0.165)****	**1.577**
노무현정부 부정적평가	**1.077 (0.263)*****	**2.899**
김대중정부 부정적평가	**0.698 (0.285)****	**2.037**
성장주의 선호	0.307 (0.158)	1.360
호남	**-0.527 (0.228)****	**0.556**
대구경북	**0.462 (0.219)****	**1.588**
한나라지지	**0.474 (0.177)****	**1.606**
교육수준	-0.187 (0.077)	0.828
소득	0.007 (0.008)	1.007
성별(남자)	0.078 (0.159)	1.081
상수	-2.920 (0.814)	0.064
사례수	954	
Pseudo R2	0.1829	
Correctly Classified	73.32%	

출처: KDB 2010; 참고: **$p \leq .05$, ***$p \leq .001$

먼저 개인주의적 생애 모델을 측정하는 여러 변수 중에서 연령과 강력한 지도자 결정 지지 변수가 박정희 정부 지지에 결정을 미치는 중요한 변수로 확인되었다. 하지만 권위주의적 정향 변수 군은 네 가지 변수 중 어느 변수도 유의미한 영향을 미치는 변수가 아니었다. 위에서 분석한 바와 같이 박정희 정부 지지자에 대한 민주주의 유형 분류에서 3분의 2가량이 민주주의자 유형에 속했다. 연령의 경우 앞선 교차 분석에서도 뚜렷한 특징이 나타났듯이 박정희 정부 지지를 결정하는 유의미한 변수로 확인되었다. 또한 강력한 지도자 결정 지지 변수가 박정희 지지에 중요한 영향변수로 나타났다. 이 변수는 넓게 보면 권위주의적 선호를 측정하는 변수로도 볼 수 있다. 하지만 이 변수는 특히 정책 결정의 방식에 초점을 맞춘 변수로서 박정희 시기 한국의 경제성장 모델의 정책 결정 방식인 위로부터의 권위주의적 동원의 방식이 (좋은 수행력을 낳는다면) 여전히 필요하다는 인식을 측정하는 대리변수(proxy variable)로 볼 수 있다.

이러한 분석 결과는 정치사회화(political socialization) 가설이 박정희 정부 지지와 관련하여 어느 정도 경험적 근거를 가진다는 것을 의미한다. 앞서 제시한 바대로 권위주의적 총력 동원 체제였던 박정희 정부 시기 급격한 경제성장을 정치적 태도 형성기(formative years)에 경험한 세대일수록 박정희식 정책 결정 방식이 여전히 필요할 수 있고 지지할 가능성이 크며 이러한 인식이 박정희 지지에 영향을 미쳤던 것이다.

하지만 이를 좀 더 자세히 살펴보면 박정희 지지와 관련하여 정치사회화 가설을 그대로 수용하기는 어렵다. 앞서 박정희 지지와 관련한 인구학적 배경에 대한 기초 통계 분석에서 확인한 바대로 연령과 박정희 지지 사이에는 대체적으로 선형적인 관계가 나타났지만 40대 지지 비율(23.91%)보다 30대지지 비율(25.54%)이 비록 차이는 크지 않았지만 높았다. 또한 강력한 지도자 통치에 대한 지지 비율은 30대(13.37%)에서 가장 높게 나타났다(평균 10.66%). KDB 2010의 조사 시점에서 30대는 1997년 외환위기를 겪으면서 대학 생활을 지나 사회에 진출하기 시작하거나 대학 진학을 앞두고 외환위기의 엄청난 여파를 몸소 체험한 세대이다. 이 세대에서 박정희 정부에 대한 지지율이 가장 높고 권위주의적 통치방식에 대한 지지가 다른 세대보다 높다는 것은 정치사회화 가설에 기반을 둔 개인적 생애 모델의 적실성이 그다지 높지 않다는 것을 나타낸다.

두 번째로 정치 이념을 측정하는 변수인 정치 이념과 친북 집단에 대한 태도 변수는 그 계수가 음의 방향을 나타내어 정치 이념이 보수적이고 친북 집단에 대해서 비관용적인 태도를 가질수록 박정희 정부를 지지할 확률이 높다는 것이 확인되었다. 하지만 이 변수는 통계적 영향력을 확보하는데 실패하였다. 이에 대해서는 아래와 같은 해석이 가능하다고 생각된다. 먼저 정치 이념 변수의 원 자료는 가장 보수적(1점)으로부터 가장 진보적(10점)까지 10점 척도로 측정된 포괄적인 변수라는 점이다. 이렇게 측정된 정치 이념은 여러 차원을 포괄하는 것으로 박정희 정부에 대한 지지와 직접 연관되기에는 다소 광범위한 변수라고 판단된다. 실제로 두 변수 사이의 상관관계를 조사하였으나 -0.154로서 높지 않았다. 또한 친북 집단에 대한 태도 변수는 연령변수와 일정한 관계[33]가 있기 때문에 연령변수의 영향력의 크기에 의해서 영향을 받았을 가능성이 있다.

세 번째로 경제적 수행력 모델과 연관해 경제적 조건의 영향력을 측정하는 변수 중에서는 가정경제의 조건과 관련된 두 변수는 모두 통계적 영향력을 나타내지 못하였다. 국가 경제와 관련된 변수 중에서 국가 경제의 현 상태를 묻는 변수는 통계적으로 유의미하게 나타났다. 하지만 1년 전과

33_예를 들어 친북 집단의 집회를 금지해야 한다는 인식 변수에서 동의하는 비율은 평균 59.66%로서 60대는 64.95%를 기록해 평균보다 높은 반면에 20대는 53.98%를 기록해 평균보다 낮았다.

현재 상태의 비교를 묻는 회고적 평가 변수는 통계적으로 유의미한 변수로 확인되지 않았다. 경제적 수행력 모델 중에서는 개인적인 변수보다는 국가 경제적 조건이 중요함을 확인하였다고 할 수 있다.[34]

하지만 〈가설 3〉에 의하면 선거에서 경제투표 모델에서 주요 변수로 사용되어온 국가 경제나 가정경제와 같은 경제적 조건보다는 민주화 이후 체제 차원의 수행력을 측정하는데 보다 적합한 변수인 민주적 효능성(democratic efficacy) 변수가 박정희 정부 지지를 결정하는 더 중요한 변수일 수 있다고 주장했다. 분석 결과 민주적 효능성에 대한 부정적 평가가 박정희 정부 지지 결정 요인으로서 유의미하게 영향력을 행사하는 중요한 변수로 확인되었다. 승산비(1.577)를 볼 때 국가 경제의 현재적 조건에 대한 인식의 영향력보다 더 큰 영향력을 행사하는 것으로 나타났다. 이 주장을 뒷받침하기 위해서 민주 정부라고 지칭되는 국민의 정부(김대중 정부)와 참여정부(노무현 정부)에 대한 부정적인 인식을 같이 분석하였다. 이 두 변수는 모두 예상한 대로 매우 강한 통계적 영향력을 나타내었다. 먼저 참여정부에 대한 부정적 인식이 박정희 정부에 대한 정치적 지지를 결정하는 가장 영향력을 가진 있는 변수(승산비 2.899)로 나타났다.[35] 다음으로 국민의 정부에 대한 부정적 인식 또한 박정희 정부에 대한 정치적 지지를 결정하는 매우 중요한 변수로 확인되었다(승산비 2.037). 그 영향력 또한 참여정부에 대한 부정적 인식 변수 다음으로 크게 나타났다. 흥미로운 것은 김영삼 정부와 이명박 정부에 대한 부정적 인식을 포함하여 추가적인 분석을 시행한 결과, 이 변수들은 박정희 정부에 대한 지지와 통계적으로 유의미한 관계를 가지

34_이러한 결과는 경제 투표에 대한 선행 연구의 분석 결과와 일치한다.

35_그 효과는 어떠한 변수보다 컸으며 가설을 검증하는 변수 중의 가장 큰 영향력을 나타낸 불평등에 대한 인식(.088)보다도 거의 세배에 가까운 영향력을 나타내었다(한계효과 .259).

지 않는 것으로 나타났다는 사실이다.

이러한 결과를 종합하면 앞서 언급한 '박정희 노스탤지어'라고 명명할 수 있는 박정희 정부에 대한 정치적 지지는 민주화 이후 민주 정부의 수행력의 결손(performance deficit)에 주요하게 근거하고 있다고 할 수 있다. 이러한 결과는 에크만과 린드(Ekman and Linde, 2005)의 동부 유럽 사례 분석을 통해서도 확인된 바 있다.

통제변수 중에서는 출신 지역이 중요한 변수로 나타났다. 박정희 정부의 정치적 고향이었던 대구 경북 출신은 박정희 정부를 지지할 가능성이 매우 높았고 반대로 호남 출신은 박정희 정부를 지지하지 않을 가능성이 매우 높았다. 같은 논리로 한나라당에 정당 일체감을 가진 유권자는 박정희 정부를 지지할 가능성이 매우 높았다. 교육 수준 또한 앞서 교차 분석에서 확인한 대로 교육수준이 높을수록 박정희 정부가 가장 좋은 정부라고 응답할 확률이 감소하였다.

위의 경험 분석의 결과를 요약하면, 개인주의적 생애 모델은 연령과 강력한 리더쉽에 대한 태도 변수가 박정희 정부에 대한 지지를 설명하는데 적실성이 있는 변수로 나타났다. 정치 이념 또한 영향을 미치지 않는 것으로 확인되었다. 반면에 〈가설 3〉에서 예측한 대로 본 연구의 중심적인 주장이었던 경제적 수행력 모델이 통계적으로 유의미할 뿐만 아니라 가장 큰 영향력을 가진 모델로서 확인되었다.

이 장의 목적은 '박정희 노스탤지어'라고 명명할 수 있는 박정희 정부에 대한 광범위한 지지의 미시적 기초를 경험적으로 밝히는 것이었다. 이 장의 경험 분석 결과, 박정희 정부에 대한 정치적 지지를 설명하는 여러 모델 중에서 개인주의적 생애모델은 일부 지지를 얻었지만 경제적 수행력 모델의 적실성이 확인되었다. 특히 박정희 정부에 대한 적극적인 지지는 경제적 불평등에 대한 인식과 강한 연계를 나타냈으며 참여정부와 국민의 정부와 같은 민주 정부에 대한 부정적인 인식과 연결되어 있었고, (이에 따라서) 민주주의의 효능성에 대한 부정적 인식과 매우 중요하게 연관되어 있었다. 따라서 이러한 결과를 통해서 박정희 노스탤지어는 한국 민주주의 중심 문제로 부상한 경제적 불평등 문제에 대한 민주주의의 수행력의 결손(deficit)에 기인하고 있는 것이었다는 해석이 가능하다. 이러한 해석이 박정희 정부가 경제적 평등을 위해서 더 적극적이었다거나 박정희 시기가 경제적으로 더 평등했다는 사실을 나타내는 바가 아니라는 점을 지적할 필요가 있다. 중요한 문제는 한국 시민들이 경제적 불평등의 해소를 민주주의의 중심적인 문제로 인식하고 있고 민주 정부의 수행력에 대한 부정적인 평가가 박정희 정부에 대한 광범위한 지지를 가능하게 하는 정치적 기반이 되었다는 사실이다.

4장

박정희 노스탤지어의 역사적인 조건과 기원

이 장이 분석하고자 하는 것은 두 가지이다. 먼저, 한국 민주주의가 안정적으로 제도화되고 있음에도 불구하고 박정희 노스탤지어가 지속되는데 기여한 역사적이고 구조적인 조건에 대해서 분석한다. 둘째, 박정희 노스탤지어의 기원과 확산에 대해서 탐색한다. 이 책에서 주목하는 박정희 노스탤지어의 기초는 개인적 수준의 현상이다. 하지만 개인적 수준의 현상을 제대로 이해하기 위해서는 한국 민주주의에서 지속되고 있는 박정희 노스탤지어의 역사적이고 구조적인 조건에 대한 이해가 필요하다. 또한 박정희 노스탤지어의 기원과 확산 과정에 대한 분석을 통해서 박정희 노스탤지어의 특성에 대해서 보다 정확히 다가갈 수 있다.

1. 박정희 노스탤지어의 역사적 · 구조적인 조건

한국 권위주의의 하한선-선거제도의 유지

한국의 민주주의는 1945년 8월 15일 광복 이후 실시된 미군정에 의해서 외부로부터 도입되었다. 이 언술이 19세기 후반부터 광복까지 다양한 모습으로 존재했던 지식인들에 의한 민주주의 모색을 평가 절하하는 것이 아니다. 1919년 3·1 독립운동을 통해서 수립된 상해 임시정부가 채택한 1919 임시헌장을 보자. 임시헌장의 정강의 첫 항은 민족평등 국가평등 인류평등의 대의를 선전함을 명시하였다. 또한 헌장의 제1조는 대한민국은 민주공화제로 함이라고 공포하였다.[36] 하지만 여기서 글쓴이가 주목하는 것은 제도로서 민주주의가 실제로 전국적인 단위로 도입되고 실시되는 경로이다.

한국을 강점하고 있었던 일본이 제2차 세계대전에서 연합국에 패배함에 따라서 연합국을 대표하여 미국이 식민지 해방국 한국에서 군정(1945년 9월 9일~1948년 8월 15일)을 실시하였다. 1948년 5월 10일 제헌의회 선거가 실시되었다(투표율 95.2%). 제헌 의회를 통해서 구성된 제헌국회는 헌법기초 위원회를 구성하여 제헌 헌법 초안을 만들었고 제헌 헌법은 7월 12일 국회에서 통과되어 7월 17일 공포되었다.

제헌헌법의 탄생과정은 헌법 제정의 주체와 제정 과정에서 중요한 문제를 안고 있었다. 하지만 신생 독립국의 헌법으로서 제헌 헌법은 현재의 시각에서 볼 때도 놀라울 정도로 진일보한 내용을 포함하고 있었다. 먼저, 헌

36_http://www.law.go.kr/법령/대한민국임시헌장(검색일: 2016/04/20).

법 전문에서는 "유구한 역사와 전통에 빛나는 우리들 대한민국은 기미 삼일운동으로 대한민국을 건립하여 세계에 선포한 위대한 독립정신을 계승하여 이제 민주 독립 국가를 재건함에 있어서"라고 함으로써 대한민국의 역사적 정통성에 대해서 명확히 밝히고 있다. 또한, 제헌헌법은 당시 시대적 배경을 감안할 때 국민의 기본권을 광범위하게 보장하였다고 평가할 수 있다. 예를 들어 제18조는 단결권 · 단체교섭권 · 단체행동권과 함께 이익균점(均霑)권을 국민의 기본권으로 규정하여 노동 3권을 넘어 노동 4권을 보장하고 있다.[37]

제도로서 한국 민주주의는 아래로부터 치열한 투쟁의 역사적 결과물로서 도입된 것이 아니었다. 광복 이후 남북 정권 수립까지 남한에서는 통일된 민족국가 수립을 둘러싼 치열한 투쟁이 존재하였다. 하지만 여러 정파 간 치열한 투쟁은 민주주의가 포괄하는 권리를 둘러싼 투쟁이 아니었다. 제도로서 민주주의는 외부로부터 부과되었으며 민주주의 내용은 아래로부터 요구를 수용하는 방식이 아니라 엘리트들의 결정과 타협에 의해서 위로부터 정해졌다.

외부로부터 도입된 조숙한 민주주의로 출발한 한국사회는 1987년 6월 항쟁을 통해서 민주주의로 이행할 때까지 대부분의 시간 동안 권위주의 통치를 경험하였다. 그럼에도 불구하고 한국 민주주의의 특징적인 현상 중의 하나는 한국전쟁과 같은 국가적 위기 시에도 민주주의 기본적인 틀이 유지되었다는 것이다(임혁백 2014).

한국전쟁이 교착 국면을 맞이하고 있던 1952년 8월 5일 제2대 대통령

37_제18조 근로자의 단결, 단체교섭과 단체행동의 자유는 법률의 범위 내에서 보장된다. 영리를 목적으로 하는 사기업에 있어서는 근로자는 법률의 정하는 바에 의하여 이익의 분배에 균점할 권리가 있다(대한민국헌법 제18조).

선거가 실시되었다. 제헌 국회에서 간접 선거를 통해서 초대 대통령에 선출되었던 이승만 대통령은 정권 수립 이후 권력투쟁 과정에서 국회와 심각한 갈등을 겪었다. 이에 따라서 이승만 대통령은 한국전쟁 와중에 피난수도 부산에서 직선제 개헌을 시도함으로써 집권 연장을 꾀했다. 이승만 정권은 계엄령을 선포한 후 무장경관과 헌병을 동원하여 이른바 발췌개헌안을 통과시켰다. 사실상 정치적 쿠데타였던 이 사건은 부산정치파동으로 잘 알려져 있다. 제2대 대통령 선거는 전시에 치러졌음에도 불구하고 전국적으로는 88.1%라는 높은 투표율을 보였으며 선거 결과 이승만이 당선되어 재선에 성공하였다.

민주주의의 기본 틀이 유지되지 않는 예외적 기간이라면 두 시기이다. 첫 번째는 불법적인 쿠데타로 군부가 정권을 장악했던 기간이다. 1961년 박정희가 이끄는 군부는 5.16 군사 쿠데타를 통해서 정권을 장악하고 군정을 실시하였다. 또한 1980년 전두환이 이끈 신군부는 12.12 사태와 5.17 쿠데타를 통해서 정권을 장악하였고 5공화국이 출범하던 이듬해까지 신군부가 실질적으로 한국 사회를지배하였다. 둘째는 합법적인 외피를 두른 쿠데타였던 유신체제였다. 3선개헌과 1971년 제7대 대선을 통해서 집권 연장에 성공한 박정희 정권은 이듬해인 1972년 10월 17일 대통령 특별 선언을 발표하고 유신 쿠데타를 단행하였다. 이후 1972년 11월 21일 국민투표를 거쳐서 유신헌법을 확정하였다. 이로써 대통령은 국회의원의 3분의 1[38]

38_유신헌법의 제40조에 의하면 통일주체국민회의는 국회의원 정수의 3분의 1에 해당하는 수의 국회의원(유신정우회)을 선거한다. 또한 제1항의 국회의원의 후보자는 대통령이 일괄 추천하며, 후보자 전체에 대한 찬반을 투표에 붙여 재적대의원 과반수의 출석과 출석대의원 과반수의 찬성으로 당선을 결정한다고 규정함으로써 대통령이 국회의원의 3분의 1을 사실상 지명하도록 했다.

과 모든 법관을 임명할 수 있고, 국회 해산권을 보유하게 되었다. 또한 긴급조치 발동권을 가지며, 임기 6년의 대통령직을 제한 없이 연임할 수 있게 되었다. 대통령은 행정 · 사법 · 입법을 총괄하면서 무제한 연임이 가능한 절대 권력을 가지게 된 것이다.

하지만 유신체제에서도 경쟁적인 선거는 유지되었으며 야당은 존재했으며 사법부의 기능은 유지되었다. 12.12 쿠데타와 광주학살을 딛고 정권을 장악한 신군부의 5공화국에서도 비록 충성스런 관제야당(royal opposition)이었지만 야당의 존재는 허용되었다.

유신체제의 경우처럼 민주적 대표 체제가 왜곡되고 삼권 분립이 침해되는 '예외상태'에서도 경쟁적 선거가 유지되는 조건이 한국 권위주의의 최대한의 범위였다. 민주주의가 도입된 후 한국의 권위주의 통치자들은 온갖 탈법적이고 불법적인 방식을 동원하여 때로는 합법적인 외피를 두른 채 정권의 연장을 시도했다. 하지만 어떠한 경우든 그들은 선거를 통해서 정치적 정당성을 확보하고자 하였다. 권위주의 정권이 모든 관권을 동원해서라도 선거 결과에 영향을 미치고자 했던 이유는 역설적으로 선거가 그만큼 그들의 정권의 유지에 중요했다는 것을 의미한다.[39]

또한, 권위주의 통치하에서 비록 관권 · 부정 선거에 의해 선거 결과가 왜곡되는 일이 다반사였지만 국민들은 선거를 통해서 정치적 저항을 표출해왔다. 앞서 이야기한 대로, 한국전쟁 후 이승만 정권은 사사오입 개헌(1954년 11월 29일)으로 초대 대통령의 중임제한 조항을 제거하고 집권 연장을 꾀하였다. 하지만 이승만 정권의 집권 연장 기도는 이후 실시된 제3

39_이승만은 국회에서 재선 가능성이 희박해지자 발췌개헌을 통해서 선출 방법을 간선제에서 직선제로 바꿔서 재선을 도모했다. 박정희는 유신체제의 정당성에 대한 비판이 확산되자 유신체제에 대한 찬반 투표를 실시하여 국민들의 정당성을 확인하고자 하였다(1975/02/12).

대 대통령 선거(1956년 5월 15일)에서 많은 국민의 저항에 직면했다. 야당의 지지기반이었던 서울에서는 많은 시민이 선거전 급서한 민주당 후보 신익희 지지표로 해석할 수 있는 무효표를 광범위하게 행사하였다(서울의 유효투표율은 단지 53.3%에 그쳤다). 또한 국민들은 전국적으로 행해진 관권선거에도 불구하고 진보당 추진위 후보로서 사실상 무소속이었던 조봉암에게 210만여 표를 몰아주었다. 더구나 집권 여당이 공권력을 총동원한 부정선거를 광범위하게 자행하였음에도 불구하고 대통령 선거와 함께 치러진 제4대 부통령 선거에서 국민들은 자유당의 이기붕을 낙선시키고 민주당의 장면 후보를 당선시켰다.

유신 쿠데타를 통해서 대의체제가 변형되었던 유신정권 시기도 예외는 아니었다. 유신 후 치러진 첫 번째 국회의원 선거인 제9대 국회의원 선거 결과를 살펴보자. 유신 헌법에 따라서 제9대 국회는 총 219명을 선출하였는데 그중 3분의 1(73명)은 대통령이 임명하였다(유신정우회). 나머지 3분의 2(146명)는 전국의 73개 지역구에서 선거구당 2명을 선출하는 중선거구를 통해서 선출하였다. 최소한 여야 동반당선이 보장되는 변형된 선거제도와 선거구 획정의 게리맨더링을 통하고서도 민주공화당은 146석의 지역구 총의석 중에서 73석을 얻는 데 그쳤다. 정당 득표율을 보면 국민들의 비판적인 표심을 더 잘 확인할 수 있다. 민주공화당은 전체 유효 득표 중에서 38.7%를 얻는 데 그쳐 신민당과 민주통일당이 얻은 42.6%(신민당 32.5% + 민주통일당 10.1%)에 훨씬 못 미쳤다. 유신체제 마지막 국회의원 선거였던 제10대 국회의원 선거에서 민주공화당은 전체 지역구 의석 154석 중 단지 68석을 얻는 데 그쳐서 절반에 훨씬 못 미쳤다. 제1야당인 신민당은 민주공화당 의석에 근접하는 61석을 얻었다. 득표율을 살펴보면 민주공화당의 득표율은 유효 득표율의 31.7%에 그쳤고 제1야당인 신민당은 32.8%를 얻어 제1야당의 득표율이 집권 (권위주의) 정당의 득표율을 앞질렀다. 민주적 대표 체제가 왜곡되었던 유신체제에서도 국민들은 선거를 통해서 비판적인 의사를 표현할 수 있었다.

한국의 권위주의 통치가 선거제도의 유지라는 하한선을 유지했다는 것이 박정희 노스탤지어의 역사적인 조건과 어떠한 관련이 있는가? 여론조사와 같은 1차 자료가 존재하지 않는 상황에서 이 질문에 직접적인 답을 하기는 쉽지 않다. 하지만 다음과 같은 추론이 가능하다. 한국의 국민들은 정치적 기본권을 쟁취하기 위한 치열한 투쟁 없이 광복과 함께 민주주의를 만끽하였다. 한국 사회가 사인화(私人化)된 민간 독재, 학생혁명, 군부 쿠데타, 위수령과 긴급조치로 대표되는 유신체제, 신군부에 의한 광주학살과 같은 격동의 현대사를 보내는 동안 한국의 국민들은 민주주의를 상징하는 선거와 항상 함께했다. 또한, 권위주의 정권에 반대하는 많은 국민의 시각에서 볼 때도 자신들의 정치적 의사를 대리할 비타협적인 야당이 합법적으로 존재했다. 즉, 권위주의 정권에 대해 반대 의사를 표현할 수 있는 최소한의 정치적 통로가 보장되어 있었던 것이다. 이와 같은 역사적 경험은 다수의 국민이 민주주의의 존재를 당연시하고 민주적 성취를 상대적으로 과소평가하는 역사적 기반이 되었다.

이러한 태도를 직접 확인할 수 있는 여론조사는 존재하지 않지만 1948년 정부 수립 후 최대의 업적에 대한 여론조사를 통해서 실마리를 찾아볼 수 있다. 동아일보가 여론조사기관인 코리아리서치센터(KRC)에 의뢰해 2007년 12월 26, 27일 전국 성인 2,000명을 대상으로 실시한 '건국 60주년-신년 여론조사' 결과에 따르면 우리 국민의 가장 큰 업적으로 경제성장을 선택한 응답자는 57.5%로 나타난 반면에 정치적 민주화를 선택한 응답자의 비율은 11.3%로 4위에 그쳤다(동아일보 2008/01/01).

타협에 의한 민주주의 이행과 전두환 정권의 역할

1) 타협에 의한 민주적 이행

잘 알려져 있듯이 한국의 민주화는 학생운동을 중심으로 하는 사회 운동에 의해서 추동되었지만 정치 엘리트 간 협약의 과정을 통해서 제도화되었다(pacted transition). 협약을 통한 민주적 이행의 경우 아래로부터의 혁명에 의한 민주적 이행보다 상대적으로 연속적이고 평화적인 방식으로 민주화가 이루어진다는 장점이 있다(O'Donnell and Schmitter 1986; Higley and Burton 2006). 하지만, 협약에 의한 민주화 과정은 여당과 야당 간의 정치적 카르텔을 형성하여 노동과 같은 사회의 중요한 행위자들을 배제하여 결국 과두제로 흐를 가능성도 존재한다(Karl 1987; Przeworski 1991).

1987년 민주화를 추동했던 격렬한 6월항쟁과 대조적으로 민주화 과정은 급속하지만 평화적으로 이루어졌다. 시민사회의 주요 행위자는 배제된 채 여야의 주요 계파를 대리하는 8인 정치회담이 헌법제정의 전 과정을 지배하였다. 이후 제13대 대통령 선거까지 민주화 과정은 일사천리로 진행되었다. 1987년 제13대 대선 결과 야권의 분열로 집권 민주정의당의 노태우 후보가 당선되었다. 민주화 이후 최초로 실시된 정초선거(founding election)에서 군부 권위주의 세력이 정권 연장에 성공한 것이다. 반면에 이듬해 실시된 제13대 국회의원 선거는 여소야대의 결과를 낳았다. 집권 민주정의당은 전체 299석 중에서 단지 125석을 얻는 데 그쳐서 과반수에 미달했다. 김대중이 이끌었던 평화민주당이 70석을 얻어 제1야당의 지위에 올랐다. 김영삼이 이끌었던 통일민주당은 59석을 얻었고 김종필이 이끌었던 신민주공화당은 35석을 얻었다. 여소야대 4당 체제였던 제13대 국회는 광주민주화운동진상조사 특위를 구성하고 5공비리 청문회를 실시하였으며 국정감사제의 부활과 헌법재판소 설치와 같은 개혁 입법을 처리하였다.

정권의 재창출에 성공하였지만 제13대 국회의원 선거에서 국민들의 저항에 직면한 집권세력은 변형주의(transformismo) 전략을 통해서 민주화 운동의 한 축을 대표했던 정치 세력(김영삼의 통일민주당)과 산업화를 이루었다고 자부하는 박정희 정권의 후예(신민주공화당)와 합당으로 개헌 의석을 초과하는 거대 집권여당(민자당)을 창출하였다. 인위적인 정개개편에 대한 시민들의 저항에 직면하면서 민자당은 박정희 체제에 비할 수 있는 헤게모니(hegemony)를 창출하는 데는 실패했지만 정치 · 사회 · 경제 거의 모든 영역에서 압도적인 영향력을 행사하는 유사-헤게모니(pseudo-hegemonic) 체제를 만드는 데에는 성공하였다.

협약에 의한 민주화라는 이행의 방식(mode of transition)은 박정희 노스탤지어의 출현에 어떻게 기여했나? 협약에 의한 민주적 이행은 다음과 같은 두 가지 차원에서 민주화 이후 박정희 노스탤지어의 출현에 기여한 역사적 조건으로 기능했다.

먼저, 박정희 추종 세력의 정치적 부활이다. 앞서 논의한 바대로 전두환 신군부는 집권과 함께 박정희 유신 정권과 정치적 단절을 추구했고 실제로 박정희 추종세력을 억압했다. 하지만 민주화 이후 민주화의 경로를 결정했던 제13대 대선과 제13대 국회의원 선거를 통해서 박정희의 후예들은 정국의 한 축으로 부활했다. 역설적으로 민주화가 박정희의 후예들을 정치적으로 복권시킨 것이다. 더구나 3당 합당으로 박정희의 후예들은 집권 연합 세력의 한 축으로 등장할 수 있었다.

민주화와 함께 유신의 후예들이 정치적으로 부활할 수 있었던 데에는 타협에 의한 민주적 이행의 양식만 기여한 것은 아니다. 민주적 개방이 이루어졌을 때 이들이 일정한 정치적인 영향력을 가진 세력으로 등장할 수 있었던 것은 과거 유산의 덕이라고 할 수 있다.

권위주의 계승정당(authoritarian successor parties)이 민주화 이후에도 중요한 정치적 행위가가 되는 현상은 세계 도처에서 나타났다. 폴란드의 민주좌파연맹(Democratic Left Alliance), 타이완의 국민당, 멕시코의 제도혁명당(Institutional Revolutionary Party), 볼리비아의 민족주의 민주행동(Nationalist Democratic Action), 가나의 국가민주의회(National Democratic Congress)등이 대표적이다(Loxton 2015; Lonxton and Mainwaring 2018). 권위주의 계승정당의 부흥에는 다양한 요인이 작용했다. 로스톤(2015)은 다섯 가지 요인을 권위주의적 유산(the authori- tarian inheritance)으로 개념화했다. 권위주의적 유산을 구성하는 요소는 1)정당브랜드(a party brand), 2)영토적 조직(a territorial organization), 3)후견주의적 네크워크(clientelistic networks), 4)정당 재정의 원천(a source of party finance), 5)정당응집력(a source of party cohesion)이다. 한국의 경우 정당 브랜드의 영향력이 권위주의 계승 정당의 부흥에 기여한 대표적인 사례라고 할 수 있다.

둘째, 정치적 정당성이 취약했던 신군부에 기원을 두고 있었던 집권세력(민정당)이 3당 합당을 통해서 산업화를 이룬 정치 세력의 후예로 주장할 수 있는 정치적 근거를 마련하였다. 이에 따라서, 민주화 이후 급속하게 재편된 지역 정당 체제로 인해서 지배적인 균열구조는 민주 대 반민주에서 지역균열로 재편되었지만 정치적 대립구조는 민주화 세력 대 산업화 세력이라는 구도가 자리를 잡았다. 정당성이 취약했던 5공화국 계승정당 민정당은 과거의 성공으로부터 정당성을 빌려올 수 있었다.

2) 전두환 정권의 이중적 역할

박정희 노스탤지어 등장의 역사적 조건과 관련하여 전두환 정권의 이중적인 역할에 주목할 필요가 있다. 먼저, 우리가 주목해야 할 점은 경제정책과 실적의 차원에서 전두환 정권과 박정희 정권의 연속성이다. 박정희 정권이 비극적으로 몰락한 후 12.12 쿠데타와 광주항쟁을 무참히 진압하고 집권에 성공한 전두환 정권 하에서도 박정희식 경제발전 모델은 지속되었다. 또한, 전두환 정권은 집권 7년 동안 박정희 정권 기간에 버금가는 연평균 9.94%의 경제성장률을 기록했다. 박정희 모델을 계승했던 전두환 정권의 인상적인 경제실적은 한국 사회에 자리 잡고 있었던 경제성장 모델로서 박정희 모델에 대한 시민들의 (암묵적) 수용과 지지를 강화하는 역사적 조건이 되었다.[40]

또한, 광주항쟁을 유혈진압하고 집권에 성공한 전두환 정권이 박정희 정권을 바로 승계하였다는 역사적 사실은 박정희 정권의 폭압성을 희석시키는데 기여하였다. 광주항쟁 관련 4개 단체((사)5.18 민주 유공자 유족회, (사)5.18 민주화 운동 부상자회, (사)5.18 유공자동지회, (재)5.18 기념 재단)에 의해서 2005년까지 확인된 광주항쟁 관련 사망자만 606명이었으며 구속·연행자수도 1,394명에 달했다(노컷뉴스 2005/05/13).

한국민주주의바로미터(KDB) 2010년도 조사에 따르면 가장 비민주적인 정권으로서 전두환 정권을 선택한 비율은 응답자의 절반이 넘는 54.78 %에 달했다. 또한 가장 나쁜 정권으로서 전두환 정권을 선택한 응답자가 32.57%에 달했다. 반면에 가장 비민주적인 정권으로서 박정희 정권을 선

40_박정희 신드롬과 관련한 전두환 정권의 이중적 역할은 정상호(1998, 95-98)가 처음 제기하였다. 박정희 말기 경제 위기 가능성에 주목한 그는 전두환 정권의 경제운용이 박정희 정권의 경제 위기의 뒤처리를 해줌으로써 경제발전의 기원을 박정희 체제에서 구할 수 있도록 해주었다는 흥미로운 주장을 제시하였다. 전두환 정권의 폭압성의 역할 부분은 글쓴이의 시각과 맥을 같이 한다.

택한 응답자는 16.14%에 지나지 않았으며 가장 나쁜 정권으로 박정희 정권을 선택한 비율은 단지 3.09%에 지나지 않았다. 전두환 정권에 대한 부정적인 평가가 박정희 정권에 대한 부정적인 평가를 가렸다. 박정희-전두환으로 이어지는 한국의 권위주의 정권의 계보는 인권 탄압과 민주주의 후퇴라는 박정희 정권의 어두운 면을 과소평가하고 한국형 경제성장 모델의 구축과 고도성장이라는 박정희 정권의 실적을 과대평가할 수 있는 배경이 되었다.

성공의 경험으로부터의 도전과 수행력 중심의 민주적 정당성

1) 과거와 현재의 성공 사례로부터의 도전

한국의 민주주의는 수행력에 기반을 둔 두 종류 성공으로부터 중요한 도전에 직면하고 있다.[41] 하나는 한국의 역사적 경험으로부터 오는 것으로서 그 영향력은 훨씬 직접적이다. 두루 알듯이 박정희 정부 18년 동안 한국의 평균 경제성장률은 10%를 육박했다. 이 시기는 성장과 분배(growth with equity)의 결합이 가능했던 예외적인 기간이었다. 더구나 중요한 점은 앞선 장(제1장)에서 살펴보았듯이 많은 시민이 한국의 경제성장을 정부 수립 후 가장 중요한 성취로 인식하고 거의 모든 시민이 박정희 정부가 경제성장에 기여한 공을 높이 평가한다는 점이다. 다시 말하면 박정희 권위주의 정권이 한국형 경제발전 모델의 건설자였다는 점에는 다수의 시민이 동의한다. 또한 비록, 많은 시민이 전두환 정부를 광주학살과 삼청교육대로

41_이러한 도전은 한국 민주주의만의 문제는 아니다. 동아시아 맥락에서 이러한 도전을 지적한 연구로는 Chang, Zu and Park(2008, 78)을 참고하라.

상징되는 음습한 이미지로 기억하고 있다 하더라도 '5공 시절에 경제는 좋았다'라는 기억 또한 공존한다. 실제로 일부 여론조사에 따르면 전두환 정부의 경제운영 능력에 대한 국민들의 긍정적인 평가가 존재한다. 예를 들어 이명박 정부의 등장과 함께 실시된 한 여론조사(서울경제 2008/01/01)에 따르면 경제발전에 기여한 대통령으로서 압도적인 응답자(81.7%)가 박정희 전 대통령을 선택했다. 박정희 전 대통령 지지와는 비교할 수 없지만 전두환 전 대통령은 4.6%를 얻어 김대중 전 대통령과 함께 2위를 차지했다.

반면에 시민들이 기억하는 민주 정부의 이미지는 이와는 사뭇 다르다. 군부를 탈정치화 시킴으로써 한국 정치의 문민화를 달성했던 김영삼 정부는 요란한 개혁 드라이브 끝에 경제 위기를 불러일으킨 주역으로 평가절하되곤 한다. 또한 참여정부는 정치 개혁에 대한 의욕적인 추진에도 불구하고 정치적 혼란 속에서 민생 문제를 제대로 해결하지 못한 정부라고 평가되곤 한다.

시민들의 기억 속에 구성된 각 정부에 대한 이미지는 실제 수행력과 차이가 있다. 하지만 중요한 것은 한국의 시민들이 현재까지 민주주의 정부가 박정희 정권에 비해서 경제 운용 능력면에서 비교우위를 가진 것으로 평가하고 있지 않다는 점이다. 한국갤럽에 의해서 실시된 광복 70년 조사에 따르면 박정희 정부에 대한 평가에서 '잘한 일이 많다'는 평가(67%)가 '잘못한 일이 많다'(16%)는 평가를 압도했다. 잘한 일로는 경제발전(52%), 새마을운동(15%) 민생해결(12%)을 꼽았다. 반면에 김대중 정부('잘한 일이 많다' 50%, '잘못한 일이 많다' 20%)가 잘한 일로는 대북 햇볕정책(27%), 외환위기 극복(18 %), 민주주의 정착(7%)을 들었다. 노무현 정부('잘한 일이 많다' 54%, '잘못한 일이 많다' 20%)가 잘한 일로는 국민과의 소통(17%), 서민 입장 대변(17%), 서민 경제 노력(10%)을 들었다(한국갤럽 2015/08/06). 이렇듯 시민들은 경제 이슈에 있어서 박정희 정권의 소유권(issue ownership of economic growth)을 인정하고 있다. 이러한 도전을 과거의 성공으로부터의 도전이라고 부를 수 있을지 모른다.

두 번째 도전은 동시대에 존재하는 것으로 그 영향력은 첫 번째 도전에 비해서 간접적이다. 한국이 이웃하고 있는 동(남)아시아 (선거)권위주의 국가의 수행력은 한국 민주주의에 압력으로 작용할 수 있다. 대표적으로, 동아시아 네 마리 용중의 하나였던 싱가포르 집권 인민행동당(People's Action Party)은 경제성장과 부패 통제와 같은 굿 거버넌스(good governance)에 기반을 두고 수십 년 동안 1당 지배를 유지해왔다. 싱가포르 모델(Singapore Model)로 불리는 굿 거버넌스와 결합된 권위주의 모델은 중국과 베트남에게도 매력적인 모델이 되었다(Ortmann and Thompson 2016). 한국이 고도성장을 기록했던 권위주의 통치 시기 한국의 권위주의는 다른 권위주의 국가 모델에 비해서 매우 높은 경제적 수행력을 기록했다. 하지만 저성장 시대의 한국의 민주주의는 높은 수행력을 보이는 신권위주의 모델(New Authoritarian Model)과 수행력을 두고 경쟁해야 하는 상황에 직면하였다(Chu 2006).

아래 그림〈4-1〉이 나타내듯이 1997년 동아시아 경제 위기 이후에도 중국은 고도성장을 유지해왔고 베트남도 안정적인 성장을 지속해왔다. 반면에 한국과 대만의 경제성장률은 1997년과 2008년 두 번의 경제 위기를 겪으면서 부침을 거듭했고 5% 이하의 저성장 시대에 진입했다.

저성장 시대에 이미 들어선 한국 민주주의에서 이와 대비되는 권위주의 정권하의 급격한 고도 성장의 경험은 한국 민주주의가 직면한 과거로부터의 도전이다. 동시에 한국은 고도성장을 구가하고 있는, 이웃하는 권위주의 정권의 사례로부터도 도전을 받고 있다.

〈그림 4-1〉 1997년 경제 위기 이후 동아시아 국가의 경제성장률 비교

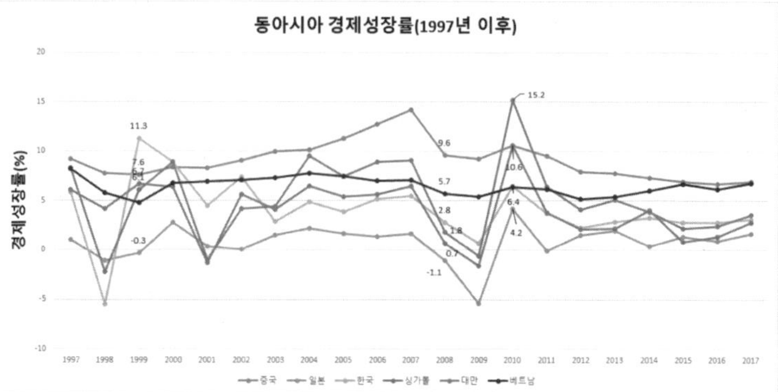

출처: World Bank (https://data.worldbank.org/indicator/ny.gdp.mktp.kd.zg).

2) 수행력 중심의 민주주의 정당성

민주주의 관련 다수의 선행 연구에서는 절차적 차원을 중심으로 최소주의적 접근으로 민주주의를 정의해 왔다(Schumpeter 1942; Riker 1982; Przeworski 1999). 하지만 정치적 정당성의 원천은 선거를 중심으로 한 절차적 차원뿐만 아니라 경제성장과 거버넌스(governance)와 같은 정책 산출 차원도 포함된다(Rothstein 2009). 특히 동아시아 국가의 시민들은 민주주의의 핵심 요소를 평가할 때 절차와 규범과 같은 투입의 차원보다는 정책적 산출을 핵심적인 차원으로 인식한다. 이에 따라서 민주주의에 대한 정당성도 수행력을 중심으로 평가하는 경향이 크다.

그림 〈4-2〉 동(남)아시아 국가에서 시민들의 민주주의의 이해

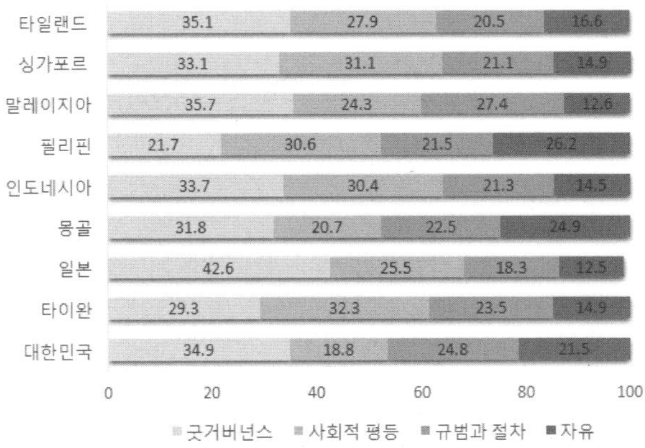

출처: 아시아바로미터 4차 조사(ABS 4th wave); Pan and Wu(2016).

위의 그림〈4-2〉는 아시아바로미터의 최근 4차 조사를 기반으로 하여 동(남)아시아 시민들의 민주주의에 대한 이해를 제시하고 있다. 민주주의는 네 가지 중심적인 영역(Good Governance; Social Equity; Norm and Procedure; Freedom &Liberty)으로 측정되었다. 굿 거버넌스와 사회적 평등은 산출(output)을 중심으로 한 민주주의의 이해를 측정하고 규범과 절차 그리고 자유의 영역은 투입(input)을 중심으로 한 민주주의 이해를 측정하고 있다. 위의 분석이 나타내듯이 동(남)아시아 민주주의 국가의 시민들은 민주주의를 절차적 차원보다는 산출을 중심으로 한 수행력 차원으로 이해하고 있다. 한국의 시민들도 절반 이상(53.7%)이 민주주의 의미를 산출(굿 거버넌스와 사회적 평등)을 중심으로 인식하고 있었다.

다수의 시민이 민주주의를 굿 거버넌스와 평등을 중심으로 한 산출 차원으로 이해하고 있다는 사실은 고도성장 시대를 지나 저성장 시대에 들어

선 한국에서 민주주의의 수행력에 대한 지속적인 압력으로 작용할 수 있다. 굿 거버넌스와 사회적 평등을 경제성장과 같은 단일 차원으로 환원할 수 없다. 그럼에도 불구하고 (현재까지) 경제성장은 시민들의 삶에 직접적인 영향을 미치는 가장 분명한 지표이다. 시민들의 시각에서 볼 때 경제성장은 정권의 수행력을 평가할 수 있는 가장 가시적인 지표임에는 틀림이 없다. 권위주의 정권기의 급속한 경제성장을 경험한 한국의 시민들은 이와 대비되는 민주 정권기의 완만한 경제성장이나 경제 침체를 경험할 때 마다 경제성장우선주의 담론의 호명에 빈번히 노출된다.[42] 이는 보수 정권과 진보 정권을 관통하여 일관된 현상이었다. 성장담론의 호명은 박정희 모델에 대한 향수를 직간접적으로 불러일으켰다.

2. 박정희 노스탤지어의 기원과 확산

이 절의 목적은 박정희 노스탤지어의 기원과 확산 과정에 대해서 분석하는 것이다. 박정희 노스탤지어의 기원을 밝히는 것은 박정희 노스탤지어의 성격과 영향 요인 분석에 중요한 첫걸음이다. 관련된 여론조사자료가 턱없이 모자란 상황에서 엄밀한 분석을 진행하는 것은 어렵다. 하지만 접근 가능한 여론조사자료와 2차 자료를 중심으로 박정희 노스탤지어의 기원에 대한 분석을 진행해보자.

42 중국이 상징하는 수행력에 기반을 둔 권위주의 체제 모델은 후발 민주주의 국가에 중요한 도전으로 부상하고 있다. 중국 모델에 관해서는 Bell(2015)을 참고하라. 또한 차이나 모델이 후발 민주주의 국가에 던지는 중요한 도전에 관해서는 Kurlandtzick(2014) 7장이 잘 설명하고 있다.

신문 기사 검색을 통해서 확인한 바로는 1979년 10월 26일 박정희 사후 박정희 향수라는 용어가 3대 주요 일간지(조선 · 중앙 · 동아일보)에서 처음 등장한 것은 1982(조선일보)년이 처음이다. 반면 '박정희 신드롬'이란 용어는 1992년에 조선일보에서 처음 나타났다.

〈그림 4-3〉 검색어 박정희 빈도수

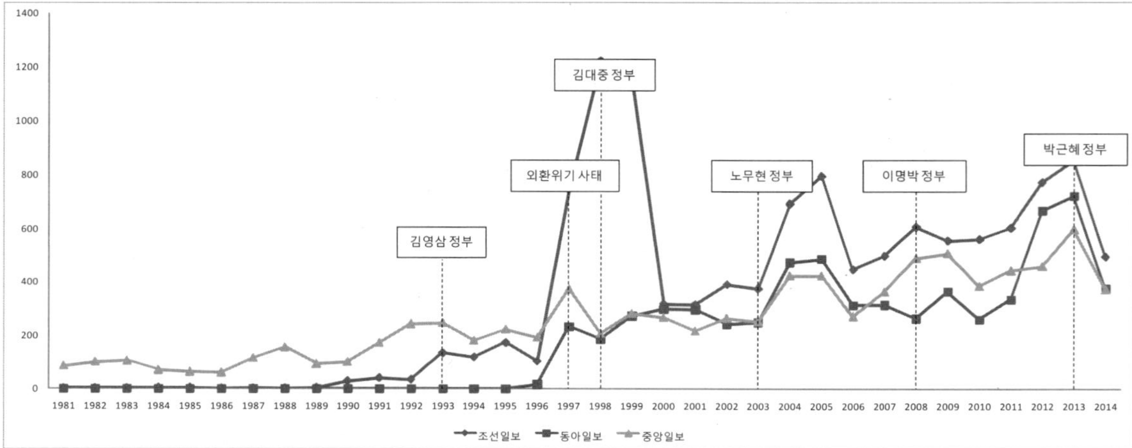

출처: 빅카인즈(https://www.kinds.or.kr)

〈그림 4-4〉 검색어 박정희 향수 빈도수

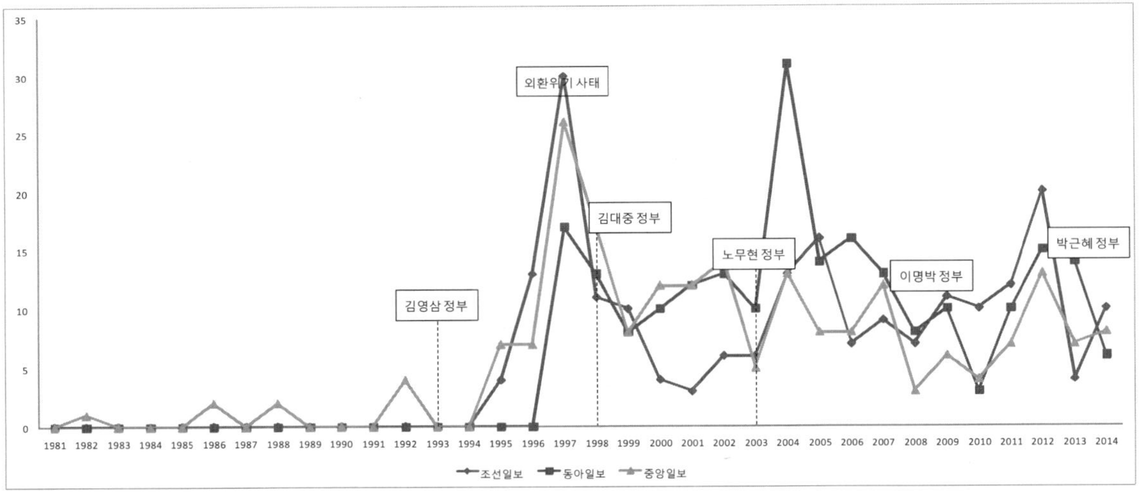

출처: 빅카인즈(https://www.kinds.or.kr)

〈그림 4-3〉은 1981년부터 2014년까지 조선 · 중앙 · 동아일보에서 나타난 박정희 관련 기사수의 빈도 변화를 나타내고 있다. 〈그림 4-4〉는 박정희 향수에 대한 기사수의 빈도 변화를 나타내고 있다. 조선 · 중앙 · 동아일보를 대상으로 분석을 진행한 이유는 두 가지이다. 먼저, 신문잡지부수공사기구(한국ABC협회)의 통계에 의하면 세 신문이 한국 신문 중에서 가장 발행 부수가 많은 상위 세 신문이다. 또한 박정희 신드롬은 주로 보수적인 언론에 의해서 집중적으로 조명되고 확산되었다. 이러한 면에서 한국 언론에서 이른바 조 · 중 · 동으로 불리는 세 신문은 한국 보수 언론을 상징해왔다.

위의 두 그래프를 비교하면 전체적으로 비슷한 경향 속에서도 흥미로운 차이점을 발견할 수 있다. 먼저, 〈그림 4-3〉을 통해서 확인할 수 있는 박정희에 대한 기사는 박정희 정권이 붕괴한 후 전두환 정권 시기에는 미미한 검색량을 보인다. 하지만 1996년을 기점으로 해서 급격하게 검색량이 증가하였다. 특히 IMF 경제 위기 시점에는 정점을 기록했다. 하지만 경제 위기를 극복한 시점인 2000년도 즈음에는 기사 수의 빈도가 급락하였다. 이후 노무현 정권의 출범과 함께 박정희 관련 기사는 다시 증가하였다. 노무현 정권 중반 이후에는 검색량이 다시 줄었지만 노무현 정권 말기와 이명박 정권 집권 초기 다시 증가하였다. 박정희 전 대통령의 딸인 박근혜 전 대통령의 집권과 함께 다시 증가하였다.

〈그림 4-4〉를 통해서 확인할 수 있듯이 박정희 향수를 다룬 기사 빈도의 전체적인 추이는 박정희에 대한 기사 빈도와 비슷한 양상을 보인다. 하지만 좀 더 자세히 관찰하면 의미 있는 차이를 확인할 수 있다. 박정희 향수에 대한 기사가 급격하게 증가하기 시작한 시점은 〈그림 4-2〉에서 확인할 수 있는 박정희 관련 기사의 증가 시점보다 이른 시점인 1990년대 중반

이다. 이 시점은 김영삼 정권의 개혁에 대한 보수 기득권 진영의 반발이 본격화되고 김영삼 정권의 개혁정책에 대한 국민적인 지지가 쇠락하던 시기와 대체로 일치한다. 이후 박정희 향수에 대한 기사의 양은 매우 큰 진폭을 나타냈다. 또한 신문별로 시기에 따른 기사량에도 차이가 있었다. 김영삼 정권 시기와 외환위기 즈음에서는 조선일보의 기사량이 폭발적으로 증가했다. 하지만 노무현 정권 시기에는 동아일보의 기사량이 다른 신문을 압도했다.

박정희 노스탤지어의 기원과 관련하여 위의 분석을 통해서 추론할 수 있는 가능성은 두 가지이다. 먼저, 언론이 사회적으로 이슈가 되었던 박정희 노스탤지어를 본격적으로 다루었을 가능성이다. 둘째, 문민정부의 개혁에 대한 논란, IMF 경제 위기, 참여정부의 민생 경제 논란과 같은 정치적 국면에서 보수적인 언론들이 선제적으로 박정희 노스탤지어와 연관된 아젠다를 생산했고 보수 언론의 독자와 시민들이 이를 수용했을 가능성이다. 이와 관련한 여론조사자료가 존재하지 않기 때문에 이를 경험적으로 검증할 수는 없다.

하지만, 이와 관련하여 주의해야 할 지점은 박정희 노스탤지어의 기원과 확산을 논의할 때 많은 선행 연구들이 범하고 있는 오류는 시민들 사이에 광범하게 존재하고 있는 박정희 노스탤지어를 정치적 쟁점이나 언론의 화두와 일치시키는 경향이 있다는 점이다. 보수 언론에 의한 기원과 확산(대표적으로 '1993년에서야 위대해졌다')의 주장이 타당성을 가지기 위해서는 두 가지 비현실적인 조건이 충족되어야 한다. 보수 언론의 독자들이 보수 언론의 아젠다를 수동적으로 수용하여야 한다. 또한 보수 언론이 만들어 낸 박정희 신화화 담론이 보수 언론의 독자를 넘어서 국민 전체에 광범위한 영향력을 가져야 한다.

선행 연구에서 제기된 두 가지 기원론, 문민정부 기원론과 민주 정부 기원론에 대해서 비판적으로 살펴보자.

문민정부 기원론

다수의 선행 연구는 박정희 노스탤지어의 기원으로서 문민정부 기원론을 주장한다(전재호 2000; 정해구 1998; 정상호 1998). 대표적으로 박정희에 대한 인상적인 연구를 진행했던 전재호(2000)는 역설적으로 '산 김영삼이 죽은 박정희'를 살려냈다고 주장하였다.

김영삼은 유신 독재 시기 신민당을 이끌면서 강력한 대정부 투쟁을 이끌었다. 그는 유신 말기에는 〈뉴욕 타임스〉와의 인터뷰를 통해서 박정희 정권에 대한 지지 단절을 미국에게 요구하였고 결국 이 인터뷰를 빌미로 박정희 정권에 의해 국회의원에서 제명되기까지 하였다. 전두환 정권 시기에도 김영삼은 광주항쟁의 진실 규명을 위해 단식을 포함한 비타협적인 투쟁을 전개하여 민주화 운동의 지도자로 부상했다. 민주화 이후 치러진 첫 번째 대선(제13대 대선)에서 집권에 실패한 김영삼은 자신이 이끌던 통일민주당이 이듬해 치러진 총선에서도 제2 야당에 그치자 전두환 정권의 계승 정당이였던 민주정의당, 박정희 정권의 계승 정당이였던 신민공화당과 연합하여 민주자유당을 창당하였다. 이후 1992년 제14대 대선에서 당선되어 집권에 성공하였다. 김영삼은 새로운 정부를 문민정부로 명명하였다. 집권과 함께 일련의 개혁과 역사바로세우기를 통해서 군부 정권과 단절을 시도했던 김영삼 정권이 박정희를 다시 불러냈다는 주장은 한국 민주주의의 역설을 상징적으로 표현한다.

이 과정을 좀 더 살펴보자. 김영삼 정권은 '역사바로세우기'(1995년 12월

12일 담화에서 "역사 바로 세우기는 국민의 자존을 회복하고 나라의 밝은 앞날을 여는 명예혁명"이라고 규정하였다)를 정권의 주요 국정과제로 제시하였고 일련의 조치를 실행하였다. 조선 총독부 청사를 전격적으로 해체하였으며 임시정부 선열 5위를 봉환하였다. 또한 4·19혁명, 부마민주화운동, 5·18광주민주화운동, 6월 항쟁을 재평가하고 국가기념일을 제정하였다(김영삼 민주센터, http://kyscd.org/achievement). 또한 공직자 재산공개, 하나회 해산, 금융실명제 전격 실시와 같은 일련의 개혁 조치들을 실사하여 집권 초 90%를 넘나드는 높은 지지를 얻었다.

역사바로세우기의 가장 상징적인 사건은 전두환 · 노태우 전직 대통령의 구속이었다. 하지만 김영삼 대통령은 집권 초 5.18의 정당한 평가와 지원을 약속하면서도 5.18에 대한 진상규명은 역사에 맡기자고 제안하였다.[43] 시민사회의 강력한 반발과 저항에도 불구하고 김영삼 정권의 검찰은 전두환 · 노태우 두 전직 대통령을 포함한 12.12 관련자 34명에게 '기소유예' 처분을 내렸으며 5.18에 대해서는 '공소권 없음' 결정을 내렸다. 하지만, 정국을 반전시킨 것은 노태우 전 대통령에 대한 비자금 보유 의혹의 폭로였다(1995년 10월). 김영삼 대통령은 이를 정국 반전의 계기로 삼았다. 이

43_"저는 광주민주화운동에 대한 진상규명과 그 책임자 처벌을 요구하는 주장이 있다는 것을 잘 알고 있습니다. 그것을 위해 특별한 조치를 취해야 한다는 주장도 있다고 듣고 있습니다. 저는 그러한 주장이 있을 수 있다고 생각합니다. 저 역시 그 문제를 놓고 많은 고뇌를 거듭했습니다. 그러나 진상규명은 역사를 올바르게 바로잡고 정당한 평가를 받자는데 그 목적이 있습니다. 결코 암울했던 시절의 치욕을 다시 들추어내어 갈등을 재연하거나 누구를 벌하자는 것은 아닐 것입니다. 따라서, 지금 이 시점에서 중요한 것은 우리 국민 모두가 5·18 광주민주화운동의 명예를 높이 세우는 일입니다. 진상규명과 관련하여 미흡한 부분이 있다면 이는 훗날의 역사에 맡기는 것이 되리라고 믿습니다(5.18 광주민주화운동과 관련하여 국민 여러분에게 드리는 말씀. 1993년 5월 13일(대통령기록센터)) 검색일: 2017/02/30)."

사건을 계기로 5.18 특별법이 제정되었고 두 전직 대통령은 법의 심판대에 서게 된 것이다.

집권 초기 칼국수로 상징되는 탈권위 행보와 전격적인 일련의 개혁 조치로 높은 지지를 받던 문민정부는 중반 이후 대북 · 통상 정책의 혼선, 노동법과 안기부법 날치기 통과로 대표되는 일방통행식 정치, 한보게이트로 대표되는 부패 스캔들로 인해서 지지율이 급격히 하락하였다. 이후, 김영삼 정부는 IMF 구제금융 신청으로 마지막을 장식하였다. 분기 평균 국정 지지율 83%를 한때 기록했던 김영삼 정부는 5년 차 4분기에는 6%를 기록했다. 6% 지지율은 탄핵으로 구속된 박근혜 전 대통령의 지지율 최저치 5%와 비슷한 수준이다.

역사바로세우기로 대표되는 문민정부의 개혁이 한창이던 시점에 조선일보를 비롯한 보수 언론의 대응이 본격화되었다. 조선일보는 1995년 광복 50주년을 맞이하여 『거대한 생애 이승만 90년을』 1년간 연재하며 이승만 재평가에 나섰다. 또한 1994년에 조선일보 출판국은 김성진이 편집한 『박정희 시대-그것은 우리에 무엇이었는가?』를 출간했고 IMF 경제 위기가 한국을 엄습했던 1997년 말(10/19)에는 조갑제 기자가 쓰는 '근대화 혁명가-박정희의 생애'를 연재하였다(이후 연재를 묶어서 『내 무덤에 침을 뱉어라 1~8』이 출간되었다). 한편, 중앙일보는 가장 오랫동안 박정희 비서실장을 역임하였으며 경제건설의 증인이었던 김정렴의 회고록을 20회에 걸쳐서 연재하고(1997년 4월 28일-5월 29일) 박정희의 인간적인 면을 부각하였다. 중앙일보는 이 연재를 묶어서 『아 박정희』를 발간하였다.

1997년은 보수 언론뿐만 아니라 대중적인 영향력이 큰 문화계 인사들에 의한 박정희 호명이 이루어진 시기였다. 대표적으로 『영원한 제국』으로 인기작가 반열에 올랐던 이인화를 들 수 있다. 가상 역사 추리소설의 기법으로 정조시기를 다루었던 『영원한 제국』은 1993년 출간과 함께 베스트셀러에 올랐다. 『영원한 제국』으로 스타 작가가 되었던 이인화는 1997년~1998년에 『인간의 길』 3부작(인간의 길/혁명의 길/나의 조국)을 출간하여 박정희를 신화화에 나섰다.

위에서 살펴본 대로 문민정부의 기원론을 주장하는 시각은 문민정권 개혁에 대한 반작용으로 보수 언론과 지식인들에 의한 박정희 불러오기가 박정희 노스탤지어의의 원인이었다고 주장한다. 앞서 다룬 바와 같이 대표적으로 한 언론사의 특집 기사의 제목은 (박정희는) "1993년에야 위대해졌다"였다(한겨레21 2009/10/21). 또한, 한 학자(정해구 1998)는 1997년 대선을 앞두고 이인제를 포함한 대선주자들에 의한 박정희 코스프레를 박정희 신드롬 확산 요인으로 지적하였다.

문민정부 기원론은 얼마나 경험적인 근거를 가진 주장인가? 여론조사가 정치적 목적으로 왜곡된 결과를 확산시킨 것이 아니라면 여론조사는 박정희 노스탤지어의 원인이라기보다는 박정희 노스탤지어의 결과라고 보아야 할 것이다. 물론 문민정부 시기 박정희 노스탤지어를 확인해주는 여론조사가 주요 보수 언론들에 의해서 유포되었다는 점을 감안할 때 일부 시민들은 보수 언론을 포함한 보수 세력들의 박정희 호명 전략에 의해서 영향을 받았을 가능성을 배제할 수는 없다. 하지만 여론조사의 확산을 박정희 노스탤지어의 기원과 등치시키는 것은 비약이다. 이러한 시각은 확산 요인과 기원을 동일시하는 오류를 범하고 있다. 이 시각이 옳다면 문민정부 이전에는 박정희 노스탤지어가 존재하지 않아야 한다.

이와 관련된 여론조사자료가 거의 존재하지 않아 문민정부 이전에는 박정희 노스탤지어가 존재하지 않았는지를 직접 검증하기는 어렵다. 하지만 1990년대 이전에 실시된 한 여론조사를 통해서 이에 대한 실마리를 찾을 수 있다. 〈그림 4-5〉는 1988년에 실시된 '한국인의 정치사회 의식에 대한 국민여론조사'에서 박정희에 대한 평가를 확인할 수 있는 문항에 대한 분석이다. 먼저, '박정희를 존경해야 하나'라는 질문에 찬성의 비율이 57.2%로 나타나 반대 비율(24.1%)보다 두 배 이상 높았다. 학생들의 박정희 묘소 참배에 대한 의견을 묻는 문항에 대해서는 찬성 의견(71.2%)이 반대 의견(13.6%)을 압도했다.

〈그림 4-5〉 1990년 이전 박정희에 대한 여론조사(1988)

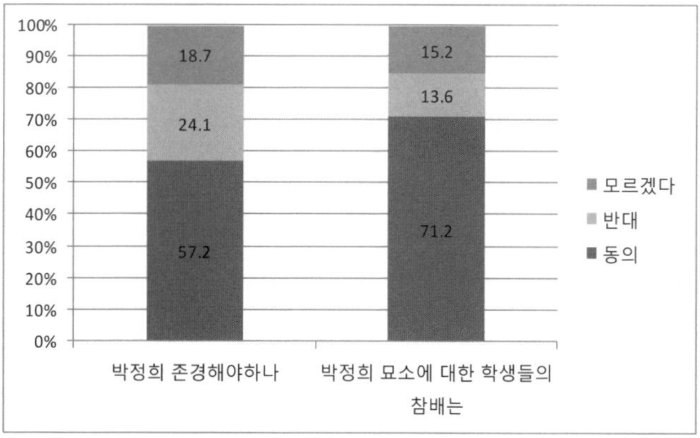

출처: 한국인의 정치사회의식에 대한 국민여론조사(1988)
참고: 수치는 %; 사례수는 631; 원문항에서의 답변은 첫 번째 질문의 경우 마땅히 존경을 받아야 한다, 존경을 못받아야 한다. 두 번째 질문의 경우는 마땅한 일이다, 못마땅한 일이다.

민주 정부 기원론

또 다른 시각은 이른바 민주세력의 정책적 실패가 박정희 신드롬을 불러왔다는 시각이다. 이 시각은 보수 진영에 의해서 집중적으로 제기되기보다는 민주 정부의 비판적인 평가를 통해 진보 진영에 의해서 제기되었다. 예를 들어, 김정주(2006)는 민주화 20년을 맞이하고 있는 참여정부 말기에 한국의 민주주의가 모순에 직면했다고 지적한다. 그는 국민 다수의 실질적인 삶을 개선하는 데 실패한 민주주의가 다수 대중에게 무슨 의미를 갖느냐고 반문한다. 따라서 대중들은 더 이상 국민의 정부니 참여정부니 하는 정치인들의 수사를 불신하며 이와 같은 민주화 세력의 실패가 대중들 사이에 퍼지고 있는 박정희 신드롬의 진원지라고 주장한다(뷰스앤뉴스 2006/06/27).

민주 정부 기원론은 국민의 정부보다는 참여정부의 정책적 수행력에 대한 비판적인 평가에 더 집중한다. 국민의 정부의 경우 IMF 경제 위기 와중에 박정희 정권의 후계세력인 자민련과 후보 단일화를 통해서 집권에 성공하였으며 집권 후에는 3년 반 동안 자민련과 공동 정부를 운영하였다. IMF 경제 위기의 극복에 총력을 기울였던 국민의 정부는 2001년 8월 23일 IMF의 대기성 차관 자금(SBL)을 최종 상환하였다. 이로써 국민의 정부는 IMF 체제를 당초 예정보다 3년 가까이 앞당겨 3년 8개월여 만에 조기 졸업하였다. 다른 한편으로는 국민의 정부의 IMF 졸업 과정은 신자유주의적 경제 체제가 한국 사회에 지배적인 경제 원리로 자리 잡게 된 시기였다. 시민들의 시각에서 국민의 정부는 경제 위기를 극복한 정권으로 평가된다. 또한 IMF 구제금융 기간 공동 정부를 함께 운영했던 자민련의 존재는 김영삼 정부 시기 권력 투쟁에서 밀려났던 공화계의 존재와 대비되었다. 이러한 면에서 국민의 정부 시기에는 박정희 노스탤지어가 두드러진 쟁점이 되지 않았다.

하지만 참여정부의 경우는 상황이 달랐다. 국민의 정부가 경제 위기를 극복하는 과정에서 한국 사회의 화두로 부상한 경제적 불평등과 사회적 양극화는 참여정부에서 더욱 깊어졌다. 그럼에도 불구하고 참여정부는 이 문제를 본격적으로 다루어 정책적 처방을 제시하는 데 성공하지 못했다. 참여정부 4년을 맞이하여 한겨레신문이 마련한 선진대안포럼(2006/01/31)에서 다수의 진보적 지식인들은 이러한 시각을 제기하였다. 신광영은 "박정희 신드롬의 바탕에는 민주화 세력의 정책적 실패와 무능력이 있다"고 주장했다. 또한 조희연은 "무능력 민주세력이 박정희 부활의 정치적 · 지적 공간을 제공하고 있다"고 비판했다. 민주세력은 박정희 체제의 핵심이라고 할 수 있는 재벌체제를 통제할 수 있는 민주적 능력을 만들어 내지 못했다(신광영). 이러한 면에서 현재의 민주세력은 여전히 박정희 체제 안에서 박정희 체제를 재생산하고 있다(홍성태). 따라서 민주 정부 세력 나아가 진보세력이 사회 경제적 양극화를 극복할 실력이 없다면 박정희 신화는 지속될 것으로 예측하였다(이병천)(한겨레신문 2006/02/27).

이 시각에 따르면 민주 정부 2기를 자임했던 참여정부의 정책적 실패가 2007년 17대 대선에서 박정희 성장 신화를 정치적으로 상징했던 이명박 후보의 압승으로 이어졌다. 박정희 개발 시대를 상징했던 한나라당 이명박 후보는 선거 과정에서 박정희 이미지 마케팅을 적극적으로 활용하였다. 예를 들어, 이명박 한나라당 후보는 선거 과정에서 박정희 전 대통령의 트레이드마크였던 선글라스를 애용하였으며 선거 유세에서도 박정희와의 인연을 강조하였다. 선거 결과 제17대 대선에서는 한나라당의 이명박 후보와 무소속의 이회창 후보로 야권이 분열되었음에도 불구하고 이명박 후보가 집권 여당의 정동영 후보를 상대로 당시까지 역대 최대인 530여만 표차로 압승을 거두었다.

이명박 후보가 전례가 없었던 대승을 거둔 데에는 여러 가지 원인이 작용했을 것이다. 하지만 현대건설과 청계천으로 대표되는 불도저식 추진력과 성공한 비니지스맨이 상징하는 경제통의 이미지가 이명박 후보의 압승에 큰 기여를 했음에는 의문이 여지가 없다. 실제로 2002년 제16대 대선에서 노무현을 지지했던 많은 청년 유권자들이 2007년 제17대 대선에서 이명박 지지로 돌아섰다. 민심 이반의 가장 중요한 이유는 참여정부의 아킬레스건으로 노무현 대통령도 인정했던 민생 문제였다.[44] 대선을 앞둔 2008년 11월 28일 전국 42개 대학교 총학생회장들은 한나라당사에서 이명박 후보 지지를 선언했다. 이들은 "꿈으로 가득 채워야 할 청춘을 취업 걱정으로 소진하고 역대 어느 세대보다 시간과 돈을 들여도 높은 취업의 벽에 절망하고 있는 현실"이라고 비판하고 "이러한 문제 해소를 위해 대한민국은 '경제문제'부터 해결해야 한다. 현 대선 후보군 중 이명박 후보만이 경제를 살려낼 최적임자"라고 지지 이유를 밝혔다(조선일보 2007/11/28).

노무현 후보가 정치 개혁을 내세워 승리했던 2002년 제16대 대선과 이명박 후보가 승리했던 2007년 제17대 대선 결과를 비교하면 노무현 후보를 지지했던 유권자의 40.9%가 이명박 후보 지지로 돌아섰다(한겨레 2008/01/01). 의심할 여지가 없이 이명박 후보에 대한 압도적인 지지의 배경에는 박정희 노스탤지어의 또 다른 측면인 경제성장지상주의가 작용하였다. 진보적 지식인들이 주장하는 바와 같이 민주 정부의 정책적 실패가 박정희 노스탤지어를 가져왔는가? 앞선 장에서 필자의 경험 분석에 따르면 민주 정부에 대한 비판적인 태도가 박정희 정부 지지에 중요한 영향을 미친 요인이었다. 하지만 이 결과는 분석에서 사용된 여론조사 시점(2010)에서 박정희 노스탤지어의 결정 요인으로서 민주정권에 대한 비판적인 태도의 영향력을 확인한 것이다. 이 결과는 민주 정부의 정책적 실패(에 대한 비판적인 태도)가 박정희 노스탤지어의 직접적인 기원이라는 의미는 아니다.

44_노무현 정권의 잘한 일/잘못한 일에 대한 한 조사에 따르면 응답자의 29.9%가 노무현 정권이 잘한 일이 없거나 모른다고 답했다. 반면에 가장 잘못한 일로서는 절반이 부동산 가격폭등(31.9%)또는 사회 양극화 심화(20.1%)를 들었다(한겨레 2008/01/01).

〈표 5-1〉 민주정권 10년 동안의 박정희 전 대통령에 대한 선호의 변화-시민들의 평가를 중심으로

여론조사 내용/일시	여론조사 결과
정부 수립 50주년 기념 『대한민국 50년의 50대 인물』 조사(한국갤럽 1998/07/15).	박정희 66.9% 김구 26.3
한국 최고의 인물 10선(월간조선 12월호 1999/11).	박정희 50.3% 김구 16.8%
역사상 가장 존경받는 인물(국정홍보처 2001.12.27.조사; 중앙일보 2001/12/27).	박정희 21.1% 세종대왕 19.8%
역사상 가장 존경받는 인물(한국갤럽조사 · 조선일보 보도 2002/08/14).	박정희 20.1% 세종대왕 16.0%
국민이 가장 좋아하는 대통령(한국 갤럽 2004. 10월 2~29일).	박정희 48% 김대중 14%
역대대통령 중 우리나라의 위상을 높이는 데 가장 큰 공헌을 한 대통령(광복 60주년 기념 추진위원회 · 한국갤럽 조사 · 동아일보 (2005/11/30) · 재인용 박정희대통령기념관).	박정희 58.7% 김대중 37.6%
대한민국 건국 이래 가장 큰 업적을 남긴 인물 역대 대통령 중 정치발전에 가장 큰 업적을 남긴 대통령 경제성장에 가장 큰 업적을 남긴 대통령(동아일보 2008/01/01)	박정희(71.3%)/김대중(8.1%) 박정희(64.3%)/김대중(14.1%) 박정희(80.0%)/전두환(6.1%)

민주 정부가 박정희 노스탤지어 기원이라는 주장은 앞선 문민정부 기원론과 마찬가지로 박정희 노스탤지어의 확산 요인과 박정희 노스탤지어의 기원을 동일시하는 오류를 범하고 있다. 민주 정부가 박정희 노스탤지어의 기원이라면 민주 정부를 거치면서 박정희에 대한 시민들의 지지가 지속적으로 확대되어야 할 것이다. 이를 검증하기 위해서 박정희 전 대통령에 대한 시민들의 평가를 나타내는 여론조사의 추이를 살펴보자. 박정희 전 대통령에 대한 선호는 민주 정부 10년(1997~2007) 동안 큰 변화가 없었다.

이 책에서 주장한 대로 박정희 노스탤지어를 시민들 사이에 존재하고 있는 박정희 체제에 대한 지지와 박정희 체제의 지배 이념에 대한 수용이라고 정의한다면 박정희 노스탤지어는 언제 시작되었는가? 문민정부 시기인가? 국민의 정부 시기인가 참여정부 시기인가?

3. 박정희 노스탤지어의 기원-다시보기

글쓴이는 이러한 질문이 잘못 설정되었다고 본다. 박정희 노스탤지어가 박정희 체제에 대한 무조건적인 지지를 의미하는 것은 아니다. 물론 민주화 30년을 경과하고 있는 이 시점에도 소수의 박정희 지지자들은 박정희 체제를 무조건적으로 지지하기도 한다. 하지만 박정희 노스탤지어를 이러한 지지와 단순히 일치시킬 수는 없다. 앞서 논의한 바대로 박정희 체제에 대한 지지는 박정희 체제가 상징하는 한국형 경제발전 모델의 건설자로서 박정희에 대한 지지였다. 이러한 지지는 박정희 사후 수면 아래로 가라 앉았지만 그 이후로도 지속되었다.

수면 아래 있던 박정희 모델에 대한 강력한 지지는 역사적 국면(historical juncture)마다 정치적인 동원에 의해서 이슈화되었던 것이다. 동원의 계기가 되었던 역사적 국면의 배경에는 문민정부의 개혁과 경제 위기, 참여정부하의 민생경제에 대한 논란이 있었다. 선행 연구에서는 박정희 노스탤지어의 동원의 주체로서 보수 언론과 보수적 지식인들의 역할을 강조하였다. 물론 이들의 영향력을 과소평가할 필요는 없다. 하지만 이들의 시도와 시민들의 박정희 노스탤지어를 일치시키는 것도 지나친 평가이다. 보수 언론과 보수적 지식인들의 영향력에 의해서 다수의 시민이 (가지고 있지 않았던) 박정희 노스탤지어를 가지게 되었다고 보는 것은 근거 없는 엘리트주의에 다름이 아니다.

글쓴이는 박정희 노스탤지어와 관련하여 이보다 더 영향력 있는 동원은 정치적인 동원이라고 판단한다. 박정희 노스탤지어는 근대화의 가장 중요한 과제 중의 하나인 (한국형) 산업화 모델의 성과와 직결되어 있다. 박정희 노스탤지어는 이러한 성과에 대한 시민들의 평가를 내용으로 하는 정치적인 현상이다. 이러한 인식이 형성되고 유지되고 강화되는 데 중요한 영향을 미친 요인은 정치적 경쟁이다.

잘 알려져 있듯이 12.12쿠데타를 통해서 정권을 장악한 신군부는 박정희 유신체제와 단절을 시도했고 박정희의 정치적 복권을 봉쇄했다. 흥미롭게도 박정희 담론이 다시 정치적으로 부상하게 된 것은 민주화의 효과였다(전재호 2000). 신군부는 유신정권 2인자였으며 박정희 사후 민주공화당을 이끌던 김종필을 포함해서 10여 명을 부정 축재자로 몰아 853억 원을 환수하였으며 공직에서 사퇴시켰다(중앙일보 1980/06/18). 신군부 집권과정에서 일부 박정희 체제의 후예들이 집권당인 민주정의당의 위성 야당이었던 한국국민당을 창당하기도 하였다. 하지만 유신의 주요세력은 민주화가 이루어질 때까지 정치적 야인 생활에 머물러 있었다.

6월항쟁을 통해서 민주화의 공간이 열리자 정치적으로 유폐되었던 박정희 후예들이 화려하게 부활하였다. 김종필 등 민주공화당 추종세력들은 1987년 10월 5일 신민주공화당을 창당하였다. 이들은 창당 발기 취지문에서 "우리는 새로운 시대가 요구하는 역사적 소명에 부응하고자 민주공화당의 이념과 전통을 이어"받아 신민주공화당을 창당한다고 밝혔다(대한민국 정당사 제3집, 910). 특히 "산업화의 토대를 구축함으로써 실질적인 민주화의 기반을 다졌던 민주공화당의 뿌리를 이어, 그 빛나는 이념과 오랜 전통을 계승·발전시킴으로써 오늘의 역사적 소명에 부응할 것을 다짐한다"고 밝혔다(대한민국 정당사 제3집, 911).

유신의 후예들은 자신들이 한국형 산업화의 주역이었으며 민주화도 산업화에 기반을 두고 이루어진 것이라는 논리로 자신들의 정치재개를 정당화하였고 이후 선거에서 이러한 논리에 기반을 둔 선거 전략을 적극적으로 활용하였다. 신민주공화당의 김종필 후보는 민주화 이후 치러진 첫 번째 선거인 1987년 제13대 대통령 선거에서 유효 득표 8.1%로서 180여만 표를 획득하여 4위에 그쳤다. 하지만 이듬해인 1988년 제13대 국회의원선거에서 지역구 27석과 전국구 8석을 합하여 총 35석(유효득표 15.8%)을 획득하여 4당 체제의 한축으로 부상하였다. 선거 과정에서 신민주공화당은 원조 민주공화당의 후예임을 전략적으로 활용하였다. 신민주공화당은 제13대 대통령 선거에서 선거 전략으로서 '보릿고개를 몰아낸 근대화의 주역'임을 강조하는 광고를 사용하였다. 또한 민주공화당은 1970년대 공화당이 이룩한 가난 퇴치와 경제성장으로 인해서 현재의 민주화가 가능했다는 설득전략을 활용하였다(대한민국 선거사 제4집, 517).

민주화와 함께 제도화된 지역 정당 체제를 통해서 박정희 정권의 후예들이 정치적으로 부활하였다. 하지만, 이 시기에는 다음과 같은 두 가지 이유로 박정희 노스탤지어의 정치적인 동원은 두드러지지 않았다. 첫째, 당시의 화두는 과거청산을 포함한 전환기 정의(transitional justice)와 민주화 문제였다. 따라서 정초선거(founding elections) 역할을 했던 1987년 제13대 대선과 1988년 제13대 국회의원 선거에서 박정희 노스탤지어를 적극적으로 동원할 여지가 크지 않았다. 둘째, 신민주공화당은 1990년 3당 합당으로 새롭게 탄생한 민주자유당으로 흡수되었다.

민주화 이후 박정희 노스탤지어가 선거에서 제기되었던 첫 번째 계기는 노태우 정권 말기 정주영 현대그룹 회장의 정계 입문이다. 정주영 현대그룹 회장은 정치참여의 이유로 6공 정권의 경제 실정을 들었다. 그는 정치를 하지 않으면 편하게 살 수 있지만 6공 정권이 1백억 달러에 달하는 무역적자를 방치했으며 물가 폭등 등 경제를 엉망으로 만들어 놓아 이들이 5년을 더하면 나라를 망칠 것 같아서 정치 참여를 결심했다고 밝혔다(한겨레 1992/01/09).

1992년 3월 24일 실시된 제14대 총선을 앞두고 급하게 창당한 통일국민당(국민당)은 31석을 얻어 돌풍을 일으켰다. 제14대 총선에서 국민당의 주 선거 전략은 경제 살리기였다. 국민당은 총선전략으로서 '경제를 아는 정당'을 제시하고 서울 아파트 반값 제공 공약으로 대표되는 파격적인 경제 공약을 제시하기도 하였다. 총선 후보자들도 선전 벽보에 '경제를 풍요롭게'(대구 북구 송화섭) '경제 기적을 실천하겠습니다'(성동구갑 박병호)와 같이 경제를 강조하였다(대한민국 선거사 제5집, 352).

제14대 총선의 돌풍을 기반으로 국민당의 정주영 총재는 일찌감치 대통령 후보로 선출되었고 1992년 12월 18일 실시된 제14대 대선에 출마하였다. 정주영 후보는 '경제 대통령'을 내세우며 대선공약과 선거 전략으로서 경제에 집중하였다. 정주영은 6공 말기 경제 침체와 외채 증가를 비판하고 '실물 경제를 아는 대통령'으로서 자신의 비교우위를 강조하였다(대한민국 선거사 제5집, 462). 정주영 후보는 경제 대통령 전략을 통해서 한국형 고도성장 시기를 상징하는 박정희 노스탤지어를 직간접적으로 활용하고자 했다. 실제로, 대통령 선거 유세 과정에서 정주영 후보는 박정희 전 대통령과의 인연을 강조하고 경제성장의 이미지를 적극 활용하였다. 정주영 대표는 선거를 앞둔 경상북도 구미지구당 창당대회에서 "이 지역은 박정희 대통령이 태어나서 이 나라 근대화의 기반을 이루었던 곳"이라고 회고하였다. 또한 경부고속도로를 건설할 때 박 대통령을 처음 만난 뒤 막역한 사이가 되었다고 강조하고 양 김 씨는 고속도로를 만들면 나라가 망한다고 반대했던 인물들이라고 비판했다(한국경제 1992/11/14).

3저 호황이 끝나고 외채 증가와 경기 침체가 이슈가 되던 노태우 정권 말기에 화려하게 등장한 정주영은 박정희 노스탤지어를 정치적으로 활용하였다. 하지만 이는 어디까지나 간접적이고 보조적인 수준에 지나지 않았다. 한국을 대표하는 성공한 경제인 출신 정주영은 고도성장 시대를 상징하였지만 민주화된 시대에 맞는 자신만의 경제브랜드를 제시할 필요가 있었던 것이다.

정주영의 등장 이후 박정희 노스탤지어가 본격적으로 동원된 첫 번째 계기는 자유민주연합(자민련)의 등장과 정치적 성장이었다. 정주영의 국민당이 경제성장을 내세우며 박정희 노스탤지어를 상징적으로 동원했다면 자유민주연합의 등장과 성공 과정에서 박정희의 계승자들은 박정희 노스탤지어를 본격적으로 동원했다. 잘 알려져 있듯이 3당 합당으로 개헌의석이 넘는 거대 여당 민주자유당이 탄생하는 과정에서 노태우 · 김영삼 · 김종필 간의 이면 합의는 권력 공유를 위한 내각제 개헌이었다. 하지만, 92년 제14대 대선에서 김영삼을 지지했던 김종필이 권력투쟁 과정에서 배제되었고 김종필은 결국 탈당하고 자민련을 창당하였다(1995년 3월 30일).

자민련은 제1회 전국동시 지방선거(1995년 6월 17일)를 앞두고 창당되어 영향력을 행사하다가, 제17대 총선(2004년 4월 15일)에서 참패한 이후 국민중심당으로 재편(2006년 1월 17일)되었다가 한나라당에 흡수되었다(2006년 2월 20일). 창당 후 3개월여 만에 실시된 첫 번째 전국 선거였던 제1회 전국동시 지방선거에서 자민련은 15개 광역자치단체장 중에서 충남도지사, 대전 광역시장, 충청북도 도지사, 대전 광역시장 등 4명의 광역단체장을 당선시키며 입지를 구축하였다. 이듬해인 1996년 제15대 총선에서 자민련은 50석을 획득하여 제3당의 지위에 오르며 돌풍을 일으켰다. 이후 1997년 제16대 대통령 선거를 앞두고 새정치국민회의와 후보 단일화를 통해서 선거에 승리하여 집권에 성공하였으며 3년 6개월여 동안 공동정권을 운영하였다. 공동정권의 한 축으로서 정치적 전성기를 구가했던 자민련은 2000년 제16대 총선에서는 17석을 획득하는 데 그쳐 교섭단체 구성에 실패하였다. 이후 제17대 총선에서는 단지 4석만을 얻어서 정치적으로 내리막길을 걸었다.

여기서 우리의 관심은 10년여 동안 지속된 자민련이 박정희 노스탤지어의 기원과 확산에 어떠한 영향을 미쳤는가 하는 것이다. 자민련은 창당 이후 각종 선거에서 선거 전략으로 박정희 노스탤지어를 적극적으로 동원해왔다. 제1회 전국동시 지방선거에서 입지를 다진 자민련은 제15대 국회의원 선거를 맞이하여 문민정부의 급진적 개혁과 경제 실정을 '문민 독재', '경제 실정', '럭비공 개혁'으로 비판하고 집권 경험과 근대화를 내세워 경륜 정치와 보수 안정론을 선거 기조로 삼았다(대한민국 선거사 제6집, 218).

총선 선거운동 과정에서 자민련 김종필 총재는 "박 대통령이 5.16을 통해 근대화를 일으켰고 5공, 6공이 이를 승계하는 과정에서 수출입국을 통해 근대화와 풍요로움 속에 자유화 · 민주화를 이룩했다"고 주장했다(매일경제 1996/03/11). 구체적으로 자민련은 문민정부의 급진개혁과 경제 실정으로 중산층이 보수화되고 있다고 보고 박정희 향수를 불러일으킬 수 있는 경제공약을 집중 제시하는 방침을 세웠다. 또한, 문민정부 탄생 이후 민심이 돌아선 대구 · 경북지역을 중심으로 박정희 향수를 직접 자극하는 전략을 실시했다. 이 지역을 중심으로 자민련은 3공 계승론을 적극적으로 설파하였다. 구미갑 지역에서는 박 대통령의 조카인 박준홍 의원을 공천하였고 선거운동 과정에서 (재단법인) 박정희 대통령 생가보존회를 선거운동에 적극 동원하였다(매일신문 1996/02/28). 경북에서 시작된 '박정희 계승론'은 총선 쟁점 중의 하나로 부상했다. 신한국당은 '박정희 계승론'에 맞서 영남 공화당론으로 맞섰다. 영남공화당론은 박정희 전 대통령의 근대화는 친인척을 중심으로 한 인적인 계승이 아니라 영남 세력이 주축이 돼 계승해야 한다는 주장이다(한겨레 1996/04/15).

제2회 전국지방선거(1998년 6월 4일)을 맞이하여 자민련은 박정희 불러오기를 본격화하였다. 그동안에 자민련은 경제개발의 주역들이 모인 정당이라는 것을 직간접으로 강조하고 선거에서 적극 활용했다. 하지만 IMF 경제 위기 와중에서 공동 여당으로서 집권한 자민련은 제2회 전국지방선거에서 '새마을 노래'를 지방선거 로고송으로 채택하고 경제 살리기 내용을 강조한 개사곡을 만들어 적극 활용하였다(매일경제 1998/05/06). 특히 자민련의 정치적 기반인 대구 · 경북 지역에서는 박정희 되살리기가 더욱 노골화되었다. 1998년 4월 29일 구미갑 지구당 개편대회는 박정희 부활대회를 방불케 하였다. 박정희 전 대통령의 친조카인 박준홍 전 의원과 박재석 씨, 사위인 한병기 전 대사 · 박재옥 씨 내외 등 유족들이 대거 참여한 가운데 치러진 구미갑 개편대회의 진군가는 '새마을 찬가'였다(경향신문, 1998/04/30).

박정희 노스탤지어가 정치적으로 영향력을 발휘한 가장 극적인 사례는 박정희 전 대통령의 딸 박근혜의 대통령 당선일 것이다. 박근혜 전 대통령은 IMF 경제 위기를 보며 아버지의 유지를 받들기 위해서 정계에 입문했다고 밝혔다. 1998년 4.2 보궐선거를 통해서 정계에 입문한 박근혜 전 대통령은 선거운동 과정부터 아버지 박정희를 불러냈다. 선거구호는 "박정희가 세운 경제 박근혜가 지킨다"였다. 그녀는 어느 대통령보다도 국가발전과 경제성장에 헌신한 아버지의 뒤를 잇겠다고 명확히 밝혔다(매일경제 1998/04/04). 또한 유세 중 '잘살아 보세'와 '새마을 노래'를 지속적으로 틀었으며 박정희 노스탤지어를 자극하기 위해서 유세 중에는 '아버지'라는 말을 수십 차례 반복했다(문화일보 1998/04/01).

박근혜 전 대통령은 정계 입문 이후 한나라당의 정치적 위기마다 위기를 수습하고 선거에서 승리하여 선거의 여왕이라는 별칭을 얻기도 했다.

박정희 노스탤지어와 관련하여 중요한 지점은 경제성장을 위한 수출 전쟁의 야전 사령관으로서 박정희의 공이 객관적으로 어느 정도 되느냐는 것이 아니다. 다수의 국민이 박정희 시대는 고도성장의 시대였고 이 고도성장의 시대를 권위주의적인 통치를 통해서 이끌어 온 박정희는 인권 탄압과 권위주의 통치라는 어두운 면에도 불구하고 한국이 가난으로부터 탈피하여 경제발전을 이룰 수 있도록 이끌어 준 지도자라고 평가하고 있다는 점이다.

한국형 경제발전 모델의 성공을 통해서 산업화를 이룩한 경험은 그 자체로서 경로 의존적(path dependent) 경향을 갖는다. 박정희 정권의 비극적 종말 이후 12.12 쿠데타와 광주항쟁의 잔혹한 진압을 딛고 집권한 전두환 정권하에서도 박정희 시기 경제발전 모델의 영향력은 지속되었다. 광주 학살과 삼청 교육대의 음습한 이미지로 기억되는 전두환 정권이 경제성장에 있어서는 (성장률 자체로만 평가한다면) 박정희 정권기에 버금가는 평균 10%에 가까운 경제성장률(9.94%)을 기록했다는 것은 중요한 사실이다. 민주화와 함께 집권한 노태우 정권은 3저 호황의 지속과 올림픽 특수라는 조건에서 전두환 정권 중반 이후부터 시작된 호황을 지속했다. 하지만 89년을 끝으로 3저 호황이 끝나고 물가 상승과 집값 상승으로 인해서 노태우 정권의 경제 실정에 대한 논란이 증폭되었다. 노태우 정권 시기에 평균 성장률 8%대를 유지하였지만 한국 경제의 고도성장기는 이미 저물어 가고 있었다. 3당 합당이라는 변형주의적 전략을 통해 집권 세력의 확대 재편에 성공한 노태우 정권은 민주화 운동의 상징적인 정치인이었던 김영삼을 통해서 정권 재창출에 성공하였다.

김영삼은 집권 후 관치 경제를 벗어나 규제 완화를 통한 민간 부분의 자율성을 확대함으로써 새로운 성장 동력을 찾고자 신경제 5개년 계획을 수립하였다. 또한 세계화를 새로운 국가 발전 전략으로 제시하고 OECD에 가입하였다. 미국이 주도하는 국경 없는 세계경제전략에 제대로 된 준비 없이 편승한 것이다. 부자 나라 모임인 OECD에 가입하기 위해서 외환-자본 거래를 사실상 전면적으로 자유화한 결과는 참혹했다. OECD 가입과 미국의 통상 압력으로 인해서 자본-외환-금융시장의 빗장이 풀렸다. 하지만 기대했던 외국인 직접투자나 상업차관보다는 투기성 단기자본이 급증했다. 결국 김영삼 정권의 신경제와 세계화 전략은 국제통화기금의 구제금융 신청으로 마무리됐다.

유신 시절 제도권 내 민주화 운동을 이끌었던 김영삼은 국회의원직 제명을 당하면서도 맞섰던 유신의 후예와 목숨을 건 단식을 통해서 저항했던 전두환 체제의 승계자와 연합을 통해서 대통령이 되었다. 하지만 김영삼 정권은 경제정책 면에서는 박정희 모델을 극복하지 못하고 박정희식 재벌 중심의 정치 경제 체제에 신자유주의 모델을 더하여 한국형 신자유주의 모델의 기초를 다졌다. 준비되지 않은 세계화 전략이 낳은 경제 위기는 역설적으로 김영삼 자신이 정치적 생명을 걸고 투쟁했던 박정희 모델에 대한 노스탤지어를 확산시키는 데 기여하였다.

대통령 도전 4수 끝에, 경제 위기 와중에 집권에 성공한 김대중은 평화적 정권교체를 통해서 민주주의 공고화의 첫발을 내디뎠다. 잘 알려져 있듯이 김대중의 오랜 경제철학은 1971년 제7대 대통령 선거에서 박정희 대통령과의 치열한 경쟁 과정에서 구체적으로 제시된 대중 경제론이다. 대중 경제론은 "민족 경제의 자립 자주를 위한 자립적 국민경제(내포적 공업화)에 의한 자율적 재생산 구조"의 건설을 목표로 하였다(류상영 2013, 151). 김대중의 오랜 경제철학이었던 대중 경제론은 그 기본적인 골격은 유지되면서도 71년 이후 변화하는 국내외 정세에 따라서 진화하였다. 김대중은 자신의 경제철학을 정리해 하버드대학 출판부에서 출간한 바 있던 『대중경제론』을 증보해 1997년 제16대 대선을 앞두고 『대중참여 경제론』(서울: 산하)을 출간하였다. 또한 집권 후에는 『국민과 함께 내일을 연다』(대한민국 정부 1998)를 발간하여 경제정책을 구체화하였다. 김대중은 집권과 함께 '민주주의와 시장경제'의 병행 발전을 국정 철학으로 내세우고 정경 유착 혁파와 새로운 경제 질서 구축을 약속했다.

민주주의와 시장경제의 병행 발전이라는 야심 찬 계획에도 불구하고 김대중 정권은 대내외적인 제약조건을 극복하지 못했다. 김대중 정권은 IMF 구제금융 체제라는 외부 충격의 제약 속에서 경제 위기 극복에 모든 역량을 집중할 수밖에 없었다. 또한, 내각제 개헌을 매개로 DJP 연합을 통해서 탄생한 국민의 정부는 안정적인 과반수를 확보하지 못한 소수당 정부였다. 김대중이 이끌었던 국민의 정부는 대내외적 제약 속에서도 경제 위기를 극복하고 한국적 복지모델의 기초를 낳았다고 평가할 수 있다. 하지만 박정희 모델의 연속성의 관점에서 볼 때는 박정희 모델을 극복하는 데 성공하지 못했다.

71년 대선에서 박정희식 경제모델의 한계를 날카롭게 지적하고 자신만의 (비록 이론적 수준이지만) 대안 모델로서 대중 경제론을 제시했던 김대중의 정책은 1997년 경제 위기 속에서 치러진 제15대 대선에서는 많이 달라져 있었다. 예를 들어, 대선 후보로 선출된 김대중은 〈세계로 뻗어 나가는 신 광개토 시대를 열자〉라는 수락 연설을 통해서 성장담론을 적극 수용하였다. 김대중의 핵심 대선 공약은 1년 반만의 IMF 관리 체제 극복과 2000년대 초 국민소득 3만 달러 달성을 통한 세계 5강 진입이었다. 경제 위기 속에 유신의 후예들과 연합을 통해서라도 집권을 꿈꾸는 김대중에게는 불가피한 선택이었는지 모른다. 하지만 71년에 김대중이 제기했던 '누구를 위한 성장이냐'라는 문제 제기는 1997년 경제 위기 상황에서 '얼마나 많은 성장인가'로 변해있었다.

민주정권 2기를 담당했던 참여정부의 경제정책은 어떠했는가? 노무현 후보는 경제 분야 핵심공약으로서 신성장 전략을 통한 7%의 경제성장과 재벌 개혁을 통한 기업 경영의 투명성 제고를 제시했다. 구체적인 정책으로서 재벌 계열사 간 상호출자 채무보증 금지 및 출자총액제한 유지, 증권 분야의 집단 소송제 조기 도입, 상속 · 증여세의 완전 포괄세 도입, 금융회사 계열 분리 청구제 도입 등을 제시했다(한겨레 2018. 11. 28.). 하지만 노무현 정권의 공약은 박정희 모델을 극복하기 위한 대안적 모델을 제시하는 지점까지 이르지 못했다. 그나마 노무현 정권의 재벌 개혁은 집권 후 얼마 안 가서 재벌과 기득권 집단의 조직적 저항과 경기침체 조짐으로 인해서 쇠퇴했다.

노무현 대통령은 집권 후 첫 광복절 경축사를 통해서 참여정부의 국정 목표를 분명히 했다. 이른바 국민소득 2만 불 선진국론이다. 그는 "경제의 성공이 중요합니다. 경제의 성공 없이는 다른 성공도 어렵습니다. 앞으로 10년 이내에 국민소득 2만 달러 시대로 들어가야 합니다(노무현 대통령 제58주년 광복절 경축사 2003/8/15)"[45]라고 주장했다. 이를 통해서 알 수 있는 것은 민주화 시대의 경제 목표가 IMF 경제 위기를 통해서 명확히 드러난 한국형 정경 유착 모델인 박정희 모델을 극복하는 것이 아니라 박정희 모델의 핵심인 물량적인 경제성장지상주의의 적극적인 수용이었던 것이다.[46]

45_노무현사료관. "제58주년 광복절 경축사: 대통령 연설문."
http://archives.knowhow.or.kr/record/all/view/86645(검색일:_2018/09.11).

46_당시 참여정부의 경제정책에 대한 일부 언론의 분석에 따르면 참여정부의 국정 기조 확립에 삼성과 삼성경제연구소의 인맥과 보고서가 중요한 역할을 했다.(대표적으로 시사IN 2007/11/26; 한겨레 2007/11/18)

앞선 장에서 박정희 노스탤지어에 대한 쟁점들을 분석하면서 박정희 노스탤지어는 정치적 동원으로만 설명할 수 없는 적극적이고 분화된 지지의 성격을 지니고 있다고 주장하였다. 그렇다면 정치적 경쟁 과정을 통한 박정희 불러내기가 보수 언론과 보수적 지식인에 의한 동원보다 더 영향력이 있었다고 할 때 이러한 주장이 의미하는 바가 무엇인가?[47]

여기서 박정희 노스탤지어는 압축적 경제성장을 통해서 한국형 산업화 모델을 구축한 박정희식 정치경제모델에 대한 수용과 지지를 의미한다는 점을 다시 한번 강조하는 것이 필요하다. 민주화 이후 박정희를 계승한 보수 정치 세력들은 정치적 정당성을 확보하기 위해서 과거의 성공에 기대어 박정희 불러내기가 필요했다. 헤게모니 체제로서 박정희 모델에 대한 국민적 동의를 활용할 필요가 있었다. 반면에 집권에 성공한 진보 정권들은 과거의 성공을 넘어서는 대안적 모델을 제시하지 못했기 때문에 역사 속의 박정희와 결별하지 못했다. 이들은 경제성장우선주의라는 헤게모니 담론의 영향력에서 벗어나지 못했다.

박정희식 경제발전 모델에 대한 규범적이고 역사적인 평가를 논외로 한다면 박정희식 경제발전 모델은 한국 사회의 각 영역에서 헤게모니적 지위를 가진 강력한 성공 신화였다. 이 성공 신화는 박정희 시대를 경험한 사람들에게는 자신들의 삶 속에서 깊이 뿌리내린 생체 권력으로 그리고 경험하지 못한 세대들에게는 박정희 모델의 핵심적인 축인 경제성장지상주의와 국가주의를 통해서 지속적으로 재생산되고 있는 것이다.

47_다음 장에서 박정희 체제에 대한 동의의 문제를 좀 더 자세히 다룰 예정이다.

5장

박정희 체제에 대한 동의와 박정희 노스탤지어

이 장은 헤게모니 체제(hegemonic systems)로서 박정희 체제에 대한 국민들의 동의와 박정희 노스탤지어와의 관계를 분석한다. 아래에서 좀 더 자세히 분석하겠지만 박정희 체제가 헤게모니 체제라고 할 때는 박정희 체제가 단지 강압(by forces)에 의해서만 유지되지 않았다는 것을 의미한다. 박정희 체제는 당시 국민들의 일정한 수준의 동의(by consent)에 기반을 두어 유지될 수 있었다. 또한 박정희 체제에 대한 동의가 박정희 노스탤지어와 밀접히 관련되어 있다는 것은 박정희 체제에 대한 동의가 단지 박정희 체제(1963-1979)를 경험했던 세대에 국한되어 있다는 것을 의미하지 않는다. 헤게모니 체제로서 박정희 체제에 대한 동의는 박정희 사후에도 지속적으로 재생산되어왔다. 따라서 박정희 노스탤지어를 정확히 분석하기 위해서는 박정희 체제에 대한 동의와 동의의 재생산 메커니즘을 분석하는 것이 필요하다.

1. 헤게모니 체제로서 박정희 체제

헤게모니 체제로서 박정희 체제라고 할 때 박정희 체제의 본질이 무엇인가 하는 규정이 필요하다. 그동안 박정희 체제의 성격 규정에 대한 많은 논의가 제시되어 왔다. 이와 관련하여 조희연(2010)의 '개발 동원 체제'라는 규정이 돋보인다. 조희연(2010, 1장)은 박정희 체제가 '근대화를 위한 동원'을 중심적인 성격으로 가진다는 면에서 박정희 체제를 '개발 동원 체제(developmental mobilization regime)'로 규정한다. 개발 동원 체제는 개발이라는 목표를 시대적 과제로 제시하고 이를 위해 국가가 사회를 조직화하고 동원하는 체제이다. 개발 동원 체제는 한국의 경우뿐만 아니라 후(후)발 산업화 국가에서 다양한 형태로 나타났다. 개발 동원 체제 개념은 다른 후(후)발 국가에서 나타난 다양한 체제를 포괄할 수 있다는 장점이 있다. 하지만 박정희 체제의 성격을 정확히 포착하기에는 지나치게 포괄적인 개념이다. 박정희 정권이 추진했던 근대화는 총량적인 의미의 경제성장을 핵심 내용으로 하는 프로젝트였다. 박정희 체제는 대외지향적인 수출을 통해서 급속한 경제성장을 국가적 목표로 설정하고, 추진했던 위로부터의 권위주의적 동원 체제였다.

한편, 이영훈(2017, 32)은 박정희 체제를 세계경제사에 유래가 없는 고도성장을 이룬 혁신 체제로 규정한다. 그는 이 혁신 체제의 핵심 원리를 1) 대외지향정책을 통한 자립적 국가 경제의 건설, 2) 대기업 우선의 적하(滴下)식 공업화, 3) 정부-기업-종업원의 긴밀한 협력과 조정으로 요약하였다. 이영훈은 박정희 체제를 혁신 체제로 규정하고 박정희 모델이 현재에도 유용하다고 주장한다. 이영훈이 제시한 세 가지 특성은 동일한 수준의 특성이 아니다. 두 번째와 세 번째 특성은 모두 첫 번째 국가 목표를 위한 수단의 성격을 지닌다.

대외 지향적 경제성장을 국정과제로 제시한 재벌 중심의 위로부터의 권위주의적 동원 체제였던 박정희 체제는 당시까지 한국 사회에서 유일하게 헤게모니를 가진 체제였다. 단독정부를 수립함으로써 한국형 국가형성 모델을 구축하는 데 성공한 이승만 체제는 토지개혁을 통해서 농민을 지지기반으로 편입하는데 성공하였다(진덕규 1992). 사인화된 권위에 기반을 둔 이승만 체제는 토지개혁을 통해서 보나파르티즘의 물적인 기반을 마련한 것이다(임혁백 2014, 348-359). 하지만 이승만 정권은 대통령 이승만의 개인적인 카리스마에 기반을 둔 취약한 정권이었다. 정권의 유지를 위해서는 강권적 국가기구의 전면적인 개입과 '백골단', '땃벌데', '민중자결단'등으로 대표되는 우익폭력조직의 빈번한 동원이 필요했다.

박정희 체제는 비록 비교적 관점에서 볼 때 연성 권위주의 체제였다고 하더라고 유정회로 대표되는 대의체제의 왜곡과 중앙정보부와 긴급조치로 상징되는 강제력을 통해서 유지되었다. 하지만 다른 면에서는 박정희 체제는 국민들의 동의를 적극적으로 창출하여 이를 기반으로 유지되었던 체제였다. 박정희 체제는 경제성장이라는 시대적 과제를 달성하기 위해서 '국민 만들기' 프로젝트를 가동하고 파편적으로 존재하던 개인들을 '국민'으로 새롭게 호명하고 통합하여 이들을 지지기반으로 적극적으로 동원하였다.

여기서 글쓴이가 주목하는 것은 박정희 노스탤지어의 원천으로서 한국형 경제성장 모델에 대한 박정희 체제의 역사적 소유권(에 대한 국민들의 평가)이다. 이러한 측면에서 박정희 체제가 헤게모니를 지닌 체제였다는 사실은 단지 박정희 시대에만 국한되지 않는다. 박정희 체제에서 형성된 한국형 발전 모형에 대한 수용과 적극적 지지를 나타내는 경제성장우선주의(preference of the economic growth first)를 통해서 박정희 노스탤지어는 재생산된다. 경제성장 우선주의에 대해서는 다음 장(6장)에서 자세히 살펴본다.

대외적으로 평가할 때 한국의 민주주의가 제3의 물결을 통해서 민주주의로 이행한 나라 중에서 성공적인 사례로 손꼽이고 있다(Diamond 2008). 중요한 점은 한국형 산업화 모델을 구축했던 박정희 체제가 민주화 이후에도 지속적으로 영향력을 발휘하고 있다는 점이다.[48]

〈그림 5-1〉 해방후 대한민국의 자랑스러운 발전에 대한 의견

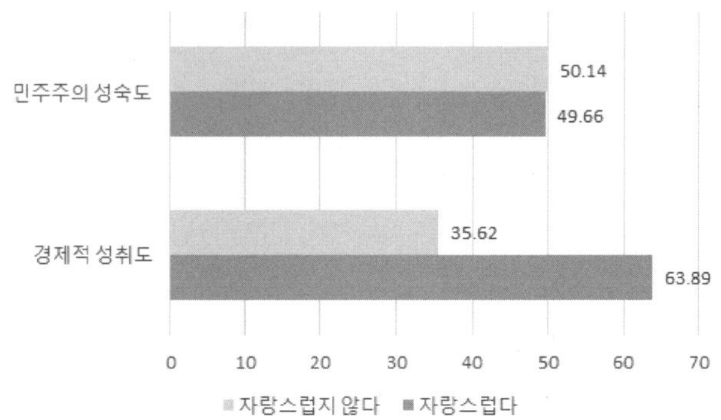

출처: 동아시아 연구원 한국인의 정체성 조사(2010)
참고: 수치는 %; "귀하는 다음의 영역에서 대한민국을 얼마나 자랑스럽게 여기시나요?"

제1장에서 인용한 조사에 따르면 정부 수립 후 가장 중요한 성취로 경제발전을 선택한 응답자(61.7%)에 비해서 민주주의 신장을 꼽은 응답자는 경제발전을 선택한 응답자의 4분의 1에 못 미치는 14.1%에 그쳤다(국민일보 2008/08/14). 이 문제를 좀 더 자세히 살펴보기 위해서 비교 선택이 아니라

48_이에 대해서는 제7장에서 보다 자세히 다룬다.

각각의 성취에 대한 시민들의 평가를 살펴보자. 그림 〈5-1〉은 2010년 동아시아 연구원(EAI)의 '한국인의 정체성 조사'에 기초하여 해방 후 한국의 민주주의 발전과 경제적 성취도에 대해서 한국의 국민들이 얼마나 자랑스럽게 판단하는지 비교 · 분석하고 있다. 먼저 '민주주의 성숙도'에 대해 자랑스럽게 생각한다고 응답한 비율은 응답자의 절반에 달하는 49.66%였다. 흥미로운 점은 자랑스럽게 생각하지 않는다고 대답한 응답자의 비율이 50.14%에 달해 긍정적인 평가보다 오히려 높게 나타났다는 점이다. 이 조사 시점(2010)에서 한국 민주주의는 두 번의 정권교체를 달성한 이후에 (최소적인 정의의 기준에서 볼 때) 민주주의 공고화(democratic consolidation)를 이루었다고 평가되었다(Hahm 2008). 그럼에도 불구하고 한국의 민주주의 성취에 대한 국민들의 평가는 (객관적 성취에 비해서) 그다지 높지 않다고 할 수 있다.

반면에 경제적 성취도에 대한 평가는 이와는 사뭇 다른 결과를 나타내고 있다. 한국의 경제적 성취도에 대해서 자랑스럽게 평가하는 응답자는 전체 응답자의 63.89%에 달했다. 반면에 자랑스럽지 않다고 대답한 응답자는 자랑스럽다고 대답한 응답자의 절반을 약간 넘는 35.62%에 그쳤다.

위에서 살펴본 것처럼 한국인 중에서 민주주의 발전을 자랑스러워하는 사람의 비율보다 경제성장을 자랑스럽게 평가하는 비율이 압도적으로 높았다. 신생 독립 국가로서 한국은 국가형성과 산업화 그리고 민주화를 차례로 성공적으로 이루어 냈다. 그런데 국민들은 민주화보다도 산업화를 훨씬 더 긍정적으로 평가하고 있는 것이다. 그렇다면 한국인들은 한국이 이룩한 경제발전에 역대 정부가 기여한 역할에 대해서는 어떠한 평가를 내리고 있는가?

먼저, 제1장에서 살펴본 바대로 거의 모든 응답자 96.47%가 박정희 정부가 경제발전에 긍정적인 기여를 하였다고 평가하였다. 즉 한국형 경제발전 모델에 박정희 정부의 긍정적인 기여에 다른 의견을 가진 사람들이 거의 없다는 것을 의미한다. 둘째, 평화적 정권 교체를 통해서 실질적인 민주화를 이루었던 김대중 정부와 김대중 정부를 계승한 노무현 정부의 경제성장 기여에 대해서는 각각 59.45%와 58.59%가 긍정적인 평가를 내렸다. 하지만 부정적인 평가도 각각 42.69%와 40.53%로 나타나 긍정적인 평가가 부정적인 평가를 압도하지 못하는 것으로 나타났다. 셋째, 노태우 정부와 김영삼 정부의 경제성장에 대한 긍정적인 기여는 단지 응답자의 4분의 1 수준에 그쳤다(각각 25.52%, 25.12%). 이러한 분석을 통해서 한국형 경제성장에 대한 박정희 정부의 역사적 소유권을 국민들이 어떻게 평가하는지 확인할 수 있다.

〈그림 5-2〉 역대 정부가 경제성장에 기여한 역할에 대한 평가

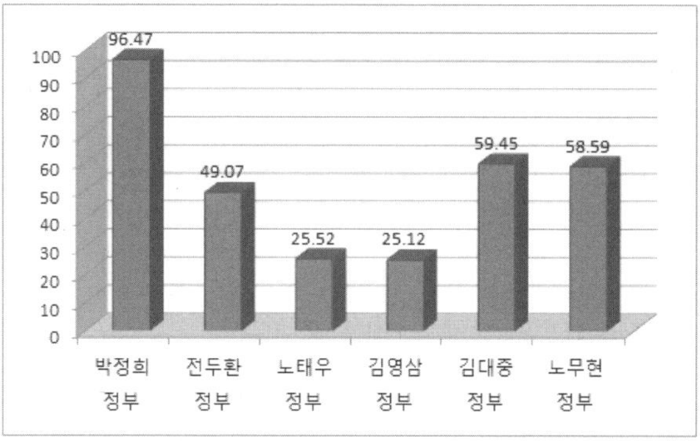

출처: 동아시아 연구원 한국인의 정체성 조사(2010)
참고: 수치는 '매우 긍정적인 영향을 미쳤다'와 '대체로 긍정적인 영향을 미쳤다'를 합한 %를 나타냄; 설문 문항은 "다음의 역대 정부들은 경제성장에 어떠한 역할을 했다고 평가하십니까?"

박정희 정부의 지배 이데올로기였던 경제성장우선주의는 민주화 시기를 관통하면서도 그 헤게모니적 지위를 유지해왔다. 더구나 상당한 수의 시민은 경제이슈를 다루는 데 있어서 민주 정부의 비교우위를 평가하지 않고 있다. 오히려 박정희 정부와 같은 강력한 (권위주의) 정부에 대한 희구가 여전히 강하게 남아있었다. 이 문제를 제대로 살펴보기 위해서는 헤게모니 체제로서 박정희 체제에 대한 역사적인 이해가 필요하다. 아래에서 이 문제를 살펴보자.

2. 박정희 체제에 대한 동의를 둘러싼 논쟁

그람시(Antonio Gramsci)의 문제의식에서 볼 때 헤게모니(hegemony)는 관계적인 개념이다. 한 사회의 지배집단이 종속적인 집단에 대해서 행사하는 우위(supremacy)는 지배(domination)와 지적이고 도덕적인 리더십(intellectual and moral leadership)을 통해서 작동한다. 지배계급의 우위는 일차적으로 물리적인 강제력(force)을 통해서 행사된다. 하지만 강제력만이 지배계급의 우위를 보장하는 요소는 아니다. 강제력과 함께 피지배계급의 동의(consent)가 존재할 때 지배계급의 헤게모니(hegemony)가 유지될 수 있다. 따라서 지배는 강제력과 동의의 유기적 결합을 통해서 창출되고 유지되는 것이다.[49]

49_그람시는 헤게모니의 개념을 "남부문제에 대하여"(Notes on the Southern Questions)라는 노트에서 최초로 구체화하였다. 그람시에 따르면 프롤레타리아트는 자본주의 국가에 대항하는 다수의 근로 대중을 동원하는 동맹체제를 구축하는 데 성공적인 만큼 지도적이고 지배적인 계급이 될 수 있다고 지적했다. 이러한 과정은 광범위한 농민의 동의를 획득하는 데 성공하는

그렇다면 피지배계급의 동의를 핵심 내용으로 하는 그람시의 헤게모니론의 관점에서 볼 때 박정희 시대를 지탱했던 강압과 동의의 관계를 어떻게 볼 것인가? 이와 관련하여 박정희 시대 대중들의 역할을 둘러싼 대중독재 논쟁[50]을 다시 살펴볼 필요가 있다. 대중 독재론은 파시즘의 역사에서 나타난 근대 독재의 복합성에 주목하고 대중의 시각에서 이를 재해석한다.

> "대중은 독재체제의 헤게모니적 공세에 수동적으로 포섭되는 존재는 아니다. 체제의 헤게모니에 대한 대중의 수용방식은 체제와 자신을 일체화하는 적극적이고 전면적인 동의로부터 수동적인 동의, 부분적 · 선별적 수용, 타협적인 순응, 무의식적인 순응에 이르기까지 다층적인 모습을 나타낸다(임지현 2004, 22)."

대중과 독재의 결합 양식이 이처럼 다양할 때 (소수의) 도덕적으로 나쁜 독재와 (다수의 선량한) 희생양으로서 민중이라는 단순한 이분법적 도덕주의는 역사적 사실을 제대로 담아내지 못한다. 대중 독재론은 전후 파시즘 연구가 자유민주주의를 정상적인 발전 과정으로 상정하고 파시즘은 '전근대의 잔재' 혹은 '일탈된 근대'로 전제한다고 비판한다. 대중 독재론의 시각에서 볼 때 파시즘은 철저히 근대적 현상이다. 전제정과는 달리 대중독재는 대중들의 지지에 기반을 두고 대중들의 지지를 적극적으로 동원하고 재생산할 필요가 있다. 이를 위해서는 '전제 군주의 비합리적'이고 자의적인 지배가 아니라 '합리적인 근대'의 지배 메커니즘이 요구된다(임지현 2004,

것을 의미한다(this means to the extent that it succeeds in gaining the consent of the broad peasant masses).

50_대중 독재론과 박정희 체제에 관한 일차적인 논쟁은 2004년 여름부터 2005년 봄까지 〈역사비평〉과 〈교수신문〉에 차례로 실렸다. 관련 논문은 임지현 · 이용우가 엮은 『대중독재 2』 (책세상 2005) 3부에 다시 수록되었다.

26). 따라서, 대중독재는 외양은 강압적 지배의 모습을 띄지만 동시에 시민사회에 깊이 자리 잡은 동의에 기반을 둔 헤게모니를 행사하는 근대적 체제의 모습으로 나타난다.

대중 독재론을 둘러싸고 임지현 등과 치열한 논쟁을 벌였던 조희연(2005)은 대중 독재론의 문제 제기와 일상사적인 분석의 성찰 지점을 긍정적으로 평가한다. 하지만 그는 대중 독재론이 대중들이 강압을 내면화함으로써 적극적인 동의를 보내는 것처럼 상정함으로써 파시즘의 헤게모니를 당연시할 수 있다고 우려하였다. 그는 이러한 위험성을 '일상사와 파시즘론이 우익화활 위험'이라고 표현하였다(조희연 2005, 405).

조희연은 독재체제의 헤게모니적 지배에서 강압과 동의의 관계를 분석하기 위한 이론적 분석 틀로써 지배의 복합성에 새 지평을 연 그람시에 의존하면서도 그람시의 논의를 확대하려고 시도한다. 그는 제솝(Jessop), 톰슨(Thomson), 풀란차스(Poulantzas)의 논의를 확장하고 재구성하여 지배와 저항(동의)의 구성론적 시각을 핵심으로 하는 '신 그람시주의적 구성주의적 관점'을 제안한다(2005, 192-211). 이를 좀 더 살펴보자. 조희연은 그람시가 강압에 의해 보강된 헤게모니(hegemony armoured by coercion)라고 했을 때 그람시의 문제 의식을 공감하면서도 그람시의 잠재적인 한계를 지적한다. 그는 그람시가 "강제를 통한 지배의 구성에 동의가 어떻게 결합되는지, 동의 형성을 통한 지배의 구성에 강압이 어떻게 작용하는지 주목하지 못했다"고 비판한다(조희연 2010, 185-186). 이러한 문제의식에서 그는 그람시를 이해하는 데 있어서 지배는 강압과 동의의 결합으로 이해하면서도 강압과 동의의 내재적 상호관계에 주목할 것을 제안한다. 구체적으로 그는 동의적 강압(consentient coercion)과 강압적 동의(coercive consent)을 구분한다. 동의적 강압이 지배적이면서 동의적 요소가 복합된 지배의 형태라면 강압적 동의는 상대적으로 동의적인 형태가 지배적이면서 강압이 복합된 형태이다. 그에 따르면 강압과 동의는 서로 제로섬(zero-sum)적인 것이 아니라 상호작용하면서 구성되는 개념이다(2010, 187).

그렇다면 동의적 강압이 강압적 동의로 전환되는 메커니즘은 무엇인가? 조희연은 이 문제에 대한 구체적인 설명을 제시하지 않고 있다. 단지 '동의적 강압'이 '강압적 동의'로 전환되기 위해서는 지배의 정당성을 매개로 한 능동적인 동의가 필요하다고 주장했다(2010, 189). 하지만 제솝의 관계론적 국가관(국가와 지배는 기본적으로 사회관계에서 규정되면서도 다양한 계급 관계와 사회적 행위자들의 전략적 선택에 의해서 매개된다, 194쪽)에 기반을 두고 있는 그는 지배의 구성적인 실천을 둘러싼 각축의 결과 지배의 핵심적 내용인 강압과 동의의 경계가 부단히 변화한다고 주장한다. 즉 "동의적 강압과 강압적 동의의 경계 변화, 동의에서의 수동적 동의와 능동적 동의의 경계변화, 강압의 정당성에 대한 인식의 경계 변화"가 가능하다고 주장한다(2010, 201). 이러한 경계 변화의 요인은 무엇인가?

그는 강압과 동의의 경계 변화 요인으로서 두 가지를 제시하고 있다. 먼저, 강압이 합리적으로 인식될 때 (수동적) 동의기반은 확장되고 지배는 자연스러운 것이 된다. 1950년대 반공주의가 대표적인 예이다. 둘째, '대안의 부재'가 지배의 동의 기반을 확장할 수 있다. 현존하는 지배 이외에 대안이 인지되지 않을 때 민중들은 현존하는 지배에 동의를 보낼 수밖에 없다. 풀란차스의 지적처럼 서구에서 보수적 지배는 좌파적 대안의 실패에 기반을 두어 출현했다. 조희연은 한국의 경우도 해방 공간의 좌파적 실험의 실패에 기초를 둔 1950년대 지배와 1980년대 전두환 정권의 폭압적 통치를 예를 들고 있다(2010, 204-205).

구성적 관점에서 1960년대 이후 박정희 체제의 지배를 분석하기 위해서 조희연은 두 가지 전제를 제시한다. 먼저 한국은 전근대 사회의 조선 왕조에서 식민지 지배로 이행하면서 전통적 지배의 연속성이 철저하게 단절되었다는 것이다. 한국 사회의 역동성은 역설적으로 지배 권력이 안정적인 동의의 기반을 확보하지 못하게 하는 배경이 되었다. 둘째 한국 사회는 비교적인 관점에서 볼 때 역사적 · 언어적 · 인종적 · 문화적 동질성으로 인해서 강력한 평등주의적 전통이 존재한다는 점이다. 강력한 평등주의적 전통은 지배의 동의 기반을 축소하는 요인으로 작용하였다. 조희연은 이러한 지배의 불안정한 원천에도 불구하고 박정희 정권이 큰 지배의 위기를 겪지 않고 반공주의와 개발주의적 동원을 통해서 지배를 유지한 것을 선방한 것으로 평가하고 있다(2010, 222-225). 그는 박정희 정권이 다수의 국민을 정권의 동맹으로 동원하여 적극적인 동의를 창출하였다기보다는 역사적인 악조건에도 불구하고 지배를 유지해왔다고 평가하고 있다. 이에 따라서 박정희 신드롬은 전통화된 지배로 정착하지 못하고 향수로 부활하고 있을 뿐이며 따라서 포스트 박정희 세력의 동의기반이 존재하지 않는다고 평가 절하한다(2010, 226).

박정희 체제의 핵심적인 특성은 무엇인가? 그는 박정희 체제를 권위주의적 반공 · 개발 동원 체제로 개념화한다. 박정희 체제는 "1950년대의 반공주의적 동원을 계승하면서 그것을 근대적 개발주의와 결합시키는 방식으로 지배의 동의적 기반을 확충하기 위한 전략을 구사"했다(2010, 236). 지배적인 동원 이데올로기는 1950년대 반공주의라는 부정적인 가치에서 1960년대 잘사는 사회를 위한 근대화라는 적극적이고도 긍정적인 가치로 전환되었다. 그렇다면 국민들은 박정희 체제에 대해서 능동적인 동의를 보냈는가? 그는 1960년에 들어서 1950년대 반공에 대한 수동적인 동의가 1960년대 근대화를 위한 동원 체제에서 능동적인 동의로 전환되었다고 볼 수 없다고 주장한다(2010, 240). 그에 따르면 1960년대에 박정희 체제에 대한 국민들의 전면적인 동의는 존재하지 않았다.

그렇다면 새마을운동이 본격화되었던 1970년대는 어떠한가? 그는 1970년대 유신체제의 등장과 함께 강압이 전면화되었다는 점에 주목한다. 1960년대 일정하게 존재하였던 (강압에 대한) 동의의 계기들이 1970년대에 들어서 약화되었다. 1970년대 들어서 전면화된 강압의 구체적인 내용은 "공권력으로 표현되는 일체의 물리력의 사용, 법적·제도적 강제·법적인 처벌, 학살, 정치적 반대자들의 망명·처벌·정치규제·정치적 반대 행위의 금압, 기본적인 시민적 자유의 억압 등 다양한 형태를 포괄한다(2010, 253)." 유신체제 하에서 국회의원 3분의 1을 대통령이 임명하여 삼권분립이 사실상 무력화되고 유신헌법과 함께 보장된 대통령의 긴급조치[51]를 통해서 국민의 기본권과 자유가 (합법적으로) 정지될 수 있었다. 특히 1975년 5월 13일에 발표된 긴급조치 9호는 '대한민국 헌법을 부정·반대·왜곡 또는 비방하거나 그 개정 또는 폐지를 주장·청원·선동 또는 선전하는 행위'를 일체 금지하였다. 또한 허가되지 않은 학생들의 시위와 정치적인 행위를 일체 금지하고 유언비어의 날조·왜곡 유포 전파를 금지하였다.

이러한 차원에서 그는 1970년대는 동의가 최소화되고 강압이 최대화되는 체제였다고 주장한다. 또한 조희연은 피지배자들은 긴급조치로 대표되는 유신체제의 지배를 합리적이고 정당한 권력으로 인식하지 않았다고 주

51_유신헌법에 따르면, "제53조 ①대통령은 천재·지변 또는 중대한 재정·경제상의 위기에 처하거나, 국가의 안전보장 또는 공공의 안녕질서가 중대한 위협을 받거나 받을 우려가 있어, 신속한 조치를 할 필요가 있다고 판단할 때에는 내정·외교·국방·경제·재정·사법 등 국정 전반에 걸쳐 필요한 긴급조치를 할 수 있다. (http://www.law.go.kr/lsInfoP.do?lsiSeq=53087#0000) (검색일: 2017/12/01)."

장한다. 특히 조희연은 1960년대의 전 과정에서도 민중의 주체화 과정이 진행되었고 1970년대에 들어서 민중의 주체화가 진전되었다고 주장한다. 민중의 주체화 과정의 지속과 진전에 다음과 같은 요인이 중요하다. 첫째, 박정희식 모델이 지속되면서 개발주의의 동의 창출효과가 약화되었다. 1970년대에는 이전에 박정희 체제에 순응했던 여공들이 민주 노동의 전사로 전환되었다. 둘째, 동의의 이념적 기반으로 작동했던 반공주의의 통제효과가 그 반복성으로 인해서 점차 약화되었다('반공주의 한계효용체감의 법칙'). 또한 폭력적 강압과 전면화는 민중의 주체화가 비약적으로 발전하는 전기가 되었다. 그는 '민주주의가 밥 먹여 주냐'고 했던 민중들이 이제 '밥만 먹고 살 수 없다'면서 '빵 대신 민주주의'를 요구하게 되었다고 주장한다. 이 과정에서 선도적인 집단의 투쟁과 희생이 국가권력의 '폭력성'에 대한 공포를 극복하고 민중의 주체화 과정이 지속 · 심화되는데 기여하였다고 주장한다(2010, 255-257).

1970년대 박정희 체제의 강압과 동의의 관계를 설명하는데 중요한 사례라고 할 수 있는 새마을운동은 어떻게 해석할 수 있나? 조희연은 농촌 새마을운동의 경우 '위로부터의 동원과 아래로부터의 역동성이 결합된 경우'라고 인정한다(2010, 260). 즉 미시적인 행정기구를 이용한 위로부터의 강압적인 동원이 있었고 강압만으로 설명할 수 없는 민중 참여적인 면이 있었다는 것이다. 따라서 수동적인 동의를 넘어서는 능동적인 동의 및 자발성이 있었다고 평가한다. 하지만 조희연은 새마을운동이 박정희 체제의 동의기반을 확장하기보다는 오히려 축소하였다고 비판하였다. 먼저, 그는 상대적으로 자발적이고 동의를 확보한 농촌 새마을운동의 경우에도 이를 '작위적'으로 확산하는 과정에서 반발이 확대되었다고 주장한다(2010, 261). 도시 새마을운동의 경우 물질적 보상 없이 동원의 성격이 강했기 때문에 동의를 확대하기보다는 축소하였다는 것이다. 둘째, 지배의 위기를 보완하기 위한 '새마을운동의 정치화', '정략화'가 진행되면서 동의 창출에 역행하게 되었다고 주장한다. 따라서 조희연은 박정희 시대의 지배는 전통화되지 않았다고 단정한다. 박정희 신드롬은 "그의 죽음의 비극성"에 영향을 받은 바가 크다는 것이다. 죽음의 비극성이 개발주의의 일정한 성과와 결합되면서 신화가 된 것이라는 것이다(2010, 272).

조희연은 대중 독재론의 문제 제기를 긍정하면서 이를 진보적 관점에서 재구성하여 저항의 근거를 마련하려고 시도하였다. 조희연이 제시한 '신그람시주의 구성주의'는 이러한 이론적 기획의 산물이다. 그의 분석이 박정희 체제의 강압과 동의에 대한 사실상 최초의 체계적인 분석이라는 점에서 의미를 찾을 수 있다. 하지만 조희연의 분석은 여전히 이론적인 수준의 논의에 그치고 있다. 그가 중심적인 개념으로 제시한 '동의적 강압'과 '강압적 동의' 개념이 현실 분석에서 가지는 실체적인 차이는 모호하다. 대중들이 박정희 체제와의 관계에서 보내는 동의적 강압 혹은 강압적 동의(이러한 개념이 유용하다면)에 대한 분석은 분석자의 이론적인 시각에 기반을 둔 평가에서가 아니라 대중적인 시각에서 경험적인 준거를 중심으로 진행되어야 한다.

조희연의 비판에 대해서 임지현 · 이상록(2005)이 자세한 반론을 제기함으로써 박정희 체제를 둘러싼 대중독재 논쟁이 전개되었다. 임지현과 이상록의 반론(2005)은 근대 독재의 악마화에 대한 비판으로부터 출발한다. 근대 독재에 대한 악마론적 코드는 '소수의 사악한 가해자'와 '다수의 선량한 피해자'라는 이분법에 기반을 두고 있으며 민중을 순결한 희생자로서 저항의 주체로 재탄생 시킨다. 즉 악마론적 코드는 영웅주의적 코드와 짝을 이룬다. 이러한 기대와 달리 대중 독재론은 민중을 자율적 일상세계와 내적인 식민지의 경계를 넘나드는 유동적인 존재로 인식한다(2005, 479).

대중 독재론은 지배에 포섭된 저항과 저항을 낳은 지배의 복합적 현실에 착목하면서 소비자이면서 생산자로서의 대중에 주목한다. 따라서 대중 독재론에서 민중은 계몽의 대상이라기보다는 있는 그대로의 이해의 대상이다(2005, 480).

박정희 체제에 대한 대중들의 동의와 관련해 임지현과 이상록(2005)은 다섯 가지 쟁점을 중심으로 조희연과 다른 시각을 제시한다. 먼저 포스트 식민지 시대의 지배 단절 및 연속성, 그리고 평등주의적 전통과 관련해 두 사람은 조희연과 전혀 다른 해석을 제시하였다. 조희연과는 달리 그들은 박정희 체제의 지배구조는 사회문화적인 차원에서 볼 때 단절성보다 연속성이 더 크다고 주장한다. 일제 강점기인 1930년대 일제의 동원 시스템은 다양한 형태로 박정희 체제에서 부활되었다. 타자에 의해서 강요된 근대화와 총력체제에서 국가 동원 체제의 경험은 박정희 정권기에 "우리 민족/국가의 국민화, 근대화 과정으로 새롭게 부활하면서 대중의 동의 창출을 더 용이하게 할 수 있는 역사적 조건으로 작용했다." 그들은 평등주의적 전통 또한 평등주의적 압력이 국가주의와 민족주의에 의해서 전유되었다는 황병주(2004)의 문제의식을 공유한다(2005, 497-498). 국가는 대중들 사이에 존재하였던 평등주의적 압력을 활용하여 이들을 동원 과정에서 근대적 국민으로 호명하였던 것이다.

두 번째 쟁점은 반공주의와 개발주의에 대한 대중들의 수용이다. 앞서 간단히 살펴본 것처럼 조희연은 1950년대 한국 전쟁 후 폭압적 강압의 조건에서 대중들은 반공주의를 수동적으로 수용하였다고 주장한다. 반공주의의 내적인 모순(북을 적대시하면서도 민족적 통일의 과제를 추구하는 민족주의적 딜레마)로 인해서 반공주의는 능동적인 동의로 발전할 수 없었다는 조희연의 분석과는 달리 임지현·이상록은 반공주의가 민족주의의 담론 속에서 작동하였으며 냉전적 반공주의 내부로 침투해 들어갔다고 주장한다(2005, 499). 박정희 시기에 이르면 반공은 "촘촘한 그물망처럼 대중 속에서 작동하고 거역할 수 없는 윤리이자 소명으로 구축된다"고 주장한다(2005, 500). 임지현 · 이상록(2005)은 조희연의 분석 또한 서유럽 파시즘 연구에서 나타난 위로부터의 파시즘 해석의 문제점을 반복하고 있다고 비판한다. 그들은 박정희 정권의 지배와 동의의 문제를 반공주의와 개발주의의 구조 속에서만 분석하는 것은 문제라고 지적한다. 이데올로기를 제대로 분석하기 위해서는 "신화적 구조를 통해 환상과 욕망을 확산하는 담론의 재생산 체계로" 이해되어야 한다는 것이다. 또한 대중들의 동의 문제는 철저하게 대중들의 생활세계와 일상사의 시각에서 분석되어야 한다고 주장한다(2005, 503).

세 번째 쟁점은 저항운동의 이중성에 관한 문제이다. 조희연은 전태일의 분신 이후 박정희 체제하 한국 자본주의의 재생산의 위기가 노동자들의 저항을 불러일으켰다고 주장한다. 그는 유신체제의 폭압적인 강압의 전면화는 위에서 간단히 살펴본 것처럼 오히려 민중의 주체화를 촉진시켰다고 보았다. 하지만 임지현 · 이상록(2005)은 1970년대에 들어서도 대중들의 인식은 발전주의와 안보를 강조하는 국가주의의 틀 속에서 머물렀다는 점을 강조한다. 저항 과정에서 대중들이 민주주의라는 대안적 인식을 획득하였지만 개발주의와 반공주의를 극복하지는 못하였다. 박정희 체제의 지배 이데올로기와 1950~60년대 대표적인 진보 진영 매체였던 〈사상계〉의 대항 이념 또한 그다지 대립적이지 않았다. 사상계의 논자들은 대부분 반공의 가치를 전면적으로 부정한 적이 없었고 발전론 또한 국민적 생산력의 증대에 기초를 둔 근대화 개발론자들이었다(2005, 506-507).

넷째, 새마을운동에 대한 동의의 창출에 대한 분석이다. 조희연의 분석과는 달리 임지현 · 이상록은 새마을운동이 대중들의 동의를 창출하는 데

머무르지 않고 국가가 노동자 · 농민 · 여성 등을 국민으로 호명하면서 근대적 가치를 깊이 내면화하도록 하였다고 주장하였다. 반상회라는 미시적인 국가조직을 통해서 국가는 국민의 행정적인 요구를 수렴하는 동시에 지배 담론을 국민들에게 유포 · 확산시킬 수 있었다는 것이다(2005, 506-507).

다섯째, 그렇다면 박정희 지배는 전통화되었는가? 조희연은 박정희주의자들이 집단적 사회 세력 또는 정치 세력으로 존재하지 않았다는 점에 주목하여 박정희 지배가 전통화되지 않았다고 주장했다. 임지현 · 이상록은 이러한 주장에 대해서 성급한 평가라고 비판한다. 지배는 정치의 영역뿐만 아니라 대중들의 생활세계나 의식세계에서 작동하는 것이다. 10·26 사태로 박정희 정권은 붕괴되었지만 "민족주의와 반공 · 개발주의로 무장된 박정희 체제는 붕괴되지 않았다." 박정희 체제는 박정희의 근대화 프로젝트를 통해서 탄생한 "무수히 많은 대중 속의 박정희들에 의해서 떠받치던 체제"였다(2005, 506-507).

조희연(2005)은 재반론에서 박정희 정권기의 지배와 동의에 관련하여 대조적인 초점을 명확히 한다. 즉 대중 독재론은 독재(박정희 정권)의 폭압성과 대중들의 저항에도 불구하고 대중들이 보냈던 동의의 측면에 초점을 맞추고 있는 반면에 자신은 독재(박정희 정권)의 복합성에도 불구하고 내재하고 있는 독재의 균열적 측면과 대중의 저항적 측면에 초점을 맞추고 있다고 명확히 한다(2005, 523). 따라서 조희연의 시각에서 볼 때 대중 독재론은 대중독재의 복합성과 대중들의 지지의 복합성을 수용하면서도 대중독재의 모순적인 측면과 그것이 배태하고 있는 저항적인 측면을 분석해야 한다고 주장한다.

이에 따라서 조희연은 박정희 독재를 대중독재의 헤게모니적 사례가 아니라 헤게모니 균열의 사례로 읽어야 한다고 주장한다. 비록 박정희 독재에 합의적인 현상이 존재한다고 하더라도 이는 전체의 부분에 지나지 않는다고 주장한다. 박정희 독재에 대한 대중들의 "동의는 예외적이고 모순적인 현상으로 존재했고 그렇기 때문에 필연적으로 균열되었다"는 것이다(2005, 531).

조희연은 근대성의 세 가지 차원을 상기한다. 산업화를 통한 근대 경제의 실현, 근대성의 사회적 차원으로서 개인의 시민적 · 정치적 자유 보장과 시민사회의 자율성 확보, 근대성의 정치적 차원으로서 근대 민주주의의 실현이다(2005, 532-533). 조희연은 박정희 독재가 경제적 근대화를 통해서 동의 기반의 확대에 일정하게 성공하였다고 인정한다. 하지만 박정희 독재의 동의 기반은 세 가지 한계에 봉착했다. 먼저, 경제적 근대화가 가져온 새로운 계급적 모순이다. 이에 따라 경제적 근대화의 성공을 통해서 독재에 대한 동의가 약화되는 모순성이 존재하는 것이다. 둘째, 쿠데타를 통해서 집권한 박정희 독재는 유럽의 파시즘과는 달리 근대 권력의 절차적 합리성과 합법성을 결여하는 형태로 진행되었다. 이에 따라서 박정희의 독재에 대한 동의 기반은 불안정했다는 것이다. 셋째, 개인의 자유와 시민사회의 자율성이라는 근대성의 사회적 차원을 억압함으로써 내적인 모순에 직면했다는 것이다(2005, 542-543). 더구나 박정희의 동의 기반이 되었다고 하는 민족주의는 "민족과 대결하는 민족주의"로서 대단히 협애한 기반에서 있었다고 비판한다.

이러한 시각에서 조희연은 현재적 박정희가 역사적 박정희를 규정한다고 주장한다. 박정희의 유산인 근대화적 개발주의가 신자유주의적인 지구화의 맥락에서 부활하고 있는 것이다. 그는 "성장을 향한 강력한 리더십, 민주주의 이행기의 혼란에 대한 반사 심리로서 강력한 리더십에 의한 질서 회복, 지속적 성장의 달성, 이를 위한 강력한 국가 드라이브 등"과 같은 동의의 이미지는 존재한다고 인정한다. 하지만 박정희 신드롬이 이미지를 넘어서 실체를 갖기에는 많은 거리가 존재한다고 주장한다. 따라서 조희연은 현재적 맥락에서 박정희는 "가공의 개인"일 수 있다고까지 주장한다(2005, 552)

조희연과 임지현 · 이상록을 중심으로 한 1차 논쟁에 이어서 본격적인 2차 논쟁이 2006년 춘계 대중 독재 학술 토론회(한양대학교)에서 다수의 논문을 통해서 진행되었다. 이 논문들은 『근대의 경계에서 독재를 읽다-대중 독재와 박정희 체제』(장문석 · 이상록 엮음, 그린비, 2006)에 수록되었다. 1차 논쟁은 대중 독재를 둘러싼 지배와 동의의 이론적인 수준에서 진행되었다는 한계가 있었다. 반면에 2차 논쟁은 박정희 시대의 노동자, 도시하층민, 청년 문화와 같이 박정희 정권 시기의 대중들의 시각에서 지배와 동의의 관계를 분석하고자 노력했다고 평가할 수 있다.

윤해동(2006)은 「대중 독재론과 한국의 민주주의」에서 먼저 대중 독재와 합의 독재 개념의 모호성에 대해서 지적한다. 그는 대중 독재론을 "전시 혹은 준전시적 동원 체제 아래서 형성되는 정권에 대한 일정한 수준의 동의가…정치적 심미화 또는 정치의 종교화 과정에 의해서 매개되고 있는 체제"라고 재규정하고 한국의 독재와 민주주의를 설명하는 이념형적 작업 가설로서 유용한 개념이 될 수 있다고 인정한다(2006, 235). 하지만, (유럽의 파시즘에 적용된) 합의 독재를 설명하기 위한 중요 개념으로서 합의와 동의, 동원의 개념이 모호하다고 비판한다. 동의가 '내면화된 강제, 강제된 동의, 수동적인 순응, 자발적인 합의' 등을 포괄하는 다층적인 개념으로 정의될 때 합의는 가장 높은 수준의 개념이라고 할 수 있다. 그렇다면 "독재가 합의의 수준에 도달했다면 그것이 독재일 수 있는가"라는 의문을 던진다(2006, 232).

윤해동(2006)은 준 전시적인 총동원 체제로서 국력의 통합을 추진했으며 유신체제가 일정한 수준의 국민적 동의를 이끌어 냈다고 주장한다. 그가 유신체제를 주권독재의 개념으로 분석한 것은 시론적인 분석임에도 불구하고 기여라고 평가할 수 있다. 하지만 그가 미출간된 『박정희의 한국 민주주의』에만 의존하여 분석을 진행하면서 여전히 지배 권력의 담론의 분석에 그친 점은 아쉽다.

반면에 김준(2006)과 김원(2006)의 논문은 박정희 정권을 대중 독재의 시각에서 분석한 다른 논문들에서 보이지 않았던 아래로부터의 관점에서 분석을 진행하였다. 김준은 "박정희 시대의 노동: 울산 현대 조선 노동자를 중심으로"에서 한국 경제성장의 상징적인 장소인 울산 · 현대조선 노동자들의 구술을 통해서 아래로부터의 시각을 도입한다. 김준의 분석은 노동자들의 일상 속에서 관찰될 수 있는 것은 광범위한 묵종이며 이것이 동의로 비쳐질 수 있다는 점을 날카롭게 지적한다(2006, 289). 박정희 정권은 '잘살아 보세'로 표현되는 대중들의 욕망에 기반을 둔 발전주의를 지배 이념으로 내세웠으며 대중들은 적극적이고 능동적으로 국가의 동원에 응했다. 하지만 서유럽과는 달리 박정희 개발독재는 대중들의 정치화를 요구하지 않았고 인터뷰에 따르면 국가가 아니라 회사가 노동자들의 '공적 세계'의 전부로 나타났다. 김준은 박정희 정권기의 노동자들은 빈곤과 기아로부터 탈출하여 잘살아보고자 하는 경제 제일주의 에토스에 기반을 두고 있었다고 상기한다. 따라서 강제냐 동의 혹은 지배냐 저항이냐라는 이항적 대립을 통해서 박정희 정권기의 노동자들의 지지를 해석할 수 없다고 주장한다.

김원(2006)은 부마항쟁을 중심으로 박정희 정권기 도시 하층민의 시각을 도입하였다. 그는 부마항쟁이 '민주화 운동'이나 '지도부 없는 자생적 항쟁' 또는 비조직적인 우발적 운동이었다는 기존의 해석에 의문을 제기한다. 부마항쟁은 초기에는 학생 중심의 반 자생적이고 반 의식적인 항쟁이었지만 전개 과정에서 젊은 도시 하층민, 실업자, 부랑자 등이 주도하였다. 부마 항쟁은 이들이 주도하는 과정에서 전투적이고 폭력적인 양상을 보인 도시 봉기였다(2006, 289). 이렇듯 부마항쟁 당시 한국의 민중은 하나의 정체성으로 통합이 불가능한 이질적인 행위자였다. 이러한 시각에서 김원은 대중 독재론 또한 동의와 저항이라는 근대적 문제설정에 함몰되었다고 비판한다(2006, 331). 박정희 정권 말기에 이질적으로 존재했던 주체들을 민중으로 부르든 국가의 호명에 호응한 대중으로 부르든, 이러한 분석 틀 자체가 부산 · 마산에 존재했던 도시 하층민을 타자로 남겨두는 지식인의 의식적인 기획과 욕망의 산물이라는 설명이다(2006, 333).

3. 문제의 재설정: 동의와 권력의 정당화 (Consent and Legitimation of Power)

이 책의 문제의식에서 볼 때 그동안 진행되었던 박정희 체제를 둘러싼 대중 독재 논쟁은 중요한 한계를 지니고 있다. 권력과 대중과의 관계에서 중요한 것은 당시 대중이 박정희 체제에 (어느 정도) 동의를 보냈느냐 하는 것보다 (대중들의 시각에서 볼 때) 박정희 체제는 어느 정도 정당했는가 하는 문제일 수 있다. 이와 관련하여 권력의 정당화에 대한 비담(Beetham 2013)의 저작을 살펴보는 것이 유용하다(David Beetham 2013, The Legitimation of Power, 2nd edition).

비담은 권력의 정당성을 추적하기 위해서 다양한 학문적 시각을 비판적으로 검토하면서 사회과학자의 시각을 제공한다(1장). 먼저 법률 전문가의 시각에서 볼 때 권력의 획득과 행사가 확립된 법절차에 따라서 이루어지면 권력은 정당한 것이 된다. 이러한 시각에 따르면 정당성과 법적인 정당성(legal validity)은 동등한 것이다. 반면에 철학자들은 정의와 사회적 효용과 같이 권력 관계의 정당화에 필요한 조건을 탐색한다. 구체적으로 대중들이 권력에 동의하고 따르는 조건을 구체화하려고 시도한다. 철학자들에게 정당한 것은 도덕적으로 정당화할 수 있거나 옳은 것(morally justifiable or rightful)을 나타낸다. 즉 정당성은 권력 관계의 도덕적 정당성을 의미한다.

이에 반해서 사회과학자들은 정당성이 권력 관계에 미치는 경험적 결과에 더 큰 관심을 가지고 정당성 분석에 있어서 해석적인 방식을 추구한다. 이에 따라서 사회과학자들은 철학자들과는 달리 정당성의 보편적 특성보다는 특정한 역사적 사회에서의 정당성 문제의 규명에 더 큰 관심을 가진다. 비담에 따르면 20세기 대부분의 사회과학자는 베버의 전통에 서 있다. 베버는 정당성을 사회적 행위자들이 가지고 있는 정당성에 대한 믿음(belief in legitimacy)으로 정의했다(Beetham 2013, 4-6). 대표적으로 립셋은 베버의 전통에 따라서 정치체제의 정당성이 정치제도가 해당 사회에 가장 적절한 것이라는 믿음을 갖게 하고 이를 유지하는 능력이라고 정의했다(1958, 86 · 재인용 Beetham 2013, 9).

비담은 베버의 정당성을 환원주의적이라고 비판하고 피지배자들이 정당성에 대한 믿음을 가질 수 있는 근거와 이유를 분리해서 보는 것은 잘못이라고 비판했다. 비담에 따르면 사람들의 믿음에 국한된 베버류의 정당성에 대한 정의는 믿음과 정당성(beliefs and legitimacy) 사이의 관계를 잘못 설정하고 있으며 (따라서) 믿음과 크게 관련이 없을 수 있는 정당성의 차원에 대해서는 제대로 설명할 수 없다(2013, 10-15).

합법적 지배는 근대적 국가의 핵심적인 요소였다. 그렇다면 언제 권력이 정당화되는가? 권력이 정당화할 수 있는 규칙에 따라서 획득되고 행사될 때 그리고 동의의 증거가 있을 때 정당한 권력으로 부를 수 있다(2013, 3). 비담은 정당성을 다차원적 개념으로 제시한다(multidimensional in character). 권력이 1) 정해진 규칙과 법에 따르는, 2) 지배자와 피지배자가 공유하는 믿음에 의해서 지배(the rules)가 정당화되는, 3) 특정한 권력 관계에 대해서 피지배자의 동의의 증거가 존재하는 정도까지 정당하다고 할 수 있다. 첫 번째 차원은 규칙과 관련된 차원이며, 두 번째 차원은 믿음에 기반을 두고 있는 명분, 세 번째 차원은 행위를 나타낸다(2013, 15-20).

주어진 규칙과 법에 의해서 권력을 획득했다는 사실은 권력 행사의 정당성의 첫 번째 조건이 된다. 하지만 이 조건은 정당성 행사의 충분한 조건이 되지는 못한다. 권력자와 대중 사이에 공유하는 (정당성에 대한) 믿음이 없이는 권력자는 도덕적인 권위를 누릴 수 없다. 우리가 권력자와 대중 사이의 권력 관계에서 정당성에 주목한다면 지배 권력은 반드시 정당화되어야 한다(2013, 69). 이를 위해서는 권력의 지배는 규범적 분화(normative differentiation)의 원칙에 기초해야 하며 피지배 계급의 주요 관심사에 대한 일반적 이해나 사회적 목적을 충족시켜야 한다. 비담은 권력자와 대중 사이의 권력 행사의 정당성에 대한 믿음을 논의하면서 정당성의 원천(source)과 내용(content)을 구분한다(2013, 70, 그림 3.1).

권력의 사회적 조직화의 양상은 일반적이지 않으며 국가마다 서로 다른 모습을 띄고 나타난다. 피지배 집단에 대한 지배 집단의 권력(행사)의 가장 일반적인 정당화는 사회의 집합적인 목표를 정의하고 실행할 수 있는 능력이다(2013, 46-47). 이러한 면에서 쿠데타를 통해서 집권한 박정희 정권은 정당성의 첫 번째 조건이 결여되었지만 두 번째, 세 번째 차원은 어느 정도 충족하고 있었다고 볼 수 있다. 박정희 정권 집권기에 시대적인 과제는 두 가지로 정리할 수 있다. 첫째, 4.19 혁명을 통해서 분출된 민주주의 요구이다. 또한 5.16 군사 쿠데타의 혁명공약[52]이 잘 요약하고 있듯이 가난으로부터의 탈피가 대중들의 절박한 요구였다. 박정희 정권은 민주주의 요구를 가난으로부터의 탈피라는 요구로 대체했다. 당시의 시대적 요구였던 가난으로부터의 탈피를 위해서 쿠데타 세력은 경제성장이라는 국가과제를 제시하였고 국민들은 호응했다.

4. 균열을 내장한 헤게모니 체제와 박정희 노스탤지어

앞서 조희연과 대중 독재론을 제시했던 임지현 등과의 논쟁을 자세히 다룬 바 있다. 이들 논쟁에서 핵심적인 논쟁점 중의 하나는 박정희 체제의 헤게모니 수준에 대한 논쟁이다('박정희 체제는 전통화되었는가'). 박정희 체제를 헤게모니 사례가 아니라 헤게모니 균열의 사례로 읽어야 한다는 조희연의 주장은 사실 너무나 당연한 주장이다. 어떠한 헤게모니도 균열을 내장하지 않은 체제는 없다. 거꾸로 헤게모니 체제에 일부 균열이 발생했다고 하더라도 대항 헤게모니 운동이 헤게모니 체제를 즉각적으로 대체하지 않는다. 설혹 박정희 체제의 헤게모니에 균열이 발생했다고 할 때 중요한 것은 균열의 지점과 균열의 강도이다.

52_①반공을 국시의 제일의(第一義)로 삼는다 ②유엔헌장을 준수하고 미국을 위시한 자유 우방과의 유대를 더욱 공고히 한다 ③모든 부패와 구악을 일소하고 청신한 기풍을 진작시킨다 ④절망과 기아선상에서 허덕이는 민생고를 시급히 해결하고 국가 자주 경제 재건에 총력을 경주한다 ⑤공산주의와 대결할 수 있는 실력 배양에 전력을 집중한다 ⑥이와 같은 우리의 과업이 성취되면 참신하고도 양심적인 정치인들에게 언제든지 정권을 이양하고 우리들은 본연의 임무에 복귀할 준비를 갖춘다(박정희 1997, 86-87).

이 책이 박정희 체제의 핵심적인 특징이라고 규정한 경제성장을 위한 권위주의적 동원 체제는 박정희의 집권 기간 동안 한 번도 광범한 도전에 직면한 적이 없었다. 이 문제를 주체(actor), 대항 이데올로기(counter ideology), 정치적 대안의 조직화(organization of political alternative) 차원에서 살펴보자.

첫째, 농민과 노동자를 중심으로 주체와 행위자 수준을 살펴보자. 박정희 정권의 불균등 성장전략은 농촌이 급격한 산업화를 위한 노동력 공급의 수원 역할을 하도록 했다(최장집 2010). 다수의 농민이 일자리를 찾아서 도시로 이주했다. 남아있던 농민의 경우 생계를 걱정해야 할 정도의 열악한 재생산 조건에 직면한 채 일제 강점기부터 촘촘하고 광범위하게 발전해온 국가권력의 통제 망에 전면적으로 노출되어 있었다. 더구나 한국전쟁과 박정희 정권의 탄압·적극적인 포섭·통제로 인해서 고립되고 분산된 이들을 수평적으로 연결해 줄 수 있는 조직적 연계는 사실상 존재하지 않았다. 이 결과 1960년대와 1970년대 기간 동안 주목할 만한 자생적인 농민운동이 거의 발생하지 않았다(김동춘 1995). 1970년대 들어서자 박정희 정권은 도시 중심의 산업화 과정에서 발생한 농촌의 빈곤 문제에 대응하기 위하여 새마을운동으로 대표되는 정부 지원 사업을 통하여 농촌 사회의 적극적인 포섭을 시도하였다. 박정희 정권 내내 일부의 사례[53]를 제외하고는 대다수의 농민은 박정희 정권의 산업화를 위한 국가 동원 체제에 대한 저항의 주체가 아니라 순응적인 수용자로 남았다고 볼 수 있다.

그렇다면 노동자의 경우는 어떠했는가? 박정희 정권의 산업화 전략은

53_유신시기 발생한 대표적인 저항운동으로는 76~78 함평고구마사건, 78 춘천농민회사건, 79 가농 안동연합의 농민운동 탄압사건 등이 있다(http://www.610.or.kr/board/content/page/13/post/127?).

새로운 국제분업질서에 기초하여 노동집약적인 제품의 수출을 극대화하는 전략이었다. 이 전략에서 핵심적인 요소는 생산 비용을 낮추기 위한 저임금의 유지였다. 산업화 초기 저임금 노동자의 공급이 수요를 초과했기 때문에 국가의 적극적인 개입 없이도 저임금의 유지는 상당 기간 가능했다. 하지만 노동집약적인 산업의 수출이 비약적으로 늘어나면서 1960년대 후반부터 상황이 역전되었다. 국가가 적극적으로 산업 현장에 개입하여 노동통제 전략을 실시하였고 산업 현장에서 새로운 균열이 출현하였다(임혁백 1994, 제13장). 유신체제의 노동법은 산별노조의 출현을 제약하고 노동자의 집단행동을 제어하기 위한 것이었다.

박정희 정권은 수출주도형 압축성장 전략을 통해서 연평균 10%에 육박하는 성장을 달성하여 수출의 비약적인 증대와 경제 규모의 급속한 확대를 이루었다. 하지만 외형적인 성장 속에서 한국 사회의 불평등은 심화되었다. 국세통계 자료를 활용한 최근 연구(홍민기 2015)에 따르면 박정희식 경제발전 모델은 경제적 불평등을 심화시켰다. 1961~1979년 사이에 상위 10% 집단의 실질소득은 연평균 15.6% 증가한 반면에 하위 90%의 실질소득은 9.4% 증가하는 데 그쳤다. 20여 년 동안 상위 10% 집단의 실질소득은 13.5배 늘어난 반면 하위 90%의 실질소득은 5.0배 증가하는 데 그친 것이다.

그렇다면 노동자 계급은 박정희식 발전모델의 한계를 인식하고 적극적인 저항에 나섰는가? 최장집(1997)이 일찍이 지적한 바대로 1970년대를 거치면서 노동자들의 집단의식이 성장하였다. 또한 후반부로 가면서 일부 사업장을 중심으로 노동자들의 저항이 격렬해졌던 것도 사실이다. 하지만 기본적으로 국지적으로 발생했던 노동자들의 투쟁조차도 생존권 투쟁과 노조 인정 투쟁 정도의 범위를 넘어서지 못했다.[54] 한 연구자의 표현을 빌리면 1960년대 노동자 계급은 순응적 정체성을 가지고 있었고 1970년대 들어서 발전한 저항적인 노동운동의 경우도 저항적 감수성 수준에 머물렀다(조희연 2004).

둘째, 박정희 정권에 맞섰던 저항운동의 이데올로기를 살펴보자. 앞서 논의한 대로 5·16쿠데타 당시에는 빈곤으로부터의 탈피가 절박한 과제였다. 한국 전쟁의 참화를 겪으면서 1950년대 한국 사회에서는 다양한 후진국 발전론이 논의되었었다. 1960년대에 들어서는 이러한 논의는 좀 더 구체적인 논의로 발전하였고 박현채를 중심으로 한 민족경제론 또는 이를 정치적으로 정리한 대중 경제론, 그리고 속성 공업화론(박희범 1968) 등이 제시되었다(조석곤 2010). 하지만 이러한 논의는 지식인 사회를 중심으로 이루어진 학술적 · 담론적 수준의 논의에 그쳤다. 대중의 시각에서 볼 때 절박한 과제였던 경제성장을 달성할 수 있는 정책적 경로로 현실화된 모델은 박정희식 경제성장 모델이었다.

앞서도 간단히 살펴보았지만 박정희 정권 시대 저항 운동의 중심 이데올로기는 민주 회복이었다. 잘 알려져 있듯이 5.16 쿠데타 초기 사상계로 대표되는 시민사회는 군부 쿠데타에 그다지 비판적이지 않았다. 박정희 정권과 저항 세력이 대립한 첫 번째 계기는 한일국교 정상화라는 민족주의 의제를 둘러싼 대립이었다. 이후 대립 구도는 박정희의 3선 개헌을 둘러싼 대립을 통해서 민주주의 문제로 이동하였다. 민주주의를 둘러싼 대립은 전태일의 분신을 계기로 산업화를 둘러싼 노동자와 도시 빈민과 같은 민중

54_한 연구가 잘 지적한 대로 "계급적 담화의 형성이 차단되어 있고, 국가 내의 국가인 공장 내부의 통제가 효율적으로 관철되는 조건 속에서 이들이 구성해 낼 수 있는 최대의 저항=담화는 노동조합의 결성 혹은 노동조합의 어용화 방지를 위한 투쟁이며, 그러한 역량을 갖지 않는 대부분의 노동자들은 겉으로 집단화되지 않은 권리투쟁, 체불임금 받기 투쟁, 인간다운 삶 확보 요구 정도가 고작이었다"(김동춘 1995, 224).

문제로 확산되었다. 하지만 민주적 대표 체계가 왜곡된 유신체제의 등장 이후에는 민주 회복이라는 단일 의제로 대립 구도가 집중되었다(박명림 2008)[55].

셋째, 정치적 대안의 조직화 문제를 살펴보자. 박정희 정권 기간 박정희식 경제발전 모델에 대한 대안적인 모델이 본격적으로 제시된 것은 1971년 제7대 대선이 유일했다. 최장집(2010, 104-106)이 날카롭게 지적한 바대로 1963년 제5대 대선과 비교하여 1967년 제6대 대선에서 박정희와 윤보선의 득표 차(1.1%에서 10.5%)가 크게 늘어난 것은 관권 선거를 감안하더라도 박정희 경제모델의 수행력에 대한 국민들의 지지로 해석하는 데 큰 무리가 없다. 하지만 1971년 대선의 상황은 다소 달랐다. 박정희식 경제성장 모델의 부작용이 본격적으로 드러나던 시점에서 신민당 대선 후보 김대중은 대중 경제론을 박정희식 경제 성장 모델에 대한 대안으로 제시하였다. 민족 경제론에 기반을 두었던 대중 경제론은 1966년 민중당의 강령에서 처음 제시되었지만 김대중이 이를 대선 공약으로 체계화한 것이다. 하지만 제7대 대선에서 김대중이 국가권력을 총동원한 박정희에 패배함으로써 대

55_예외적으로 박정희 경제성장 모델의 문제점을 지적한 노력들이 없었던 것은 아니다. 예를 들어 1973년의 서울대 문리대 학생 10.2 선언문을 살펴보면 정보 파쇼통치의 즉각 중지, 국민의 기본권을 보장하는 자유민주주의 체제의 확립과 함께 대일 예속화의 중지와 민족 자립 경제 체제의 확립 및 국민생존권 보장을 주장하였다(http://db.kdemocracy.or.kr/collections/view/10000023(검색일: 2018/02/01)). 또한 민주 청년 학생 총연맹(민청학련)은 1974년 4월 3일 자립적 민족경제확립을 위한 6개 항의 선언문을 발표하였다(1. 굶어죽을 자유말고 먹고 살 권리 찾자. 2. 배고파서 못 살겠다. 기아임금 인상하라! 3. 유신이란 간판걸고 국민자유 박탈마라. 4. 남북통일 사탕발림 영구집권 최후수단. 5. 재벌 위한 경제성장 정권 위한 국민총화. 6. 왜놈 위한 공업화에 민중들만 죽어난다). (http://db.kdemocracy.or.kr/isad/view/0088356-5(검색일: 2018/01/02)). 하지만 이러한 노력은 전투적인 학생들의 선도적인 투쟁에 국한되었고 민중적 기반을 갖기 못했다.

안적 모델의 실행기회는 역사적으로 사라졌다.

박정희 정권 18년 동안 한국 사회는 급격한 변화를 겪었다. 가난한 전통적인 농업사회였던 한국은 고도성장을 구가하는 산업사회로 변모하였다. 급격한 사회변동은 수출을 엔진으로 하는 압축적 성장을 통해서 이루어졌다. 수출은 1961년 4천백만 달러에 지나지 않았으나 1979년에는 150억 5천6백만 달러를 달성했다. 고도성장 기간 동안 한국의 수출 성장률은 세계 1위를 기록했다(국가기록원). 1인당 GNP는 1961년 82달러에 지나지 않았으나 1979년에는 1636달러로 증가했다.

박정희식 경제성장 모델의 외형적인 성공을 위해서 한국 사회는 많은 비용을 지불했다. 하지만 이 장이 주목하는 박정희식 경제성장 모델에 대한 대중들의 동의와 지지라는 관점에서 중요한 사실은 박정희식 모델이 많은 비용과 위기에도 불구하고 성공의 흔적을 대중들에게 각인했다는 것이다.

이 책의 문제의식에서 볼 때 핵심적인 이슈는 당시의 대중들이 박정희식 경제성장 모델에 대안적인 모델을 경험할 수 있었느냐 하는 것이다. 김동춘(2012)은 이 문제를 이미 날카롭게 지적한 바 있다.

> "우리는 박 정권이 18년 동안이나 줄곧 사용해온 통치 이데올로기를 대항세력이 근본적으로 뒤흔들지 못한 점을 주목할 필요가 있다"고 지적했다. 이것은 결국 정치적 반대세력이 박정희를 비롯한 지배 세력이 사회 내에서 견지하고 있는 헤게모니의 기반 '안보와 경제성장'을 근본적으로 문제 삼지 못한 데서 기인하고 있을 것이다."[56]

56_그람시의 대항 헤게모니(counter-hegemony)의 시각에서 볼 때 한 사회의 계급은 정치 권력을 획득하기 이전에도 이념적이고 문화적으로 헤게모니를 행사할 수 있다. 그람시는 "한 사회의 그룹은 정부의 권력을 획득하기 이전에 지도력을 행사할 수 있고 사실상 이미 행사하지 않으면 안 된다"고 주장했다(Gramsci 1971, 57-58).

그렇다면 이제 살펴보아야 할 문제는 대안적인 모델을 경험하지 못한 상황에서 박정희 정권에 대한 대중들의 지지는 어떠한 변화 양상을 보였는가 하는 문제이다. 대중들 사이에 국정 과제로서 경제성장에 대한 광범위한 지지가 존재하였고 경제성장을 이루기 위한 정책적 경로는 박정희식 성장 모델이 사실상 유일했다. 그렇다면 대중들은 박정희 모델에 대해서 어느 정도 동의를 보냈는가? 글쓴이의 시각에서 볼 때 위에서 살펴보았던 박정희 정권을 둘러싼 대중 독재론과 동의에 관한 논의는 근본적인 한계를 가지고 있다. 앞선 연구들은 박정희 정권에 대한 대중들의 동의 여부를 주로 정권의 시각에서 담론 수준에서 분석하고 있다. 박정희 정권이 대중들의 동의를 창출하고 유지하기 위해서 어떠한 방식으로 노력했는가에만 집중하였다. 하지만 당시의 대중들이 박정희 정권의 기획과 시도에 실제로 어느 정도 응답했는가가 박정희 정권 시기 동의를 둘러싼 논쟁에서 중요한 질문이다. 박정희 체제는 (대중 독재론의 문제의식처럼) 위로부터의 강압적인 동원에 의해서 뿐만 아니라 아래로부터의 적극적인 지지와 동의가 결합되어 유지될 수 있었는가? 이를 어떠한 방식으로 확인할 것인가?

선행 연구는 대중들의 요구와 박정희 체제에 대한 대중들의 대응과 저항을 담론과 해석적 수준에서 분석하는 것에 머무르고 있다. 이러한 문제의식에서 아래에서는 선거 결과 자료를 중심으로 이 문제에 대한 탐색적인 분석을 시도한다. 선거 결과를 중심으로 이 문제를 살펴볼 때 장점은 박정희 정권에 대한 지지와 동의를 객관적으로 측정할 수 있다는 점이다. 하지만 한계도 존재한다. 관련된 여론조사가 존재하지 않은 상황에서 국회의원 선거에서 집권당인 민주공화당에 대한 지지를 이 책에서 주목하는 박정희식 경제발전 모델에 대한 지지와 직접적으로 등치시킬 수는 없다는 것이다.[57] 자료의 한계를 고려하면서 시론적인 탐색적 분석을 진행한다.

잘 알려져 있듯이 권위주의 정권 기간 한국 유권자들의 투표행태의 가장 큰 특징은 여촌야도(與村野都)였다. 광범위하고 미시적인 강권력을 보유한 권위주의 정권에 의한 동원이 상대적으로 용이한 농촌 지역에서 집권당은 더 많은 지지를 확보했다. 반면에 지식인들과 학생을 포함한 중산층이 밀집했던 도시 지역에서는 권위주의 정권에 대한 비판이 더 지배적이었다. 도시 지역 유권자들은 야당에 대한 지지를 통해서 권위주의에 대한 정치적 저항을 표출했다.

〈그림 5-5〉 박정희 정권 기간 역대 총선에서 민주공화당의 지지율 변화 - 도시 규모에 따른 비교

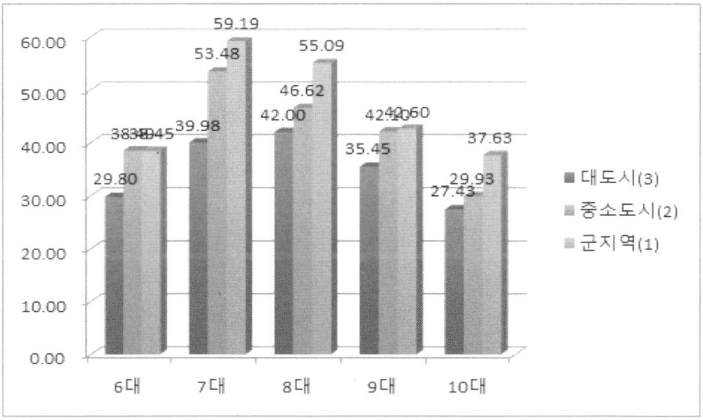

자료: 선거관리위원회 선거통계

참고: 대도시는 서울을 포함한 각 도의 도청소재지; 이외의 도시는 중소도시로 이외의 지역은 군 지역으로 분류.

57_유신체제하에서는 대통령에 대한 직접선거가 존재하지 않았다. 따라서 대통령 박정희에 대한 지지를 중심으로 박정희 체제에 대한 대중들의 동의와 지지를 분석하는 것은 사실상 무의미하다.

〈그림 5-5〉가 나타내고 있는 것은 1967년 제7대 국회의원 선거를 기점으로 도시의 규모와 상관없이 박정희 정권에 대한 지지가 일관되게 하락했다는 사실이다. 흥미로운 사실은 이러한 현상이 군 단위 지역구에서도 공통적으로 나타났다는 것이다. 제8대 국회의원 선거(1971년 5월 25일 실시) 결과 대도시와 중소도시에서 민주공화당에 대한 지지는 절반 이하를 기록했다. 이후 두 번의 선거에서도 집권 여당 민주공화당에 대한 지지는 지속적으로 하락하여 박정희 정권 말기에 치러진 제10대 국회의원 선거에서는 민주공화당의 득표율이 신민당(32.8%)의 득표율에도 못 미치는 31.7%에 그쳤다. 더구나, 집권 민주공화당의 전통적인 지지기반이었던 농촌 지역(군지역)의 득표율은 37.63%에 그쳤다.

위의 분석을 통해서 알 수 있는 사실은 박정희식 경제성장 모델이 심화되었던 유신체제 기간 대중들은 박정희 정권에 대해서 압도적인 지지를 보내지 않았다는 것이다. 하지만 선거 결과를 통해서 확인할 수 있는 박정희 정권에 대한 정치적 비판을 박정희식 경제성장 모델에 대한 저항으로 직접적으로 해석할 수는 없다. 위의 자료로부터 간접적으로 확인할 수 있는 사실은 수행력에 기반을 둔 정당성에 의존했던 박정희 유신체제가 일정하게 저항에 직면했다는 사실이다. 박정희 체제는 헤게모니 체제였지만 균열을 내장하고 있었던 체제였다.

그렇다면 박정희 정권이 붕괴한 이후 박정희식 경제성장 모델에 대한 시민들의 지지와 동의는 어떻게 변화했는가? 아쉽게도 이 문제를 분석할 수 있는 자료가 거의 존재하지 않는다. 앞서 밝힌 대로 전두환 정권은 박정희 정권의 경제성장모델을 계승했다고 평가할 수 있다. 박정희 체제의 경제성장모델이 논쟁의 중심으로 부상한 시점은 1997년 경제 위기였다. 재벌 중심 경제체제의 파국적 결과였다고 할 수 있는 1997년 경제 위기는 박정희식 경제성장 모델에 대한 비판적인 인식을 확산시켰다.

1997년 외환위기로부터 촉발된 한국경제 위기의 실제 원인이 무엇이었는지는 별도의 논의가 필요하다. 여기서 우리의 관심은 시민들이 전대미문의 경제 위기를 맞으면서 박정희 체제의 핵심적인 요소였던 재벌 중심의 경제성장 체제에 대한 평가가 어떠했는가 하는 것이다. 관련 여론조사가 턱없이 부족한 상황에서 존재하는 여론조사를 활용하여 살펴보자.

〈그림 5-6〉 경제 위기 문제 해결 능력: 박정희 대 민주적 지도자 평가

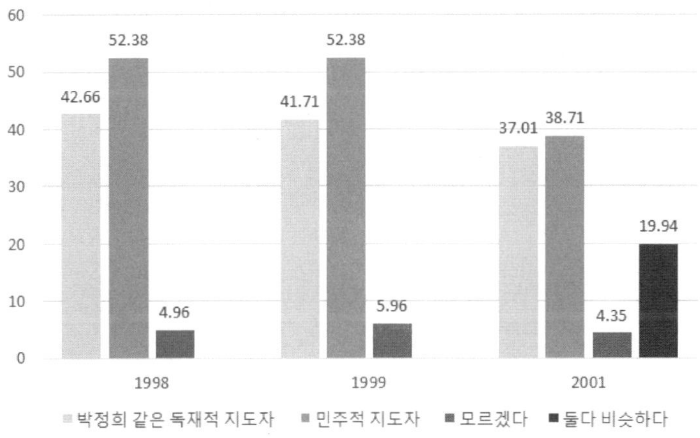

출처: 한국민주주의바로미터 1998, 1999, 2001

참고: 수치는 퍼센트; 문항은 "어떤 사람들은 최근 우리나라가 당면한 경제 위기 문제를 해결하는데는 박정희 같은 '독재적인 지도자'가 통치하는 것이 더 좋다고 하며 반면에 또 다른 사람들은 '민주적인 지도자'가 통치하는 것이 더 좋다고 합니다. ㅇㅇ님은 두 의견 중에서 어디에 조금이라도 더 동의하십니까."

〈그림 5-6〉은 국민의 정부 기간 실시되었던 세 번의 한국민주주의바로미터 여론조사(KDB 1998, 1999, 2001)를 기반으로 하여 '경제 위기 극복을 위해서는 박정희 같은 독재자가 더 낫다고 생각하는지 아니면 민주적 지도

자가 더 낫다고 생각하는지'를 묻는 문항에 대한 분석 결과를 제시하고 있다.

국민의 정부는 경제 위기 극복을 최우선 국정과제로 제시하고 4대 부문(기업 · 금융 · 공공 · 노동) 구조조정 개혁에 집중하였다. 국민의 정부는 2000년 12월 4일 '국제통화기금의 모든 차관을 상환하였고, 우리나라가 IMF 경제 위기에서 완전히 벗어났다고' 공식적으로 선언하였다. 또한 이후 2001년 8월 23일 IMF 관리체제는 종료되었다.[58] 당시 한국 정부가 취했던 경제 위기 극복노선은 IMF 구조조정 프로그램을 충실히 이행하는 것이었다. 이 노선의 적실성에 대한 논쟁을 별로도 하더라도 박정희 노스탤지어와 관련하여 중요한 이슈는 최초로 평화적 정권교체를 이룩했던 국민의 정부가 경제 위기를 단시간에 극복했다는 사실이다.

그럼에도 불구하고 위 〈그림 5-6〉에서 알 수 있는 사실은 기업이 줄도산하고 실업자가 양산되며 환율이 폭등하는 전대미문의 경제 위기 와중에서도 상당히 많은 시민이 경제 위기 해결을 위해서는 박정희 식 지도가가 더 낫다고 생각하고 있었다는 점이다. 비록 더 많은 응답자가 민주적 지도자가 낫다고 인식하고 있었으나 전체 응답자의 40%가 넘는 비율이 박정희 식 지도자를 선택했다. 둘 사이의 차이는 경제 위기 직후인 1998년 실시된 조사에서는 9.72% 이듬해인 1999년 조사에서도 비슷한 수치인 10.62%로 나타났다. 흥미로운 사실은 국민의 정부가 공식적으로 경제 위기를 극복한 이후 실시된 2001년 조사에서 둘 사이 차이는 오히려 줄어들어 비슷해졌다는 점이다(1.7% 차이).

58_국가기록원. "550억 달러의 빚을 진 경제국치의 날- IMF 외환위기 극복." http://theme.archives.go.kr/next/koreaOfRecord/imf.do(검색일:2017/12/19).

위 조사를 통해서 확인할 수 있는 사실은 박정희식 경제성장모델에 대한 시민들의 수용과 지지가 경제 위기 와중에서도 지속되었다는 사실이다. 하지만 박정희식 경제리더십에 지지를 보낸다고 하더라고 박정희 경제모델의 핵심요소인 재벌체제에 대해서 지지를 보낸 것은 아니었다. 시민들의 태도는 양면적이었다.

1999년 한국민주주의바로미터 조사에 따르면 재벌기업에 대해서 긍정적인 인식을 가지고 있는 시민들은 전체 응답자(1000명)의 32%인 반면에 부정적인 인식을 가진 시민은 이에 두 배가 넘는 67.6%였다. 재벌해체에 대한 인식을 살펴보면 찬성 비율이 58.54%인 반면에 반대 비율은 33.61%에 그쳤다. 재벌해체에 대한 인식결과를 권위주의 항수(박정희식 독재가 대민주적 지도자)와 교차해보면 흥미로운 결과가 나타난다. 경제 위기를 극복하는데 박정희식 독재리더십이 더 낫다고 응답한 시민(37.01%, 332명)중에서도 재벌체제 해체를 지지한 응답자의 비율은 절반이 넘는 54.22%(180명)인 반면에, 재벌 체제에 반대한 응답자의 비율은 45.78%(152명)였다. 박정희의 경제 리더십을 지지하더라도 박정희 체제의 핵심요소에 대해서는 비판적인 인식을 가지고 있는 비율이 절반이었다는 사실은 헤게모니적 박정희 경제모델에 균열이 발생했다는 것을 나타낸다.

경제성장 모델은 경로 의존적인 성격을 갖는다(황석만 2012). 박정희식 모델의 성공을 경험하고 각인한 다수의 대중은 박정희 모델이 파국을 맞거나 대안적 모델의 우월성을 경험할 때까지 박정희 모델에 대한 지지를 유지할 가능성이 크다. 헤게모니 체제로서 박정희 체제는 박정희의 피살과 함께 정치적으로 붕괴되었다. 하지만 한국형 경제성장을 이루었던 박정희 경제성장 모델은 민주화 이후에도 여전히 헤게모니적 지위를 누리고 있다. 그람시적 문제의식을 빌려온다면 이는 역으로 민주화 이후 집권했던 민주

정부가 박정희 경제모델에 대한 대항헤게모니의 구축에 성공하지 못했다는 사실을 나타낸다.

물론 그람시가 이미 지적한 바와 같이 종속적인 집단(subaltern groups)에 의한 대항헤게모니 수립은 대단히 어려운 과제다. 그람시의 문제의식에서 볼 때 단순히 국가 권력을 장악하는 것만으로는 진정한 헤게모니를 행사할 수 없다. 사회집단은 국가권력을 획득하기 전에 지도력(leadership)을 행사해야 하며 이러한 조건이 권력을 획득하기 위한 필요한 조건 중의 하나이다. (물론) 권력을 획득한 이후에라도 이러한 지도는 지속되어야 한다. 효과적인 지배를 위해서는 권력이 제공하는 물리적인 힘에만 의존해서는 안 된다(Gramsci 1971, 57-59).

그람시는 선진 민주주의 국가에서 시민사회는 근대 전쟁에서 복합적인 구조를 가진 참호체계와 같은 구조로 발전하였다는 점을 강조한다(Gramsci 1971, 235). 대항 헤게모니를 구축하기 위해서는 굳건하게 구축된 지배이데올로기의 역사적 블록(historic bloc)[59]을 해체하는 부단한 노력인, 진지전(war of position)이 필요하다. 러시아에서 시민사회는 아직 원시적이었고 국가가 모든 것이었던 것에 반하여 서구에서 국가는 배후에 강력한 요새와 보루가 보호하며 둘러싸고 있는 외곽호수(outer ditch)에 지나지 않는다는 그람시의 지적은 정확한 것이다(Gramsci 1971, 238).

이를 위해서는 다양한 사회세력들을 대항헤게모니의 틀 안에 통합해내는 작업이 이루어져야 한다. 이렇게 함으로써 대항 헤게모니 운동을 국면적인 운동을 넘어서 유기적인 운동(organic movement)으로 만들어 내야 한

59 여기서 역사적 블록은 토대 상부구조에 의해서 형성된다. 복합적이고, 모순되며 불일치하는 상부구조의 앙상블(ensemble)은 생산의 사회적 관계의 앙상블의 반영이다(Gramsci 1971, 366).

다(Gramsci 1971, 177).

한국의 경우 해방 후 최초로 평화적인 정권교체를 이룩해냈던 국민의 정부 탄생은 세 가지 매우 어려운 조건의 역사적 결합을 통해서 가능했다. 먼저, 재벌 중심의 총량적인 의미의 성장을 최우선시하던 박정희식 경제성장 모델의 파국을 의미했던 1997년 경제 위기이다. 둘째, 유신의 정치적 승계자 김종필과 유신 시기 민주화 운동의 상징이었던 김대중의 DJP 연합이다. 셋째, 강력한 대세론을 보유했던 집권여당 한나라당의 분열이다. 집권당이었던 한나라당 제15대 대통령 후보 경선에서 대세론을 형성하고 있던 이회창 후보에게 고배를 마신 이인제 후보가 탈당하여 국민신당을 창당하였다. 이인제 후보는 제15대 대선에서 유효투표의 19.2%(4,925,591표)를 얻어서 김대중의 당선에 결정적인 기여를 하였다. 김대중은 위의 세 가지 조건의 결합배경으로 제15대 대선에서 1.5% 차(39만여 표 차)로 극적인 승리를 거두었다.

DJP 연합을 기반으로 한 김대중의 승리는 최초로 평화적 정권교체를 가져왔다. 이로써 1987년 민주적 이행 이후 온전한 의미의 민주화가 시작된 것이다. 하지만 김대중 정부는 이 장의 관심인 헤게모니 체제로서의 박정희 체제에 대안적인 대항 헤게모니를 구축하기에는 너무나 많은 제약을 안고 출범했다. 역설적으로 이러한 제약 속에서만 김대중은 집권이 가능했을지 모른다.

먼저, 국민의 정부의 경제정책은 워싱톤 컨센서스를 기반으로 한 국제통화기금(IMF)의 구조조정 프로그램의 제약을 크게 받았다. 김대중의 오랜 철학이었던 시장에서 노동자 대중의 복지를 사전적으로 보장하는 대중경제 체제[60]와 배치되는 정책이었던 정리해고의 수용이 이를 상징적으로 나타낸다. 둘째, DJP 연합을 통해서 집권을 추구했던 김대중은 대기업 중심의 박정희 경제정책의 실패를 날카롭게 비판했던 71년 대선과는 정반대의 상황에 직면했다. 공동 정부에 합의했던 국민회의와 자민련은 정책협의를 거쳐서 정치 · 경제 · 국방 · 외교 등 주요 영역에서 핵심공약을 추출하여 협의를 통해서 대선공약을 확정 발표했다. 이렇게 탄생한 김대중 후보의 핵심 경제 공약은 IMF 관리체제의 집권 1년 반 이내에 극복, 2000년대 초반 국민소득 3만 달러 달성을 통한 세계 5강 진입 기반 조성이었다(동아일보 1997/12/02). 박정희 체제의 후예와 정치적 연합을 통해서 집권을 시도했던 김대중이 박정희 체제에 대안적인 모델을 제시하는 것은 가능하지 않았을 것이다. 셋째, 김대중의 대중경제론은 최초로 본격적으로 제시되었던 1971년 제7대 대통령 선거 이후 다양한 역사적 국면을 거치면서 진화하였다. 비록 담론적인 수준에서 기본적인 문제의식과 철학은 유지되었다고 하더라도(임원혁 2013) 정책적인 수준에서 강조점은 성장과 국가경쟁력 강화 쪽으로 변화되었다. 제15대 대선 공약을 살펴보면 김대중 후보는 박정희 경제모델의 핵심적인 요소였던 재벌 개혁에 대해서도 재벌체제의 전면적인 개혁보다는 공정하게 경쟁하는 한 자유로운 기업 활동을 보장한다고 강조하였다.

전대미문의 경제 위기 속에서 경제 위기 탈출이라는 급박한 과제를 가지고 유신체제의 계승 정당과 공동 정부라는 정치적인 제약 속에서 출발한 국민의 정부로서는 박정희식 경제모델에 대한 대안적 모델의 실험은 애초

60_김대중의 대중경제에 대해서는 김대중이 저술한 "대중경제를 주창한다(신동아 1969, 11월호)", 1971년 제7대 대선과정에서 대선 후보였던 김대중의 공약을 설명한 『대중경제 100문 11답』 범우사(1971), 김대중이 자신의 정책을 다듬어 출간한 『대중경제론』 청사(1986)를 참고하라. 김대중의 대중경제론에 대한 본격적인 분석은 류상영 · 김동노 외. 2013. 『김대중과 대중경제론』(연세대학교 김대중도서관)을참조하라.

부터 가능하지 않았을지 모른다.

이러한 면에서 국민의 정부를 계승한 참여정부도 예외는 아니었다. 노무현은 영호남을 정치적 기반으로 했던 카리스마적인 정치 지도자 김영삼과 김대중의 정치적 퇴장과 함께 정치 개혁의 열망을 배경으로 집권 여당 새천년 민주당의 후보가 되었다. 또한, 국민통합 21의 정몽준 후보와의 단일화, 그리고 선거 하루 전 단일화 파기와 같은 우여곡절을 겪으면서 극적으로 당선된 노무현 후보는 지역주의 극복과 정치 개혁을 화두로 삼았다. 제16대 대선을 맞이하여 노무현 후보가 제시한 20대 핵심과제에서 나타난 경제정책은 기본적으로 경쟁력 강화모델로서 한국형 경제성장 모델의 유지 · 강화에 초점이 맞추어져 있다. 노무현 후보는 기업하기 좋은 나라를 만들어 7% 신성장을 달성하여 동북아의 중심국으로 도약하겠다고 공약하였다. 노무현 후보는 시장에서 공정한 경쟁을 위해서 재벌 개혁을 단행하겠다고 공약하고 출자총액제한제 유지, 기업집단 지정제유지, 증권 관련 집단소송제 도입을 약속했다. 하지만 노무현 정부의 공약은 경제 시스템을 바꾸는 것이 아니라 김대중 정부와 비슷하게 시장에서 공정한 경쟁을 유도하는 데 목적이 있었다. 집권과 함께 제시된 100대 국정과제에서도 국가균형발전과 정치 개혁 그리고 복지이슈에 관한 중요한 과제들을 포괄하고 있음에도 불구하고 경제모델의 전환에 관한 내용은 포함되어 있지 않다.

민주화 이후 전면적인 경제 위기 국면에서 집권에 성공하고 정권 재창출에 성공했던 한국의 자유주의적 민주세력은 한국의 민주주의 제도화에 큰 기여를 하였다. 그럼에도 불구하고 (균열을 내장한) 헤게모니 체제였던 박정희 경제모델에 대한 대안을 제시하고 극복하는데 성공하지 못했다. 이러한 면에서 한국의 민주화는 경제체제의 전환이 없는 민주화였다.

6장

박정희 노스탤지어의 유산 -경제성장우선주의

한국 민주주의에서 민주화 과정에 나타난 중요한 현상 중의 하나는 경제성장(economic growth)에 대한 선호가 민주주의에 대한 선호를 압도해왔다는 사실이다. 비교적 관점에서 볼 때, 아시아의 젊은 민주주의 국가 중에서 유독 한국의 시민들만이 경제성장우선주의(preference of the economic growth first)를 두드러지게 선호 선호하는 것은 아니다. 예를 들어, 아시아 바로미터(Asia Barometer Survey, ABS)의 가장 최근 조사인 4차 조사에 따르면 경제성장이 민주주의보다 더 중요하냐는 질문에 한국의 유권자는 응답자의 절반이 넘는 55.51%가 경제성장이 더 중요하다고 답했다(민주주의가 더 중요하다는 응답자는 23.64%). 한국과 같이 성공적인 민주화를 이룬 제3의 물결 민주주의 국가군의 대표적인 국가로 꼽히는 대만의 경우 응답자의 4분의 3이 넘는 76.46%가 경제발전이 더 중요하다고 답했다(민주주의가 더 중요하다 8.24). 하지만, 한국에서 나타난 경제성장우선주의에 대한 강한 선호는 다른 사례들과 구분되는 중요한 특징을 가지고 있다.

성장주의는 한국형 경제성장 모델을 만들었던 박정희 정부의 핵심적인 지배 이념이었다. 이때 성장주의는 사실상 양적인 성장으로 표현되는 경제성장이 사회의 최우선의 가치로 제시되고 어떠한 비용을 지불하더라도 경제성장의 달성을 위해서 모든 노력을 기울여야 한다는 경제성장지상주의에 다름 아니다(윤상우 2016).[61] 압축적인 고도성장기를 이미 지난 한국 사회에서 위로부터의 권위주의적 동원을 특징으로 하는 박정희 모델은 더 이상 유용한 경제성장 모델이 될 수 없다. 그럼에도 불구하고 민주화 이후에도 지속적으로 나타나는 경제성장우선주의에 대한 강력한 선호는 한국의 민주주의가 여전히 박정희 모델의 그림자를 극복하지 못하고 있다는 것을 상징적으로 나타낸다.[62]

경제성장우선주의의 한국적 특수성과 함께 주목해야 할 점은 경제성장우선주의의 정치적 영향력에 있다. 한국 민주주의에서 경제성장우선주의는 추상적인 이념의 수준에서 뿐만 아니라 현실 정치에서도 유권자들의 투표선택에 영향을 미치는 중요한 변수로 작용해왔다. 2007년 12월에 치러진 제17대 대통령 선거를 살펴보자. 참여정부의 경제실적에 대한 비판적 평가 속에서 치러진 제17대 대선에서 이명박 후보는 성장에 대한 강력한 열망에 힘입어 500만 표가 넘는 차이로 전례 없는 압승을 거두었다. 또한, 이듬해에 치러진 제18대 총선에서도 이명박 당선자의 뉴타운 공약에 힘입

61_한 연구(윤상우 2016, 7)에 따르면 성장지상주의는 "사회발전의 핵심요인 또는 필요조건이 경제성장(economic growth)에 있다고 보고 이를 달성하면 여타의 발전 목표나 가치들을 충족시킬 수 있다는 인식하에 오로지 경제성장을 발전의 지상 과제이자 절대 명제로 간주하는 이념"을 의미한다.

62_전직 대통령으로서 박정희와 그의 시대에 대한 평가가 극명하게 대립하고 있음에도 불구하고 많은 정치인에게 박정희는 여전히 닮고 싶은 대상이다. 실제로 1997년 경제 위기 이후 이인제를 포함한 다수의 정치인이 박정희 코스프레를 반복해왔다. 박정희의 유산을 가장 잘 활용한 정치인은 박정희의 딸 박근혜였다. 최초로 부녀 대통령이 되었던 박근혜 당선자는 취임사에서 '제2의 한강의 기적'을 만들겠다고 선언하였다. 박근혜 당선자는 취임사에서 '한강의 기적'을 4번 반복하였다.(중앙일보 2013/02/25).

어 뉴타운 공약을 내세운 서울지역 한나라당 후보자들이 대거 당선되어 경제성장우선주의의 정치적 호명의 위력을 확인한 바 있다. 박근혜 후보가 당선된 2012년 제18대 대통령 선거 또한 예외가 아니었다. 제18대 대선에 대한 기존의 분석들은 박근혜 후보의 경제 민주화 드라이브의 정치적 효과에 주목했었다(장승진 2013). 하지만 이 장의 제2절에서 상세히 다루겠지만, 한 분석에 따르면 유권자들의 박근혜 후보 지지에 중요한 변수는 경제 민주화나 복지에 대한 변수가 아니라 한국형 경제성장을 이룬 박정희의 딸 박근혜 후보를 통한 경제성장에 대한 기대였다(강우진 2013a).

더구나 경제성장우선주의는 민주주의의 가치와 대립되는 담론으로서 빈번하게 동원되어 왔다. 박정희 정부는 민주주의에 대한 아래로부터의 요구를 경제성장 우선론으로 억압했다. 민주화 이후에는 경제성장우선주의는 민주주의 정착과정에서 감내해야 할 비용을 우회하기 위한 정치적인 언술로서 자주 동원되었다. 예를 들어 참여정부 말기 참여정부의 경제 실정에 대한 비판적인 민심을 상징적으로 드러내는 언술은 '민주주의가 밥 먹여주냐'라는 것이었다.[63] 또한 '경제성장에 역행하는 민주주의'라든지 혹은 '민주주의의 과잉'과 같은 담론에 대한 이데올로기적인 호명이 자주 이루어졌다.[64]

63_대표적으로, 조혜정. 2009. "거대한 유산 "민주주의가 밥 먹여주냐" - 10.26 이후 30년 왜 아직도 진보는 박정희를 넘어서지 못하는가." 『한겨레 21』 제782호 (10월 21일). http:// h21. hani.co.kr/arti/special/special_general/25940.html(검색일: 2015/02/01); 권영빈. 2007. "진보는 없다." 『중앙일보』(03월 05일). https://news.joins.com/article/ 26632-34(검색일: 2015/02/03). 등을 참고하라.

64_예를 들어, 한국경제신문. 2014. "[한경 특별사설] 도처에서 경제적 자유가 위협받고 있다." 『한국경제신문』 (10월 12일). https://www.hankyung.com/news/article/ 2014101282481 (검색일: 2014/02/15).

박정희 정부의 지배이념이었던 경제성장지상주의는 민주화 이후에도 여전히 중요한 역할을 하고 있다. 성공적인 민주주의라고 평가받는 한국의 시민들이 민주주의에 대한 선호보다 경제성장우선주의에 대한 선호를 더 강하게 나타내는 이유가 무엇인가? 경제성장우선주의에 대한 강한 선호는 정치적 민주주의가 일정하게 달성되었다는 민주주의에 대한 만족의 또 다른 표시인가? 혹은 민주주의의 경제적 수행력 결핍에 대한 불만의 표출인가?

이 장의 목적은 한국의 시민들이 경제성장우선주의에 대한 강한 선호를 나타내는 원인을 경험적으로 탐색해 보는 것이다. 이 글은 민주화 이후에도 지속된 시민들의 경제성장우선주의에 대한 강한 선호의 결정 요인으로서 경제 위기 과정에서 나타난 민주 정부의 수행력에 대한 시민들의 비판적인 평가에 주목하고자 한다. 두루 알려져 있듯이 한국 민주주의의 공고화 과정은 전대미문의 경제 위기와 중첩되었다. 평화적인 정권 교체에 성공한 국민의 정부는 단기간에 경제 위기를 극복하였다. 하지만 그 과정에서 실업자는 양산되었으며 비정규직은 대폭 늘었다. 결국 국민의 정부를 거치면서 불평등이 심화되었다.

시민들의 시각에서 볼 때 새롭게 등장한 민주 정부 기간에 시민들의 삶의 조건은 나빠졌다. 그렇다고 해서 민주 정부가 이전 정부와는 근본적으로 다른 대안적인 발전 모델을 제시하고 추진한 것도 아니었다. 오히려 민주 정부가 제시한 담론은 박정희식 경제성장우선주의와 근본적으로 다르지 않은 변형된 성장 담론이었다. 요컨대, 박정희 정부를 통해서 한국 사회에 뿌리내린 경제성장우선주의 담론은 민주주의의 진전과 함께 더욱 강화된 것이다.

박정희 정부에 대한 많은 선행 연구들이 박정희 정부의 지배이념의 중요한 요소로서 성장주의를 제시했다(강정인 2014). 하지만 시민들이 경제성장우선주의를 선호하는 이유에 대한 경험적인 분석이나 역사적인 혹은 질적인 연구는 존재하지 않는다. 이 장에서는 경제 위기 극복 직후인 2001년에 실시된 한국민주주의바로미터(KDB)를 중심으로 경제성장우선주의 결정 요인을 경험적으로 분석한다.

1. 경제성장우선주의의 기원

경제성장우선주의(preference of the economic growth first, developmentalism)[65]가 한국 사회의 중심적인 가치로 등장하게 된 시기는 언제인가? 경제성장우선주의는 수출주도형 경제성장 전략을 가장 중요한 국정과제로 선택했던 박정희 정부를 거치면서 한국 사회의 지배적인 가치로 등장하였다.

국가 형성기의 이승만 정부의 지배이념은 일민(一民)주의를 기치로 한 반공주의였다. 또한 4.19 민주 혁명을 통해서 집권한 장면 정부는 경제개발 계획을 입안하고 경제 제일주의를 내세우는 등 나름의 노력을 기울였으나 4.19 혁명을 통해서 드러난 민생의 해결이라는 시대적 과제에 효과적으로 대응하는 데 실패하였다. 따라서 장면 정부 시기에는 성장주의가 정권 차원의 지배 이념으로 부각되지 못했다. 반면에 군사 쿠데타를 통해서 집

65_developmentalism은 개발주의, 발전주의, 성장주의 등으로 다양하게 번역된다. 일반적으로는 발전주의로 번역된다. 이 글에서는 박정희 정부가 1960년대 당시 후진국에서 중심적인 정책과제였던 근대화 발전을 경제성장에 초점을 맞추어서 해석하고 추진하였다는 점에서 경제성장우선주의로 번역한다. 개발주의에 대해서는 조명래(2003)와 김철규(2007)를 참조하라.

권한 박정희 정부는 경제성장을 통한 민생의 해결을 정권의 존립 근거로 삼고 당시 한국 사회에 광범위하게 존재하던 근대화와 성장에 대한 요구를 수출 증대를 통한 경제성장이라는 단일한 정책목표로 통합하였다(황병주 2008).

박정희 정부의 지배 이념은 이승만 정부 통치 기간, 특히 한국 전쟁을 거치면서 한국 사회에 제도화된 반공주의와 총량적인 의미의 경제성장을 중심 내용으로 하는 경제성장지상주의라는 두 축에 기반을 두고 있었다. 특히 박정희는 북한과의 경쟁에서 승리하기 위한 가장 효과적인 방법으로 그리고 한민족을 가난에서 구출하기 위한 유일한 방법으로 경제성장을 제시하였다.[66] 즉 민족주의와 반공주의를 추진하기 위한 가장 효과적인 전략으로서 경제성장우선주의를 제시한 것이다. 제3공화국 출범 직후 제시된 박정희의 연설문은 이를 잘 요약하고 있다.

> "가난에서 벗어나 민생을 향상시키는 일이 무엇보다도 앞서 해결되어야 할 시급한 문제입니다. 민주주의의 건전한 발전도 복지국가의 건설도 승공 통일을 위한 국력 배양도 결국 경제 건설의 성패 여하에 달려있는 것입니다(1964년 제19주년 8.15 경축사)[67]."

여기서 중요한 사실은 박정희 정부가 경제성장을 수출 증대로 나타나는 양적인 개념으로 제시하고 수출의 증대를 정권 차원의 가장 중요한 국정

66_반공주의가 소극적이고 방어적인 성격을 지닌 것이었다면(조희연 2003) 성장주의는 적극적이고 공세적인 이념이었다. 이러한 면에서 반공주의가 성장주의와 결합됨으로 물적인 기반을 가지게 되었다고 평가할 수 있다.

67_대통령기록관. "1964년 제19주년 8.15 경축사." http://www.pa.go.kr/online_contents/speech/speech02/1305394_6175.html#(검색일: 2017/12/07).

목표로 삼았다는 것이다. 군사정부가 초기에 내포적 공업화를 시도한 것도 사실이었다. 하지만 내자 동원의 실패 이후 군사 정부는 미국의 권고를 수용하여 강력하고 적극적인 수출 드라이브 정책을 추진하였다.[68]

이 과정에서 박정희 정부는 한국 사회를 수출 전쟁에서 승리하기 위한 수출 동원 체제로 급격하게 재편하였다. 정부가 매년 달성해야 할 수출 목표를 설정하였으며 수출 달성 현황이 분기별로 언론에 제시되었으며 연말에는 수출 달성 실적을 기준으로 포상이 주어졌다. 당시 경제정책을 담당했던 핵심 관료가 회고한 대로 이시기 수출은 국시였다(오원철 2010).[69] 수출 증대라는 국시를 효과적으로 추진하기 위해서 박정희 정부는 속전속결, 총력 질주와 결과 중심주의 등을 특징으로 하는 군대식 총력 동원 체제를 구축하였다(조희연 2010). 대통령 박정희 자신은 이러한 군대식 동원 체제의 정점에서 "강력하고 유능한 수출 총사령관"의 역할을 효과적으로 수행하였다(강준만 2003, 13 · 재인용 강정인 2014, 243). 박정희는 1964년 수출 1억 달러 달성을 기념하여 수출의 날(11월 3일)을 제정하고 수출 진흥을 직접 독려하였다. 박정희는 다른 나라에서 유례를 찾기 힘들다고 평가되는 수출 진흥(확대) 회의를 직접 주재(152차례 회의 중 147번)하였다(조선일보 2013/05/03).[70]

68_이와 관련하여서는 많은 논쟁이 존재한다. 당시 존재하던 구조적 제약들과 행위자들의 전략적 선택을 매개하는 구성주의적 관점에서 이 과정을 분석한 글로서는 기미야 다다시(2012)를 참고하라.

69_예를 들어 박정희는 1965년 국가 시정목표를 수출, 증산, 건설의 해로 정했다. 이는 수출을 하고 모자라면 증산을 하고 그래도 부족하면 공장을 건설하면서 수출을 증진시키라는 방침이었다. 이에 대한 자세한 설명은 오원철(2010, 87-97)을 참조하라.

70_김기천. 2013. "[만물상] 수출진흥확대회의." 『조선일보』 (05월 03일). http://srchdb1.chosun.com/pdf/i_service/pdf_ReadBody.jsp?Y%20=2013&M=05&D=03&ID=2013050300075(검색일: 2017/01/24). 수출 진흥(확대)회의에 대해서는 국가기록원

박정희 정부의 강력한 수출 드라이브는 강권력에 기반을 둔 위로부터의 권위주의적 동원에 기반을 두고 있었지만 아래로부터의 암묵적인 또는 (일부) 국민들의 적극적인 지지와 동의가 없이는 성공할 수 없었을 것이다. 물론 이러한 지지와 동의를 박정희 지배 일반에 대한 능동적인 동의로 일치시킬 수는 없을 것이다(조희연 2010). 하지만 발전 전략으로서 수출 주도형 경제개발 전략은 일정한 성과를 만들어 냈으며 1960년대까지는 국민들의 광범위한 도전에 직면하지 않았다.[71]

1960년대 말 성장위주의 수출 주도형 경제개발이 한계를 나타내면서 박정희 정부는 외채위기와 부실기업 문제를 중심으로 한 경제 위기[72]를 겪게 되었고 이를 배경으로 대항 담론으로서 민족 경제론이 부각되었다(박태균 2009). 하지만 민족 경제론이 대안 담론으로서 국민들에게 광범위한 지지를 얻었다고 보기 어렵다. 여기에는 두 가지 조건이 중요했다. 먼저 1972년 유신체제의 등장으로 인해서 박정희 체제는 최소한의 민주적 외피만을 남긴 채 총력 안보 체제의 유사 파시즘 체제로 전환되었다(김동춘 2006). 이

의 자료를 참조하라.

http://www.archives.go.kr/next/search/listSubjectDescription.do?id=007296&pageFlag=(검색일: 2017/01/12).

71_흥미로운 것은 당시의 지식인들도 경제성장을 중심으로 한 근대화 노선에 비교적 우호적이었다는 사실이다(강정인 2014, 165,175). 구체적으로 박정희 정부 당시 비판적 지식인 진영을 대표했던 『사상계』를 분석한 인상적인 연구(김보현 2003)에 따르면 당시의 사상계에 기고된 글에서 나타난 지식인들의 인식은 민족의 이익을 생산력의 증대로 파악했다. 또한 균형 발전론에 대한 인식이 있었지만 대체적으로 공업화를 중심으로 한 불균형 발전론이 불가피하게 생각했다. 나아가 수출 주도 공업화를 옹호하는 이들이 훨씬 많았다(김보현 2003, 364).

72_박정희 정부의 수출 주도형 발전은 내적인 자본축적이 취약한 상황에서 외자 도입을 매개로 급격하게 이루어졌다. 박정희 모델은 초기에 성장에 있어서 일정한 성과를 나타냈지만 1960년대 말에 이르러 외채의 증가, 부실기업의 증가와 같은 내적인 모순이 세계 경제의 불황이라는 외적인 조건을 통해서 증폭되면서 위기로 발전하였다.

에 따라서 앞장에서 살펴본 바와 같이 유신 시기 대항 담론 또한 민주주의의 회복에 집중되었다. 둘째, 보다 더 중요한 조건은 박정희식 성장 중심의 경제발전 전략에 대한 체계적인 대안이 제시되고 실제로 실험된 적이 없다는 사실이다. 이 시기 비판적 지식인 사회에 의해서 제시되었던 민족 경제론은 기본적으로 대항 담론의 성격이 강했으며 성장 담론에 대한 대안 담론으로 기능하지 못하였다. 역사적으로 볼 때 71년 제7대 대선에서 김대중에 의해서 제시된 대중 경제론[73]이 아마도 가능한 대안이 될 수 있었을지도 모른다. 하지만 주지하듯이 김대중은 71년 대선에서 권력을 총 동원했던 박정희에 근소한 차로 패배하였고 이 기회는 역사적으로 사라졌다.[74]

박정희 정부가 집권했던 18년 동안은 한국형 발전 모델이라고 할 수 있는 수출 주도형 성장 모형이 뿌리를 내리고 두드러진 성공을 거둔 시기였다. 대안적인 발전 모델을 체험하지 못하고 박정희의 동원 전략을 수용했던 대다수 국민은 이 시기를 거치면서 경제성장우선주의의 가치를 내면화

73_대중 경제론은 김대중의 자신의 이론으로만 보기 어려운 점이 많다. 최근에 논의에 따르면 대중 경제론은 김대중이 71년 대선을 통해서 체계적으로 제시하기 전인 1960년대 말 박순천 유진오 등에 의해서 언급된 바 있다. 또한 김대중이 제시한 대중 경제론 또한 민족 경제론자 박현채의 주도하에 형성된 것이다(김일영 2007). 하지만 정치적 아젠다로서 대중 경제론을 체계화하고 국민들에게 제시한 김대중의 공을 인정하는데 인색할 필요는 없다. 김대중의 대중경제론은 이후 80년대 미국 망명 기간 동안 일정한 변화를 겪고 IMF 경제 위기를 배경으로 4번째 도전 끝에 대통령에 당선된 후 민주주의와 시장경제의 병행 발전론으로 진화된다.

74_김대중이 집권에 성공했다고 하더라도 야당의 발전 전략이 대중 경제론을 통해서 박정희 정부의 성장 중심주의를 극복할 수 있었을지 여부는 알 수 없다. 하지만 다음의 두 지적은 의미 있는 시사점을 제기한다. 먼저 김보현은 그의 다른 저작에서 민족 경제론과 대중 경제론은 생산력의 혁명이란 발상에 압도된 개발주의 기획의 또 다른 버전이었다고 평가한다(2005, 188). 나아가 김대중의 대중 경제론은 그의 미국 망명 시절 대중 참여 경제론(Mass Participatory Economy)으로 개정된 저작(1985)에서 수출 주도형 발전 전략에 대해서 명시적으로 긍정적 평가를 내림으로써 이전 저작에 비해서 의미 있는 변화를 나타낸다. 이에 대한 자세한 논의는 김일영(2006)을 참조하라.

하게 되었다.[75]

2. 민주화와 경제성장우선주의의 변화

한국형 경제성장 모델이 만들어졌던 박정희 시기를 통해서 다수의 국민에게 내면화되었던 경제성장우선주의가 변화될 수 있었던 첫 번째 역사적 계기는 민주화였다. 특히 최초의 평화적 정권교체를 이루었던 국민의 정부와 국민의 정부를 계승했던 참여정부가 성장 일변도 박정희 모델에 대안적인 민주주의 모델을 구축하는 데 성공하였더라면 경제성장우선주의는 다른 모습을 나타냈을 것이다. 다시 말하면, 박정희식의 '얼마나 많은 성장이냐'에서 *'무엇을 위한 성장이냐' '누구를 위한 성장이냐'*로 의제전환이 이루어졌어야 한다. 하지만 민주 정부를 자임했던 국민의 정부와 참여정부의 정책적 목표는 결과적으로 경제성장우선주의의 적극적 수용으로 귀결되었다.[76]

전대미문의 IMF 경제 위기 와중에서 집권에 성공한 국민의 정부는 '민주주의와 시장경제의 병행 발전'이라는 국정철학을 제시하고 '민주적 시장경제'체제의 수립을 추구하였다. 그러나 국민의 정부가 제시한 '민주적 시장경제'는 박정희 모델에 대안적인 모델을 추구하는 개념이 아니었다. '민주적 시장경제론'은 시장의 방임과 실패를 국가가 교정하는 적극적인 개념

75_이 장의 분석은 박정희 정부의 지배 이념과 경제성장우선주의와의 관계를 중심으로 분석하였다. 보다 엄밀한 논의를 위해서는 이러한 거시적인 분석이 개인적인 수준에서 경험적인 근거를 갖는지 추가적인 분석이 필요하다. 아쉽게도 관련된 자료가 존재하지 않아서 경험적인 분석이 가능하지 않았다. 이 부분은 이 장의 분석의 한계로 지적되어야 할 것이다.

76_한 연구는 97년 경제 위기 이후 김대중 노무현 정부의 정책 지향성을 '발전주의적 신자유주의화'(developmental neoliberalism)로 개념화한다(윤상우 2009).

이라기보다는 국가가 시장의 원활한 작동을 위해서 필요한 역할을 하는 개념으로 김대중이 71년 대선 과정을 통해서 제시한 '대중 경제론'과도 상당한 차이가 있었다(류동민 2012). 더구나, 국민의 정부의 민주적 시장 경제론은 IMF로부터 부과되는 신자유주의적 구조 개혁의 압력, 소수당 분점 정부라는 제도적 불안정성, 그리고 이념적으로 이질적인 공동 정부로 인한 정치적인 긴장이라는 삼중의 제약 속에서 제대로 실현되지 못했다.[77]

국민의 정부의 최우선 국정 목표는 경제 위기의 극복이었다. 따라서 국민의 정부는 모든 역량을 위기 극복에 집중하였으며 비교적 단기간인 3년 8개월 만에 외채를 모두 상환하고 IMF 구제금융체제를 극복할 수 있었다. 이 장에서 주목하는 점은 국민의 정부 경제정책의 방향 또한 양적인 의미의 경제 회복과 성장에 초점을 맞추었다는 사실이다.[78] 실제로 국민의 정부는 민간소비의 진작과 경기 활성화를 명분으로 이전 정권과 다름없이 경기 부양책을 적극 추진하였다. 부동산 정책으로서는 분양가 자율화, 분양권 전매허용, 임대사업 요건 완화와 같은 정책들이 실시되었고 국민의 정부의 부동산 정책은 전셋값 급등을 포함한 부동산 가격 상승으로 이어졌다(최현일 2002). 또한 소비 진작을 위해서 신용카드의 사용을 장려했던 김대중 정부의 정책은 신용카드 대란으로 이어졌고 신용불량자를 양산하는 배경이

77_ 당시 경제 위기 극복의 방안으로서 IMF의 구조조정 프로그램밖에 없었느냐는 여전히 중요한 주제이다. 본격적인 논의는 이글의 범위를 벗어난다. 태국과 말레이시아의 상이한 선택과 정치 · 경제적 결과에 대한 논의는 이동윤(2011)의 논의를 참고하라. 흥미로운 사실은 최근 들어 신자유주의적 경제 위기를 겪었던 국가들의 경제구조조정에 대한 만병통치적 처방으로 IMF가 전파했던 신자유주의적 긴축프로그램에 대한 비판이 IMF 자체 연구에서 나왔다는 사실이다. 오스트리(Ostry, Loungani and Furceri 2016)등에 의하면 IMF 처방은 성장을 증진시키기보다는 불평등을 심화시켰다. 증가된 불평등의 비용은 명확했다. 증가된 불평등은 지속가능한 발전을 저해한 것이다.

78_이는 당시의 긴박한 상황과 구조적 제약을 고려할 때 불가피 했을지 모른다.

되었다.[79]

국민의 정부를 계승했던 참여정부는 집권 청사진을 제시한 공약집에서 7% 경제성장을 경제 공약의 우선순위로 제시함으로써 경제성장우선주의적 지향을 분명히 하였다. 또한 '기업하기 좋은 나라'라는 슬로건 속에서 규제 완화(정비)와 준조세 정비를 통한 기업부담의 완화와 법인세의 인하를 주요 공약으로 제시하였다(새천년민주당 2002). 참여정부의 경제성장우선주의적 국정 목표는 2003년 8·15 경축사를 통해서 제시된 '국민소득 2만 불 시대 전략'을 통해서 잘 나타났다.

성장이라는 최우선 국정 목표에 따라 대외적으로 개방이 중요한 정책적 수단이 되었다. 지구화와 신자유주의의 확산이라는 불가피한 국제 경제적 조건에서 경쟁력의 향상을 위해서는 개방을 통해서 통상국가로 나아가야 했던 것이다. 이러한 전략적 고려 속에서 자유무역협정(Free Trade Agreement)이 적극적으로 추진되었다. 대내적인 정책에 있어서도 국민의 정부 경기 부양책의 부작용을 물려받았던 참여정부는 '인위적인 부양책을 쓰지 않겠다'[80]고 선언했지만 정치적 격변기였던 탄핵 이후에는 투자 활성화와 소비 진작에 집중하였다.

간단히 살펴본 것처럼 진보 정부라고 일컬어지는 국민의 정부와 참여정부는 성장 담론과 차별되는 국정 목표와 정책적인 방안을 제시하고 실행하는 데 실패하였다. 비록 수단은 박정희 모델과는 달랐지만 두 정부 모두 국

79_경제 위기 이후 5여 년 만에 신용불량자의 숫자는 1998년 192만 명에서 2004년 392만 명으로 두 배 증가하였다. 경제 위기는 극복되었다지만 신용불량자는 양산된 것이다. 구체적인 내용은 김순영(2010)을 참조하라.

80_한겨레. 2002. "노무현 "정부 경기부양 신중을"." 『한겨레』 (10월 14일). http://legacy.www.hani.co.kr/section-003000000/2002/10/003000000200210141112314.html(검색일: 2018/02/01).

정의 최우선 목표로서 경제성장우선주의 담론을 적극적으로 수용하였다.

흥미로운 사실은 한국의 신자유주의 경제모델을 비판하고 대안적인 정당을 추구했던 진보진영의 경우도 이러한 성장 프레임으로부터 전적으로 자유롭지 못했다는 것이다. 민주노동당 대표를 역임했던 통합진보당 제19대 국회의원 선거 창원 갑 문성현 후보의 구호는 '밥 먹여 주는 진보'였다(오마이뉴스 2012/01/03). 이 구호는 이후 진보정당을 대표하는 정치인인 심상정 정의당 신임대표의 구호로 이어졌다(중앙일보 2015/07/20).

경제성장우선주의 프레임의 영향력은 경제민주화가 선거의 주요 이슈로 부상하자 보수정당 최초로 이를 선제적으로 제시하여 제18대 대통령선거에서 승리한 새누리당의 담론에서도 잘 나타났다. 새누리당은 '돈이도는 경제민주화'라는 프레임으로 경제성장 우선주의로 채색한 경제민주화 담론을 내세웠다(경향신문 2013/06/16).

그렇다면 경제 위기와 함께 진보 정부를 거치는 동안 경제성장우선주의에 대한 국민들의 지지는 어떠한 양상을 나타냈는가?

〈그림 6-1〉은 경제 위기가 있었던 1997년 이후 시행된 다양한 여론조사를 기반으로 하여 경제성장우선주의에 대한 국민들의 선호 변화를 나타내고 있다. 경제 위기가 있었던 1997년에 실시된 조사(KDB 1997)에서는 경제성장이 더 중요하다는 응답이 절반이 넘는 53%에 달했다. 이에 반해서 같은 조사에서 민주주의가 더 중요하다고 답한 사람은 단지 8.8%에 지나지 않았다. 이러한 결과는 전대미문의 경제 위기를 겪으면서 확산된 경제성장에 대한 선호가 반영된 결과라는 해석이 가능하다.

〈그림 6-1〉 경제성장과 민주주의에 대한 선호의 변화

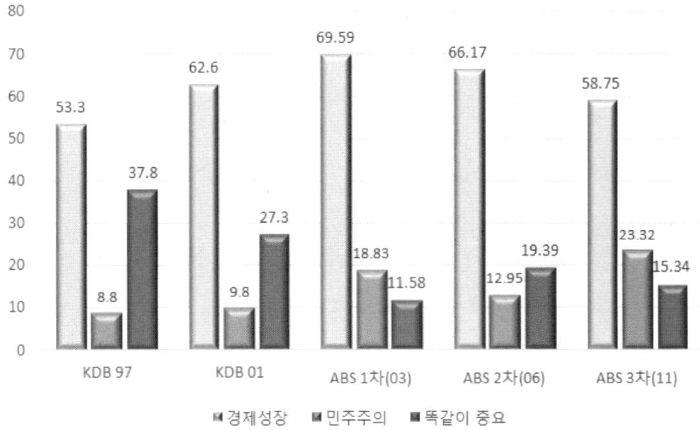

출처: 한국민주주의바로미터(KDB), 1997년, 2001년 조사
아시아바로미터(ABS), 1차(2003), 2차(2006), 3차(2011) 조사

하지만 중요한 사실은 경제성장에 대한 선호가 경제 위기를 극복한 이후에도 지속적으로 상승하였다는 사실이다. 경제성장에 대한 선호는 2003년에 실시된 조사(KDB 2003)에서는 응답자의 3분의 2가 훨씬 넘는 69.59%에 달했다. 이후 경제성장에 대한 선호는 다소 하락하였지만 가장 최근 조사인 2011년 아시아바로미터(ABS) 3차 조사에서도 절반이 넘는 58.75%를 유지하였다. 요컨대, 경제성장우선주의에 대한 선호는 민주화의 심화 과정에서도 여전히 지속되었으며 민주주의에 대한 선호를 압도해왔다.

경제성장우선주의의 지속성을 최근에 부상한 복지 이슈와의 비교해 좀 더 자세히 살펴보자. 2011년 서울시장 보궐선거에서 복지 이슈는 한국 정치에서 중요한 이슈로 부상하였다. 다수의 선행 연구에 따르면 복지 이슈는 2012년 4월 제19대 총선과 같은 해 치러진 제18대 대선 과정에서 유권

자의 선택에 중요한 이슈로 작용하였다. 하지만 한 연구(강우진 2013c)에 따르면 실제로 제18대 대선에서 박근혜 후보에 대한 투표를 결정한 변수는 복지정책에 대한 유권자 자신과 박근혜 후보 사이의 정책적 일치가 아니었다. 오히려 경제성장에 대한 정책적 일치가 유권자의 후보선택에 더 중요한 요인으로 작용하였다.

〈그림 6-2〉 차기 대통령이 해결해야 할 시급한 과제순위.

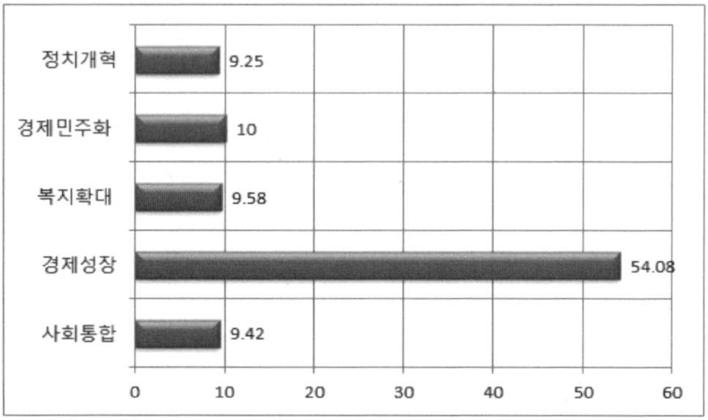

출처: 서울대학교 한국정치연구소 제18대 대선 선거 후 여론조사(2012)
참고: 수치는 %; 사례 수는 1200명. 제시되지 않은 기타 무응답을 포함해서 100%.

〈그림 6-2〉는 제18대 대선 직후 실시된 여론조사에서 나타난 차기 정부의 해결과제 순위에 대한 응답자의 인식을 제시하고 있다. 경제 민주화와 복지 이슈가 중심이 되었다고 평가되는 제18대 대선에서 절반이 넘는 54.08%가 차기 정부가 해결해야 할 시급한 과제로써 경제성장을 선택하였다. 반면에 경제 민주화와 복지 확대와 같은 이슈들을 선택한 응답자는 10%에 지나지 않았다.

이러한 결과는 경제성장우선주의가 민주화가 정착된 이후에도 또한 복지 이슈가 핵심적인 이슈로 부상한 이후에도 여전히 강력한 영향력을 발휘하고 있다는 것을 잘 보여주고 있다. 그렇다면, 경제성장우선주의의 지속성의 원인은 무엇인가? 다음 절에서는 한국 민주주의에서 경제성장우선주의의 선호가 지속적으로 유지된 이유에 대해서 살펴보자.

3. 경제성장우선주의가 지속된 이유는 무엇인가?

민주주의의 성공적인 정착 이후에도 국민들이 경제성장우선주의를 지속적으로 선호해온 데에는 다양한 요소가 작용하였을 것이다. 아쉽게도 경제성장우선주의가 민주화 이후에도 지배적인 지위를 유지하고 있는 원인을 본격적으로 분석한 선행 연구는 존재하지 않는다. 따라서 필자는 다양한 선행 연구에 기반을 두고 네 가지 가능한 영향 변수를 추출하고 이러한 변수들의 타당성을 검증하고자 한다. 네 가지 가능한 변수는 시민들의 권위주의적 정향(authoritarian orientations), 민주주의 본질에 대한 시민들의 이해, 시민들이 처한 경제적 조건, 마지막으로 민주주의 체제의 수행력에 대한 시민들의 비판적인 평가이다.

먼저, 시민들이 가진 권위주의적 정향이 중요한 변수가 될 수 있다. 권위주의 체제로부터 민주주의 체제로 이행한 신흥 민주주의 국가에서 시민들이 민주주의 체제의 정당성에 대한 신뢰와 지지를 성공적으로 내면화하였다면 경제성장보다는 민주주의의 가치를 더 지지하는 내재적인(intrinsic) 시각을 나타낼 것이다. 반면에 시민들이 민주주의 체제에 대한 지지를 유보하거나 권위주의 체제에 대한 향수가 강할 때 민주주의 가치에 대한 선호보다는 경제성장을 선호하는 도구적인(instrumental) 태도를 나타낼 것이다.

한국은 제3의 물결 민주주의 국가군 중에서 가장 성공적인 민주주의 국가로 평가받아왔다. 하지만 학자들은 한국을 중국 대만과 함께 '유교적 가치'가 중심적인 사회로 분류해왔다. 문화적인 관점에 따르면 권위주의적 정향과 친화성을 가진 아시아 가치가 지배적인 사회에서는 서구식 민주주의에 적합하지 않다(Lee Kwan Yu 1994; Pye 1989; Scalapino 1989). 권위주의적 위계를 수용하며 개인의 권리보다는 공동제적 질서를 더 중시하는 한국과 같은 유교주의적 사회에서는 서구적 민주주의의 토양이 취약하다는 것이다.

둘째, 시민들의 경제성장우선주의에 대한 지속적인 선호는 기본적으로 시민들의 민주주의에 대한 이해에 기반하고 있을 수 있다. 지난한 투쟁의 과정을 통해서 민주주의가 획득되었던 서구와는 달리 동아시아의 민주주의는 외부로부터 도입되었고 민주주의의 내면화 과정은 여전히 진행 중이다. 이에 따라서 시민들의 민주주의의 본질에 대한 이해도 선진 민주주의 국가 시민들의 민주주의에 대한 이해와 사뭇 다르다. 동아시아 13개국에서 시민들의 민주주의에 대한 이해를 분석한 한 연구(Chu, Huang and Jie 2013)에 따르면 동아시아 시민들은 네 가지 경쟁적인 요소 중에서 좋은 거버넌스(31.8%)와 사회적 공정(29.3%)과 같은 산출 차원이 규범과 절차(21.8%) 그리고 자유(17.1%)보다 더 민주주의의 의미에 적합한 것으로 인식하고 있었다. 서구와는 달리 동아시아에서는 자유와 규범 및 절차가 네 가지 영역 중에서 상대적으로 낮은 순위를 차지하였다. 한국의 사례를 살펴보면 내재적인 이해가 40.6%로 나타났으며 실질적인 이해가 59.4%로 확인되었다. 이 수치는 한국의 국민들이 동아시아의 평균보다는 더 내재적인 방식으로 민주주의를 이해하고 있다는 것을 나타낸다.[81]

동아시아에서 두드러지게 나타난 민주주의에 대한 산출(output) 중심의 이해는 시민들의 민주주의와 경제성장우선주의의 선호에 영향을 미칠 것이다. 시민들이 민주주의의 본질이 공정성의 확보나 더 나은 거버넌스의 실현에 있다고 이해하고 있을 경우 민주주의 자체보다는 경제성장우선주의를 선호할 것이다. 역으로 시민들이 자유와 규범적이고 절차적인 차원을 중심으로 민주주의를 이해하고 있을 경우 경제성장우선주의보다는 민주주의 가치가 더 중요하다고 인식할 것이다.

셋째, 시민들의 처한 주객관적 경제적 조건이 시민들의 경제성장우선주의의 선호에 영향을 미칠 수 있다. 경제투표에 대한 많은 문헌이 경제에 대한 시민들의 평가가 정부에 대한 비판적 평가와 관련이 있다는 것을 확인하였다. 경제적 조건의 악화가 특정한 정권을 넘어서 상당 기간 지속될 때 경제적 조건에 대한 평가는 특정한 정권에 대한 평가를 넘어서 체제에 대한 평가로 발전될 수 있다(Dalton 2004). 특히 신흥 민주주의 국가에서는 경제 위기와 불황의 지속은 민주주의 체제의 경제적 효능성에 대한 회의를 증가시킬 수 있다.

마지막으로 시민들이 민주주의보다 경제성장우선주의를 지지하는 이유는 민주주의 체제의 수행력에 대한 비판적인 평가 때문일 수 있다. 시민들이 권위주의 체제로부터 이제 막 이행한 민주주의 체제의 문제해결 능력에 비판적인 시각을 가질 경우 민주주의 내재적 가치보다는 경제성장우선주의를 더 지지하는 도구적인 태도를 나타낼 것이다. 이 관계를 정확히 이

81_이 수치는 한국과 비교의 대상이 될 수 있는 일본과 대만의 수치보다도 더 높은 수치였다. 일본의 경우 내재적인 이해가 29.8%를 기록하였고 실질적인 이해는 70.2%를 기록하였다. 대만은 단지 35.3%만이 내재적인 이해를 나타낸 반면에 실질적인 이해는 54.8%를 기록하였다(Chu, Huang and Jie 2013, 34).

해하기 위해서는 한국 민주주의가 처한 구조적인 조건에 대해서 주목할 필요가 있다.

먼저, 전대미문의 경제 위기와 민주주의의 공고화 과정이 중첩되었다는 사실이다. 비록 권위주의 세력과 연합을 통해서 집권했지만 박정희 정부 이후 최초의 민간정부였던 김영삼 정부의 개혁 드라이브는 국제통화기금(IMF)의 구제금융으로 막을 내렸다. 요란했던 개혁 드라이브와 극명하게 대비되었던 IMF 경제 위기는 민주주의 체제에 대한 지지가 확고히 뿌리내리지 않은 한국 사회에서 시민들이 민주주의 체제의 효능성에 대해서 의문을 제기하는 역사적 계기가 되었다. 이후 경제 위기 와중에서 최초의 평화적 정권교체를 이루었던 김대중 정부는 IMF 구제금융을 비교적 단기간에 극복하고 위기 극복에 성공하였다. 하지만 앞서 살펴본 대로 IMF의 신자유주의적인 정책을 수용한 김대중 정부하에서 정리해고가 본격적으로 도입되었고 비정규직 노동자가 크게 늘었다. 결국 경제 위기를 단기간에 극복했다고 자부하던 김대중 정부 하에서 경제적 불평등은 심화되었다. 김대중 정부를 계승했던 노무현 정부에서 경제적 불평등은 부동산 가격폭등으로 대표되는 정책적 대응의 실패로 완화되지 않았다.

또한 한국의 민주주의는 앞서 언급한 대로 민주주의 수행력이라는 점에서 두 가지 중요한 도전에 직면하고 있다. 첫째, 한국의 민주주의는 '과거의 성공으로부터 도전'을 받고 있다. 한국은 박정희 권위주의 정부 시절 위로부터의 동원을 통해서 급속한 경제성장을 이루었고 한국형 경제성장 모델을 구축하였다. 한국의 민주주의 공고화 과정과 중첩된 전례 없는 경제 위기는 박정희 시절의 고도의 경제성장에 대한 대중들의 노스탤지어를 자극하는 배경이 되었다. 둘째. 한국 민주주의는 중국과 싱가포르와 같은 동아시아의 높은 수행력을 가진 당대의 권위주의 모델로부터도 도전을 받고 있다(강우진 2013). 실제로 '싱가포르 모델'과 중국 모델'로 대표되는 권위주의 체제와 높은 경제성장이 결합한 동아시아의 독특한 정치경제 모델은 민주주의 가치의 내면화가 여전히 진행 중인 신흥 민주주의 국가에 중요한 도전이 되고 있다.

이러한 구조적 조건 속에서 신흥 민주주의 체제가 시민들이 기대하는 수행력을 나타내지 못할 때 시민들은 민주주의의 문제해결 능력에 의문을 갖게 될 것이다. 요컨대 민주적 효능성(democratic efficacy)에 의문을 가질 때 시민들은 민주주의보다는 경제성장우선주의를 지지할 것이다.

4. 분석 모델과 결과

자료

이 장의 분석에서 사용된 자료는 2001년 수집된 한국민주주의바로미터(KDB 2001) 조사이다. 이 글의 목적이 경제성장우선주의에 대한 시민들의 선호 결정 요인의 탐색이라는 점에서 이 조사는 현재 접근 가능한 여론조사 중에서 상대적으로 많은 장점을 가지고 있다. 이 조사는 IMF 경제 위기 이후 일정한 시점이 지난 후에 경제 위기를 다루는 민주주의 정부의 수행력에 대한 시민들의 평가를 포함하고 있는 거의 유일한 여론조사이다.[82]

82_KDB 2001 자료의 한계 또한 존재한다. 2001년 조사가 민주화 이후 경제성장우선주의의 기원을 밝힌다는 장점에도 불구하고 과연 현재의 시점에도 유효한가라는 문제 제기가 가능하다. 이 글의 목적은 현재의 시점에서 경제성장우선주의 결정 요인을 분석하는 것이 목적이 아니라 민주주의의 성공적인 정착에도 불구하고 경제성장우선주의가 지배적인 원인을 분석하는

측정과 분석 모형

1) 종속변수: 경제성장우선주의

이 글에서는 민주주의보다 경제성장의 가치를 더 중요하게 생각하는 시민들을 경제성장우선주의를 지지하는 시민들로 조작화하였다. 이에 따라서 "ㅇㅇ님은 민주주의와 경제성장 중 어느 것이 더 중요하다고 생각하십니까"란 문항에서 경제성장이 중요하다고 선택한 응답자를 대상으로 종속변수가 구축되었다. 응답자 중에서 "경제성장이 절대적으로 더 중요하다"고 대답한 응답자와 "경제성장이 다소 더 중요하다"고 답한 응답자를 대상으로 가변수를 구축하였다. 이와 같이 대답한 응답자는 1점을 민주주의를 선택한 응답자는 0점으로 부호화하였다.

2) 독립변수

앞선 논의에 기반을 두고 독립변수는 네 가지 변수들이 포함되었다. 먼저 권위주의적인 정향(authoritarian orientation)에 대한 변수이다. 이 변수는 다음과 같은 세 변수를 통해서 측정되었다. 먼저 권력분립과 연관된 변수이다. 이 변수는 "*의회와 선거를 없애고 강력한 지도자가 결정을 해야 한다.*"라는 진술에 대한 응답자의 의견을 통해서 측정되었다. 두 번째, 다원주의와 관련된 변수이다. 이 변수는 "*다수당이 아니라 일당이 국민의 이해를 대변해야 한다.*"라는 문항에 대한 응답자의 대답을 근거로 측정되었다. 세 번째, 군사주의이다. 이 변수는 "*군대가 나라를 통치하여야 한다.*"라는 문항

것이기 때문에 2001년 자료의 상대적인 장점이 있다고 할 수 있다. 아쉽게도 보다 최근 시점에서 실시된 여론조사에서는 경제 위기와 민주주의의 정부와의 관계를 묻는 설문 문항이 존재하지 않는다.

에 대한 응답을 기반으로 측정되었다. 원자료에서 이 세 변수에 대한 응답은 4점 척도로 측정되었다(1: 매우 반대~4: 매우 동의). 세 가지 질문에 동의한 집단을 구분하여 권위주의 정향 변수를 도출하였다. 점수가 높을수록(세 변수 모두 동의) 권위주의적인 정향이 강하다는 것을 나타낸다.

두 번째 변수는 민주주의 본질에 대한 이해이다. 민주주의의 본질에 대한 이해의 측정은 민주주의에 대한 내재적인 이해가 사용되었다. 이 변수는 다음의 문항에 근거하여 측정되었다: "다음 민주주의에 가장 중요하다고 생각되는 두 가지를 말씀해 주십시오." 내재적 차원은 위의 질문에 정치적 자유와 정치적 참여를 선택한 응답자를 대상으로 가변수를 구축하여 측정되었다.

세 번째, 경제적 조건과 이에 대한 인식이다. 객관적인 경제적 조건은 소득을 기반으로 측정되었다. 소득은 5급 간(99만 원 이하, 100~149만 원, 150~199만 원, 200~249만 원, 250만 원 이상)으로 측정되었다. 경제적 조건에 대한 인식은 두 차원에서 측정되었다. 먼저 자신의 사회 경제적 지위에 대한 주관적인 평가이다. 이는 5급 간으로 나누어 측정되었다(하, 중하, 중, 중상, 상). 두 번째, 현재 국가 경제 조건에 대한 평가이다. 이는 5급 간으로 측정되었다(1:매우 좋다~5:매우 나쁘다).

마지막으로 민주주의 체제의 수행력에 대한 평가이다. 민주주의 수행력은 시민들이 민주주의 수행력에 비판적인 시각을 가지게 된 역사적 계기였던 경제 위기와 연관된 두 가지 변수를 통해서 측정되었다. 먼저, 민주주의의 경제 위기의 해결능력에 대한 변수이다. 이 변수는 ○○님은 국가 경제 문제를 해결하는데 "민주 정부가 더 낫다고 보십니까?" 아니면 "○○님은 박정희 정권과 같은 독재정권이 더 낫다고 보십니까?"라는 문항에 근거하여 도출되었다. 이 문항에 박정희 정부와 같은 독재정권을 선택한 응답자를 대상으로 가변수를 도출하였다. 다음으로, 경제 위기와 연관된 민주주의에 대한 평가이다. 이 변수는 "ㅇㅇ님은 경제 위기를 겪으면서 한국 상황에는 아직도 독재정치가 민주정치보다 낫다는 생각을 얼마나 자주 해보셨습니까"의 문항에 근거하여 측정되었다(1. 전혀 하지 않았다; 2. 별로 하지 않았다; 3 때때로 했다; 4: 자주했다).

또한 다양한 통제변수들이 추가되었다. 첫째, 정부의 반응성이다. 정부의 반응성은 "ㅇㅇ님은 정부 당국자들이 정책을 결정하기 전에 일반 국민들의 의견과 이익을 어느 정도 고려한다고 생각하십니까?" 라는 문항에 근거하여 4점 척도로 측정되었다(1: 매우 고려한다~4: 전혀 고려하지 않는다). 둘째, 거주 지역이다. 농촌 지역을 나타내는 읍면동 거주자만을 대상으로 가변수를 도출하였다. 셋째, 연령이다. 연령은 20대와 60대까지 세대별로 측정되었다. 넷째, 교육은 3급 간(중졸 이하, 고졸, 대재 이상)으로 측정되었다. 다섯째. 여성은 1로 남자는 0으로 측정되었다.

분석 모형으로서는 종속변수가 이항변수이기 때문에 로짓 모형(logit analysis)을 사용했다. 또한 독립변수의 영향력의 크기에 대한 분석을 좀 더 쉽게 하기 위하여 한계효과(marginal effects)를 추출하였다. 상관관계 분석을 통해서 전체적으로 변수들 간에 높은 상관관계가 존재하지 않다는 것을 확인하였다. 다만 민주주의 수행력에 대한 두 변수 사이에는 0.4810으로 비교적 높은 상관관계가 있다는 것을 확인하였다. 따라서 검증 모델을 둘로 나눠서 모델1에서는 경제 위기 대처 능력(박정희 체제 우월)과 모델2에서는 경제 위기 이후 민주주의에 대한 인식의 변화를 검증하였다.

3. 분석 결과

1) 어떠한 사람들이 경제성장우선주의를 지지하는가?

본격적인 분석에 앞서 경제성장우선주의를 지지하는 유권자들의 배경을 살펴보는 것이 도움이 될 것이다. 〈표 6-1〉은 경제성장우선주의를 지지한 사람들의 사회 경제적 배경에 대한 분석을 제시하고 있다. 먼저 연령과의 관계를 살펴보면 경제성장우선주의는 다양한 연령대에 걸쳐서 영향력을 발휘하고 있는 것으로 나타났다. 카이 제곱 검정에서도 유의미한 결과가 나타나지 않았다. 한편 응답자의 학력은 3급 간으로 측정된 학력 차에 따라서 의미 있는 차이가 존재하는 것으로 나타났다. 카이제곱 검증 또한 통계적으로 유의미하게 확인되었다. 중졸 이하로부터 대졸 이상으로 학력이 높아질수록 경제성장우선주의에 대한 지지는 71.43%에서 57.73%로 감소하였다. 하지만 대졸 이상의 집단에서도 경제성장우선주의에 대한 지지는 민주주의에 대한 지지(13.88%)를 압도하였으며 둘 다 중요하다고 대답한 응답자에 비해서도 두 배의 지지를 나타내었다. 5급 간으로 측정된 소득의 경우에는 소득에 따른 경제성장우선주의의 선호의 차이가 두드러지게 나타나지 않았다.

〈표 6-1〉 경제성장우선주의 지지자의 정치적, 사회 경제적 배경

범주	경제성장우선주의가 더 중요	민주주의가 더 중요	둘 다 중요	카이제곱 검정
연령				Pearson chi2(12)= 17.7681 Pr = 0.123
20대	54.55 (132)	10.74 (26)	34.30(83)	
30대	63.95 (165)	11.24 (29)	24.42(63)	
40대	62.63 (119)	11.58 (22)	25.26(48)	
50대	67.24 (78)	6.03 (7)	26.72 (32)	
60대 이상	71.53 (98)	5.84 (8)	21.90 (30)	
학력				Pearson chi2(9)= 26.7233

중졸이하	71.43 (165)	7.36 (17)	20.35 (47)	
고졸	62.24 (244)	7.92 (31)	29.59 (116)	Pr = 0.002
대졸이상	57.73 (183)	13.88 (44)	28.08 (89)	
소득				
99만원 이하	74.21 (118)	6.29 (10)	19.50 (31)	
100만원-149만원	59.78 (110)	10.87(20)	28.80 (53)	Pearson chi2(12)= 17.4708 Pr = 0.133
150만원-199만원	60.32 (114)	8.47 (16)	30.69 (58)	
200만원-249만원	64.77 (114)	9.66 (17)	25.57 (45)	
250만원 이상	58.88 (116)	13.71(27)	26.40 (52)	
직업				
농/임/어업	78.26 (36)	8.70 (4)	13.04 (6)	
자영업	64.39 (85)	13.64(18)	21.97(29)	
블루칼라	62.86 (110)	7.43 (13)	29.14 (51)	Pearson chi2(21)= 36.1961 Pr = 0.021
화이트 칼라	59.57 (112)	9.04 (17)	31.38 (59)	
가정주부	66.67 (182)	7.33 (20)	25.57 (29)	
학생	44.64 (25)	19.64(11)	36.71 (20)	
무직	59.42 (41)	10.14 (7)	28.99 (20)	
지역				
서울	56.34 (120)	11.27 (24)	26.27 (67)	
인천/경기	59.73 (132)	11.31 (25)	28.96 (64)	
강원	75.00 (24)	3.13 (1)	18.75 (6)	Pearson chi2(18)= 23.6484 Pr = 0.167
대전/충남/충북	68.42 (65)	7.37 (7)	24.21 (23)	
광주/전남/전북	69.83 (81)	9.48 (11)	19.83 (23)	
대구/경북	60.29 (72)	6.54(7)	26.17 (28)	
부산/경남	61.64 (98)	10.69 (17)	27.67 (44)	
지역규모				
대도시	57.45 (266)	10.15 (47)	31.97 (148)	Pearson chi2(9)= 28.5023 Pr = 0.001
중소도시	62.96 (221)	9.69 (34)	26.78 (94)	
읍면	81.39 (105)	8.52 (11)	10.07 (13)	
지지정당				Pearson chi2(18)= 30.0651 Pr = 0.037
한나라당	70.37 (95)	7.41 (10)	22.22 (30)	
민주당	59.61 (121)	11.82 (24)	28.57 (58)	
평균	62.78 (592)	9.76 (92)	27.04 (255)	

출처: 한국민주주의바로미터(2001)
참고: 총 사례 수는 '다른 사례' '잘 모름'을 포함하여 943

직업군에 따른 선호를 살펴보면 농/임/어업과 같은 1차산업에 종사하는 직업군에서 경제성장우선주의에 대한 선호가 78.26%로 가장 크게 나타났다. 가장 적게 나타난 집단은 학생으로 44.64%를 기록해 두 집단의 차이는 33.62%로 크게 나타났다. 하지만 카이제곱검정은 통계적으로 유의미하게 확인되지 않았다(0.01수준). 지역적인 차이는 그다지 두드러지지 않았다. 가장 큰 선호를 나타낸 강원지역(75%)과 가장 적은 선호를 나타낸 서울지역(56.34%)의 차이는 20%를 밑돌았다(18.66%). 지역의 규모에 따른 선호는 대도시와 읍면지역의 차이가 23.94%로 나타나 비교적 크게 나타났다. 더구나 카이제곱 검정에서는 학력과 함께 통계적으로 유의미한 차이를 나타냈다. 정당 일체감에 따른 차이는 민주당과 한나라당의 차이가 10% 내외(10.76%)로 나타나서 그다지 크게 나타나지 않았다.

요컨대, 〈표 6-1〉의 결과는 경제성장우선주의에 대한 지지가 연령, 소득, 지역 지지정당에 크게 영향을 받지 않고 광범위하게 존재하고 있음을 나타내고 있다. 하지만 학력과 지역의 규모에 따라서는 일정한 영향을 받고 있다는 사실 또한 나타냈다.

2) 왜 경제성장우선주의를 지지하는가?

〈표 6-2〉 변수들의 기술통계

변수	사례 수	평균	표준편차	최소	최대
권위주의적 정향	863	8.537	1.822	3	12
민주주의에 대한 내재적 이해	943	0.705	0.456	0	1
소득	905	3.075	1.402	1	5
주관적 지위	943	3.602	0.858	1	5
가정경제	941	3.720	0.779	1	5
경제 위기 능력(박정희 체제 우월)	943	0.370	0.483	0	1
경제 위기 이후 민주주의에 대한 인식	918	2.620	0.828	1	4

출처: KDB 2001

본격적인 분석 결과의 제시에 앞서서 〈표 6-2〉는 주요 변수에 대한 기술 통계를 제시하고 있다.

〈표 6-3〉 경제성장우선주의 결정 요인에 대한 경험 분석(Logit Analysis)

	모델 1		모델 2	
	계수 (표준오차)	한계계수 (최소-)최대)	계수 (표준오차)	한계계수 (최소-)최대)
권위주의적 정향	-0.116 (0.076)	-0.014 (-0.096)	-0.099 (0.077)	-0.009(-0.089)
민주주의에 대한 내재적 이해	-0.975 (0.347)**	-0.095	-1.079 (0.363)**	-0.103
경제적 조건				
-소득	0.024 (0.106)	0.002 (0.009)	0.059 (0.111)	0.005 (0.023)
-주관적 지위	0.310 (0.170)	0.003 (0.012)	0.097 (0.181)	0.009 (0.039)
-가정 경제에 대한 조건 평가	0.372 (0.174)**	0.036 (0.120)	0.311 (0.178)	0.029 (0.097)
민주주의 체제의 수행력				
-경제 위기 능력(박정희)	0.765 (0.301)**	0.075	-------	-------
-경제 위기 이후 민주주의에 대한 인식	-------	-------	0.544 (0.165)**	0.052 (0.163)
정부의 반응성	0.175 (0.166)	0.017 (0.054)	0.183 (0.166)	0.017 (0.056)
거주 지역(농촌)	0.698 (0.402)	0.068	0.671 (0.402)	0.064
연령	0.110 (0.112)	0.010 (0.042)	0.103 (0.114)	0.009 (0.038)
교육	-0.003 (0.222)	-0.000 (-0.001)	-0.017 (0.224)	-0.001(-0.003)
여성	0.346 (0.263)	0.033	0.384 (0.267)	0.036
사례 수	600		592	
Pseudo R2	0.0911		0.1050	
Percentage of Corrected Predicted	86.0%		85.81%	

출처: KDB 2001

참고: **p≤.05. 모델1과 모델 2는 민주주의 수행력을 측정하는 변수가 다르게 사용되었다. 모델1은 "○○님은 국가경제위기를 해결하는 데 '민주정부'가 더 낫다고 보십니까? 아니면 '박정희 정권과 같은 독재정권'이 더 낫다고 보십니까" 문항을 사용하였으며 모델 2는 "○○님은 경제 위기로 인해서 혹시 '민주주의'에 대해 이전과는 다르게 생각하게 되셨습니까" 문항을 사용하였다.

〈표 6-3〉은 경제성장우선주의 지지 결정 요인에 대한 통계분석 결과를 제시하고 있다. 〈표 6-3〉에서 제시된 분석 결과를 요약하면 다음과 같다. 먼저 시민들의 권위주의적 정향은 시민들의 경제성장우선주의 선호에 중요한 영향을 미치지 않았다.[83] 이를 좀 더 정확히 분석하기 위해서 권위주의적 정향 대신에 권위주의 체제에 대한 직접적인 선호('권위주의 체제가 민

주주의 체제보다 낫다')를 넣어서 추가적으로 분석하였다. 하지만 결과는 차이가 없었다. 이 결과는 시민들이 민주주의보다 경제성장우선주의가 중요하다고 선택한 이유가 민주주의를 지지하지 않기 때문이 아니라 다른 이유가 있다는 점을 암시한다.

둘째, 민주주의에 대한 내재적인 이해는 경제성장우선주의 선호에 통계적으로 유의미한 영향을 미치었다. 이 변수의 통계적 중요성과 영향력은 〈모델 1〉과 〈모델 2〉에서 큰 차이가 없었다. 민주주의에 대해서 내재적인 이해를 가지고 있는 시민들은 경제성장보다는 민주주의가 더 중요하다고 응답하였다. 앞서 제시한 것처럼 서구 민주주의 국가에 비해서 동아시아 국가의 시민들은 민주주의를 내재적인 차원보다도 실질적인 차원을 중심으로 이해한다(Shin and Cho 2010; Chu, Huang and Lu 2013). 한국의 경우도 예외는 아니었지만 이 지역의 자유민주주의 국가로 분류되는 일본과 대만에 비교해 볼 때는 내재적인 이해가 더 두드러졌다. 또한 이전 시기의 연구(Shin and Cho 2010)와 비교해볼 때 한국에서 민주주의에 대한 내재적인 이해가 증가했다. 아쉽게도 한국에서 이러한 변화를 보다 엄밀하게 검증할 수 있는 자료는 존재하지 않는다. 필자의 추론은 이명박 정부 이후 증가된 민주주의의 질적 후퇴에 대한 논란이 역설적으로 민주주의의 내재적 이해를 증진시키는 데 기여한 배경이 되었을 수 있다는 것이다.[84]

셋째, 경제적 조건에 대한 주객관적인 평가와 지위를 나타내는 변수들

83_앞서 밝힌 대로 이 변수는 세 가지 비민주적 대안 변수(군사 독재, 문민 독재, 전문가 독재)의 결합으로 측정되었다. 이 변수들을 결합하지 않고 독립적으로 분석한 결과도 차이가 없었다.

84_강우진(2013b) 의 연구에 의하면 이명박 정부하에서 민주주의의 불만족은 법의 지배, 수직적 책임성, 그리고 수평적 책임성과 같이 민주주의를 구성하는 중요한 부분 체제의 후퇴에 대한 인식에 의해서 크게 영향받았다.

은 시민들의 경제성장우선주의의 선택에 일관되게 중요한 변수로 나타나지 않았다. 경제적 조건에 대한 주관적 평가는 〈모델1〉에서만 중요한 변수로 나타났다. 한편 소득 수준과 경제성장우선주의 사이에는 계수의 방향을 볼 때 오히려 소득이 높을수록 경제성장우선주의를 지지하는 것으로 확인되었지만 이 변수는 통계적으로 유의미하지 않았다.

넷째 이 글이 주장하듯이 민주주의 수행력을 측정한 두 변수는 모두 통계적으로 유의미한 변수로 확인되었다. 또한 영향력의 방향도 이 글의 예측과 일치하였다. 먼저 〈모델1〉에서 시민들은 국가 경제 문제를 해결하는 데 민주 정부보다는 박정희 정부가 낫다고 평가할수록 민주주의보다 경제성장우선주의가 더 중요하다고 인식하였다. 다음으로 〈모델2〉에서 경제위기를 겪으면서 민주정치에 대한 부정적인 인식이 높아질수록 경제성장우선주의가 민주주의보다 더 중요하다고 선택할 가능성이 높았다. 구체적으로 경제 위기 이후 민주주의보다 독재정권이 더 낫다는 인식을 '전혀 하지 않았다'부터 '자주 했다'로 변할 때 민주주의보다 경제성장우선주의가 더 중요하다고 선택할 가능성이 16%가량 증가했다. 요컨대, 민주주의의 효능성에 대해서 회의적일수록 민주주의보다는 경제성장우선주의에 대한 지지를 나타냈다.[85]

주요 독립변수를 제외한 통제변수들은 통계적으로 유의미하지 않은 변수로 나타났다. 흥미로운 것은 연령과 거주지 규모(농촌) 그리고 소득도 중

85_그렇다면 2001년 시점의 자료를 통해서 확인된 이러한 관계가 이후의 시점까지 확장될 수 있는가? 엄밀한 경험 분석은 어렵지만 KDB 2010 자료를 통해서 박정희 정부에 대한 지지와 경제성장우선주의에 대한 지지 사이의 관계를 살펴볼 수 있다. 박정희 정부를 지지하는 응답자 중에서 경제성장우선주의를 지지하는 사람들의 비율(54.79%)은 전체 샘플에서 성장주위를 지지하는 응답자의 비율(48.31%)보다 더 높았다.

요한 변수로 나타나지 않았다는 사실이다. 카이제곱 검정(〈표 6-1〉)에서 나타났던 학력과 거주지 규모에 따른 경제성장우선주의에 대한 선호는 다른 변수들을 통제한 통계분석에서는 그 중요성을 확인할 수 없었다.

많은 앞선 연구들이 한국 사회에서 경제성장우선주의의 중요성에 대해서 논의했다. 하지만 왜 다수의 시민이 민주주의보다 경제성장우선주의를 선호하는지에 대한 분석은 존재하지 않았다. 절대다수의 시민이 민주주의를 가장 바람직한 체제로 받아들이면서도 민주주의보다 경제성장우선주의가 더 중요하다고 하는 이유는 무엇인가? 이 장은 박정희 시대 이후 한국 사회를 지배해온 가장 중요한 가치 중의 하나인 경제성장우선주의의 결정 요인에 대한 경험적인 탐색을 시도하였다. IMF 경제 위기 극복 직후 실시된 한국민주주의바로미터(KDB) 2001 여론조사를 기반으로 경험 분석을 실시한 결과 이 글의 주장대로 시민들의 경제성장우선주의 선호는 민주주의 체제의 효능성에 대한 비판적인 평가와 밀접히 연결되어 있었다. 또한 시민들의 경제성장우선주의에 대한 선호는 시민들의 민주주의에 대한 이해와도 관련이 있었다.

앞서 지적한 대로 한국에서 두드러지게 나타나는 경제성장우선주의는 다른 아시아 국가들의 경제성장우선주의와는 달리 한국형 경제성장 모델이었던 박정희 모델과 밀접히 관련되어 있다. 고도성장의 시기를 이미 지난 한국에서 성장에 대한 열망은 종종 민주주의의 가치와 대립하면서 정치적 영향력을 행사해왔다. 시민들의 경제성장우선주의에 대한 강한 열망이 지속되는 한 위로부터의 권위주의적 동원을 통해 경제성장을 이룬 박정희 모델에 대한 향수는 잦아들지 않을 수 있다.

단순히 양적인 성장을 내용으로 하는 경제성장 모델이 아닌 대안적인 한국형 성장 모델을 통해서 박정희 모델을 극복할 수 있는 한국형 민주주의 거버넌스 모델이 정착될 때 경제성장우선주의에 대한 강력한 선호는 변화될 수 있을 것이다.

7장

박정희 노스탤지어의 정치적 영향

이 장은 박정희 노스탤지어의 정치적 영향을 분석하는 것을 목적으로 한다. 이 책이 주장하고 경험적으로 검증한 대로 박정희 노스탤지어는 다층적인 현상이다. 박정희 노스탤지어는 전직 대통령 박정희에 대한 회고적 지지와 박정희 정부의 지배 이념이었던 경제성장우선주의에 대한 적극적인 수용과 지지를 포괄하는 현상이다.

이에 더하여 박정희 노스탤지어의 간접적인 영향으로서는 국가주의를 들 수 있다. 파편화된 개인으로 산재하고 있었던 개인을 국가의 촘촘한 그물망을 통해서 국민으로 호명한 것은 박정희 정권이었다. 국가의 호명 과정에서 서로 다른 개인을 묶어낼 수 있었던 접착제는 우리도 한번 '잘살아보세'라는 구호가 상징적으로 나타내듯이 가난으로부터의 탈피와 성장에 대한 열망이었다. 또한, 국민들은 북한과의 경쟁에서 승리함으로써 공동체의 안보와 안녕을 수호하기 위해서는 국가의 호명에 애국심으로 부응해야 했다.[86] 이 장은 박정희 노스탤지어에 대한 정의(제1장)에 근거를 두어 국

86_박정희의 정치사상에 대한 체계적인 연구를 진행했던 강정인은 국가주의를 박정희 정권의 주요 사상적 특징으로 보았다. 그는 국가주의에 대한 연구에서 박정희 정권의 국가주의를 정치

가주의보다는 경제성장우선주의에 주목한다.

이 장이 분석하고자 하는 것은 박정희 노스탤지어의 정치적인 영향력이다. 먼저 박정희 노스탤지어의 개인적 차원의 정치적 영향력을 살펴보고 이후에 경제성장우선주의의 정치적인 영향력에 대해서 분석한다.

1. 박정희 노스탤지어의 정치적 영향: 개인적 차원

박정희 사후 한국 정치에서 전직 대통령으로서 박정희에 대한 노스탤지어가 영향력을 발휘하기 시작한 시점은 1987년 민주화 이후라고 할 수 있다. 앞서 노스탤지어의 기원에 대한 장에서 논의한 대로 제5공화국 전두환 정부는 박정희 정부와의 차별화를 시도하였다. 신군부는 박정희 전 대통령에 대한 본격적인 추모 행사를 억압하였다.[87] 또한, 신군부의 차별화 전략의 일환으로 박정희 정부의 핵심 인사들이 부정 축재자로 몰려서 처벌받기도 하였다.

1980년 11월 5일 신군부는 "정치풍토쇄신을 위한 특별조치법"을 제정하여 8백 35명의 주요 인사에 대한 정치 활동을 규제하였다. 이후 정치 규제자에 대한 해금은 3차에 걸쳐서 이루어졌다. 하지만 김종필을 포함한 이른바 3김의 정치 해금은 제12대 총선 이후 이루어졌다(1985년 3월 6일). 이

철학으로서 국가주의, 정치 경제적 국가주의, 국제관계에서 국가주의 등의 세차원으로 나누어 분석했다(강정인 2017).

87_국립묘지의 박정희 대통령 묘역에서 공식적인 추모 행사가 이루어진 것은 1985년 10월 16일 6주기 이후였다. 이 행사를 주도한 '민족중흥 동지회'는 제3차 정치해금을 통해서 정치 활동 규제에서 풀려난 유정회 국회의원, 장차관등 300여 명이 주축이 되어서 1984년 12월 8일에 결성되었다(정운현 1993, 172).

에 따라서 '신한민주당' 돌풍을 가져왔던 제12대 총선에서 김종필을 포함한 박정희 정부의 핵심적인 세력들의 집단적인 정치참여는 이루어지지 않았다. 박정희 정부 계승 세력이 집단적으로 정치 세력화를 추구한 시점은 민주적 개방 이후 치러진 최초의 대통령 선거였던 제13대 대통령 선거였다. 제13대 대통령 선거를 앞두고 김종필은 제5공화국 시절 소수 야당으로 존재하던 한국 국민당을 흡수하여 신민주공화당을 창당하고 제13대 대통령 선거에 신민주공화당의 후보로서 출마하였다. 김종필 주도로 창당된 신민주공화당은 인적 구성이나 정강 · 정책의 면에서 민주공화당을 계승하였다.[88]

이와 같이 신군부세력의 집권과 함께 정치적인 혹한기를 맞이했던 박정희 정부의 핵심세력들이 역설적이게도 6월항쟁을 통해서 이루어진 민주적 개방을 통해서 정치적 재기를 이룰 수 있었다. 이들의 정치 세력화가 박정희 18년의 정치적 복권을 목표로 하고 있었지만 선거 과정에서 박정희 노스탤지어를 적극적으로 활용했다는 기록을 찾아보기는 어렵다. 이는 당시 한국 사회를 지배했던 민주화라는 시대적 과제 속에서 박정희 시대를 불러들이는 것이 정치적으로 도움이 되지 않았기 때문이라고 추측된다. 한국 사회의 밑바닥에 존재하고 있었을 박정희 노스탤지어가 이들의 정치적 재

88_신민주공화당의 발기 취지문에 따르면 "…새로운 시대가 요구하는 역사적 소명에 부응하고자 민주공화당의 이념과 전통을 이어 받고..우리는 지난날 한시대를 주도하여 산업화의 토대를 구축함으로써 실질적인 민주화 기반을 다졌던 민주공화당의 뿌리를 이어, 그 빛나는 이념과 오랜 전통을 계승 · 발전시킴으로써 오늘의 역사적 소명에 부응할 것을 다짐한다"고 밝히고 있다(대한민국 정당사 제3집, 910-911). 또한 김종필 총재는 관훈 클럽 초청 토론에서 공화당 18년을 심판받기 위해서 출마하였음을 분명히 하였다. 공화당의 계승이라는 기본적인 원칙에도 신민주 공화당의 딜레마는 새 시대에 맞게 유신잔당의 이미지를 어떻게 극복할 것인가 하는 것이었다.

기에 어느 정도 기여하였을 수 있다는 점을 부인할 수 없다. 하지만 유권자 수준에서 박정희 노스탤지어가 유권자들의 신민주공화당 지지에 어느 정도 영향을 미쳤는지 검증할 수 있는 여론조사자료가 존재하지 않는다. 다만 제13대 대선과 제13대 총선의 결과를 통해서 간접적으로 살펴볼 수 있다.

제13대 대선에 신민주공화당을 창당하여 출마하였던 김종필은 총 유효 투표의 8.1%에 해당하는 182만여 표를 획득하여 노태우(36.6%), 김영삼(28.0%), 김대중(27.1%)에 이어서 4위에 그쳤다. 하지만 김종필의 고향인 충남에서 45%를 획득하여 지역 기반을 확인하였다. 흥미로운 것은 박정희 전 대통령의 고향인 대구와 경북 지역에서 신민주공화당이 각각 2.1%와 2.6%의 저조한 득표율만을 얻었다는 점이다. 이러한 추세는 이듬해인 1988년에 치러진 제13대 총선에서도 비슷하게 나타났다. 신민주공화당의 제13대 총선 득표율은 전국적으로 평균 15.6%에 달했다. 김종필의 정치적 기반이었던 충남에서 신민주공화당은 대선의 득표율과 비슷한 46.5%를 얻었다. 하지만 대구와 경북에서 득표율은 각각 13.2%와 16.0%에 그쳤다. 이러한 결과를 통해서 한국 민주화의 정초선거였던 제13대 대선과 제13대 총선에서 박정희 노스탤지어가 정치적으로 큰 영향력을 발휘하지 못했다고 평가할 수 있다.

두루 알듯이 신민주공화당은 민주자유당과 통일민주당(통민당)과의 합당으로 민주자유당(1990-1995)으로 통합되었다. 3당 합당은 신군부 세력(민주정의당)과 박정희 권위주의의 통치 시절 민주화 운동의 한 축을 담당했던 김영삼이 이끌었던 통민당이 박정희 추종세력이었던 신민주공화당과 내각제 개헌을 매개로 이루어졌다. 이에 따라서 박정희 추종 세력에 의해서 박정희 노스탤지어가 정치적으로 적극적으로 활용될 수 있는 정치적 계기가 잠재화되었다.

역설적이게도 박정희 향수가 다시 유권자들의 관심을 끌게 된 계기는 현대그룹 정주영 회장의 정치참여였다. 정주영의 정치참여가 박정희 향수를 불러일으키게 된 데에는 두 가지 요인이 작용하였다. 첫째, 6공화국의 노태우 정부의 경제 실정이다. 실제로 제14대 총선이 실시되기 바로 전해인 1991년의 경제 지표는 1987년에 비해서 매우 악화되었다. 소비자 물가지수(1985=100)는 1987년의 105.9에 비해서 1991년 12월은 146.5로 대폭 상승하였다. 또한 경상수지는 1987년에는 98억 달러(9,853.9백만 달러) 흑자를 기록했지만 1991년에는 84억 달러(8,417백만 달러) 적자를 기록하였다(한국은행). 3저 호황과 서울 올림픽 특수를 통해서 지속되던 한국 경제의 호황이 6공화국 들어서 침체국면에 들어섰다. 실제로, 1992년 3월 24일에 실시된 제14대 국회의원 선거 과정에서 가장 큰 쟁점은 경제 난국이었다. 경제 난국의 원인을 둘러싸고 3당 합당으로 거대 여당이 된 민주자유당의 '안정 논리'와 야당의 '경제 난국 책임론'이 대립하였다(동아일보 1992/03/18). 정주영 현대그룹 회장은 자신의 정계입문 선언과 기자회견을 통해서 경제 위기가 정치 입문의 배경이 되었음을 밝혔다.[89] 유권자들 또한 제14대 총선에서 가장 중요한 문제가 경제 문제라고 인식하고 있었다.[90]

89_정주영 회장은 "세계가 경제 전쟁 시대로 접어드는 마당에 나의 경제적 경륜을 국가를 위해 쓰기 위해 정치에 뛰어들었다"고 밝혔다. 또한 언론과의 인터뷰에서 "6공 정권이 1백억 달러의 무역 적자와 폭등하는 물가 등 경제를 엉망으로 만들어 놓은 터에 또 차기 5년 정권을 잡게 되면 나라를 더 망칠 것 같아 결심했다(한겨레 1992/01/09)."

90_제14대 총선 이후 실시된 여론조사에 따르면 절반이 넘는 응답자(56.76%)가 물가 · 불황 · 주택등 경제문제가 가장 중요한 국가 문제라고 답하였다. 가장 중요한 선거 쟁점을 묻는 문항에는 압도적인 다수(80.91%)가 경제문제가 가장 중요한 쟁점이라고 답하였다(한국선거연구회 1992).

둘째, 정주영과 현대의 역사는 박정희 시절 한국의 급속한 경제발전 모델의 대명사이다.[91] 한국 경제에서 정주영 성공 신화는 박정희 정부 시절 만개했다. 정주영 회장 측근의 회고에 의하면 정 전 회장에게는 박정희 전 대통령은 경외의 대상이었으며 정주영 현대신화의 동반자였다(한국일보 2015/11/25).

선거를 앞두고 급하게 창당된 국민당은 제14대 총선에서 기대 이상의 성과를 거두었다. 제14대 총선(1992년 3월 24일) 결과 국민당은 전체 유효 득표 20,583,812표 중에서 3,574,419표를 얻어 17.4%를 득표하였다. 전체 299석 중에서 총 31석(지역구 24석과 전국구에서 7석)을 얻어 민주자유당(149석)과 민주당(97석)에 이어서 제3당을 차지하였다. 국민당은 정주영 총재의 고향인 강원도에서 전체 8석 중에서 절반에 해당하는 4석을 얻었고 박정희 전 대통령의 정치적 기반이었던 대구와 경북에서 각각 2석씩을 얻었으며 김종필의 정치적 고향이었던 충청남북도 지역에서 각각 2석과 4석을 얻었다. 국민당의 약진은 제13대 총선에서 공화당의 정치적 계승을 천명했던 신민주공화당이 대구와 경북에서 한 석도 얻지 못하고 2%대의 미미한 득표율에 그친 것과는 대조되는 결과였다.

제14대 총선에서 국민당의 선전에 박정희 노스탤지어가 어느 정도 작용했는지를 검증할 수 있는 여론조사는 존재하지 않는다. 다만 선거 운동 과

91_현대건설이 건설했던 경부고속도로 중간, 가장 높은 지역인 추풍령에는 준공 기념탑이 있다. 이 기념탑에는 "서울~부산 간 고속도로는 조국 근대화의 길이며 국토 통일에의 길이다"라는 박 대통령의 친필과 개통 당시 건설부 장관이었던 이한림의 축사의 일부인 "이 고속도로는 박 대통령 각하의 역사적 영단과 직접 지휘 아래 우리나라 재원과 우리나라 기술과 우리나라 사람들의 힘으로 세계 고속도로 건설 사상에 있어서 가장 짧은 시간에 이루어진 조국 근대화의 목표를 향해 가는 우리들의 영광스러운 자랑이다"가 새겨져 있다(주간경향, 2010/02/09). 정주영의 등장은 박정희 시절 고도 성장기에 대한 회고와 향수를 불러일으켰다.

정에서 국민당(정주영 대표)은 선거운동 과정에서 박정희 향수를 활용하는 전략을 적절히 사용하였다는 것은 명확하다. 예를 들어, 정주영 대표는 대구 동갑(위원장 최규태)지구당 창당대회에서 "보리밥에 전등 하나를 아껴 경제발전을 이룩한 박정희 대통령과는 엄청나게 다르다"고 노태우 대통령을 비판하였다. 또한 정 대표는 "노 대통령의 집무실에는 역대 대통령의 사진이 하나도 없는데 최소한 경제를 부흥시킨 박 대통령의 사진은 있어야 한다"고 지적하면서 박정희 향수를 자극하였다(경향신문 1992/03/07).

정주영 총재에 투영된 고도성장 시대의 박정희의 이미지가 국민당이 총선에서 약진하는 데 기여했음을 추정할 수 있다. 실제로 제14대 총선 이후 실시된 여론조사(한국선거연구회 1992, 12월)에 따르면 유권자들은 제1야당이었던 민주당보다도 국민당이 경제를 안정시킬 수 있는 정당이라고 판단하고 있다고 나타났다.[92]

제14대 총선에서의 선전을 기반으로 정주영은 같은 해에 치러진 제14대 대통령 선거에 출마하였다. 선거 과정에서 국민당의 정주영 후보는 '김영삼 · 김대중 양 김은 경제시대에 걸맞지 않는 뒤떨어진 인물' '두 김 씨는 경제 시대에 대안을 제시하지 못해 지나간 냉전 시대와 한 묶음으로 끝난 사람들이라고 비판'하면서 경제 대통령론을 선거운동 전략으로 삼았다(한겨레 1992/04/07). 선거운동 막바지에 대구 경북 지역 유세에서 정주영 후보는 박정희 시절의 경제성장을 회고하면서 경제성장의 재현을 위해서는

92_전체 응답자 1,111명 중에서 통일국민당에 정당 일체감을 느낀다고 대답한 응답자는 15.3(170명)이었다. 또한 정당 일체감의 이유를 묻는 문항에서 '경제를 안정시킬 수 있는 정당'이라고 답한 응답자는 17.01%(189명)이었다. 유권자들이 경제를 안정시킬 수 있는 정당이라고 인식한 정당의 순위는 여당인 민주자유당(50.79%), 통일국민당(33.53%), 민주당(17.46%) 순으로 나타났다.

양 김 청산의 길밖에는 없다고 주장하며 박정희 향수를 호명하였다(경향신문 1996/12/16).

정주영 후보는 제14대 대선 결과 전체 유효득표수의 16.3%를 얻어서 민주자유당의 김영삼, 민주당의 김대중에 이어서 3위에 그쳤다. 하지만 박정희 전 대통령의 정치적 기반인 대구와 경북에서는 각각 19.4%와 15.7%를 획득하였다. 또한, 김종필의 정치적 기반이었던 대전 · 충남북에서도 평균 유효득표수의 4분의 1에 근접하는 24.1%를 득표하였다. 여론조사자료의 부재로 인해서 직접적인 인과관계는 확인할 수 없으나 간접적인 자료를 통해서 확인할 수 있는 사실은 정주영 후보 지지에는 경제 난국 탈피에 대한 기대로 나타난 박정희 향수가 작용했다는 사실이다. 예를 들어 최대 격전지였던 서울의 여론에 대한 한 보도에 따르면 지난 선거에서 김영삼을 찍었다고 말하는 이모 씨(37세, D그룹 사원)는 서슴없이 '정주영 씨라면 침체된 우리 경제를 되살려 놓을 수 있을 것 같다'고 말했다(국민일보 1992/11/20).

박정희 노스탤지어가 선거 과정에서 본격적으로 제기된 시점은 1996년에 치러진 제15대 총선이었다. 총선을 앞두고 김종필의 공화계가 민자당에서 이탈하여 자유민주연합(자민련)[93]을 창당하였다. 이에 따라서 제15대 총선은 민자당과 민자당에서 이탈한 자민련, 민주당과 민주당에서 분당한 새정치국민회의의 4당 경쟁체제로 치러졌다. 제4장에서 분석한 대로 제15대

93_민주정의당, 통일민주당, 신민주공화당의 3합당으로 출범한 민주자유당은 내각제 개헌을 매개로 민정계, 민주계, 공화계가 연합한 정당이었다. 공화계를 이끌었던 김종필 지지를 기반으로 민정계의 반반을 뚫고 민자당의 대통령 후보가 된 김영삼은 14대 대선에서 김대중을 누르고 집권에 성공하였다. 집권 후 민주계는 대통령의 정치 개혁을 명분으로 김종필의 일선 후퇴를 요구하였다. 민주계와 공화계의 정치적 갈등은 김종필의 탈당으로 이어지고 김종필은 1995년 3월 30일 자유민주연합을 창당하였다.

총선에서 자민련은 대구 · 경북 지역을 총선 승리의 전략적 요충지로서 판단하고 박정희 향수 호명을 핵심적인 선거 전략으로서 채택하였다. 실제로 자민련은 선거 과정에서 다양한 방식으로 박정희 노스탤지어를 자극하였다. 박정희 전 대통령의 장조카인 박재홍 전 의원을 구미갑에 공천하였고 사위인 한병기 전 대사를 속초 · 고성 · 인제 · 양양에 공천하였다.

선거 결과 제15대 총선에서 자민련은 50석(지역구 41석, 전국구 9석)을 확보하여 제1야당인 새정치국민회의(총 79석)에 이어서 제3당의 위치에 올랐다. 자민련은 김종필의 정치적 기반인 대전 · 충남 · 충북을 석권하였으며(총 29석 중 24석 획득) 대구 · 경북 지역에서도 약진을 하였다. 자민련은 대구의 전체 13석 중에서 8석을 차지하였으며 경상북도에서도 전체 19석 중에서 2석을 얻었다.

박근혜의 정치입문과 제18대 대통령 선거

박근혜 전 대통령은 1997년 외환위기를 계기로 정계에 입문하였다고 알려져 있다.[94] 박근혜 전 대통령은 IMF 경제 위기 이듬해인 1998년 당시 야당이었던 한나라당의 후보로 대구 달성의 보궐선거에 출마해 당선됨으로써 본격적인 정치활동을 시작하였다. 1998년 4.2 재보궐 선거에는 집권 여당 국민회의와 자민련이 연합 공천해 전폭적으로 지원을 받았던 자민련의 엄삼탁 부총재와 접전이 예상되었으나 선거 결과는 예상외로 별다른 경력이 없었던 정치 초년생 박근혜 후보가 61%득표로 압승을 거두었다.

94_박근혜 대통령은 1997년 외환위기 이후 "일련의 사태를 지켜보면서 나 혼자만 편하게 산다면 죽어서 부모님을 떳떳하게 뵐 수 없을 것"이라고 정계 입문의 이유를 들었다.(중앙일보 2012/08/21).

박근혜 전 대통령의 정계 입문 과정에 대구 · 경북 지역에 존재하고 있던 아버지 박정희 전 대통령에 대한 향수가 기여하였음은 의문의 여지가 없다. 박근혜 후보는 선거운동 과정에서 '박정희가 세운 경제, 박근혜가 지킨다'는 구호를 내세우고 "역대 어느 대통령보다 국가 발전과 경제성장에 헌신한 아버지의 위업을 잇겠다."고 밝혔다(매일경제 1998/04/04). 박근혜 후보는 선거운동 과정에서 박정희 향수를 적극적으로 활용했다. '잘살아 보세' 등 70년대 새마을운동 노래를 튼 유세 차량을 앞세우고 선거운동을 진행하였다. 또한 박정희 향수를 최대한 자극하기 위해서 유세 중 '아버지'라는 말을 40~50차례 되풀이하였다(문화일보 1998/04/01).

박정희 노스탤지어의 정치적 영향을 가장 잘 확인할 수 있었던 역사적 계기는 제18대 대통령 선거였다. 제18대 대선 과정에서 통합진보당 이정희 후보가 사퇴함으로써 선거전은 민주화 이후 최초로 진영 간 대립으로 치러졌다. 박근혜 후보가 산업화 세력을 대표하는 후보였다면 문재인 후보는 민주화 세력을 대표하는 후보로서 인식되었다.

18대 대통령 선거 결과 유효 투표의 절반이 넘는 51.55%(15,773,128표)를 얻은 새누리당의 박근혜 후보가 48.02%(14,692,632표)를 얻은 민주 통합당의 문재인 후보를 누르고 제18대 대통령에 당선되었다. 박근혜 후보는 서울과 호남지역을 제외하고 전 시도에서 승리하였다. 특히 박근혜 후보는 대구 · 경북 지역에서 80%가 넘는 압도적인 지지를 얻었다. 이 수치는 대구 · 경북을 정치적 기반으로 했던 두 전직 대통령이 이전 대선에서 이 지역에서 얻었던 득표율보다 높은 수치였다. 대구 출신이면서 대구에서 초 · 중 · 고를 졸업했던 노태우 전 대통령은 제13대 대선에서 대구 · 경북에서 각각 70.19%와 66.38%를 얻었다. 또한 일본에서 출생했지만 경북 포항에서 학창시절 전체를 보냈던 이명박 전 대통령은 대구와 경북에서 각각

69.37%와 72.37%를 얻었다. 이 두 전직 대통령은 대구 · 경북 지역에서 광범한 학맥과 인맥을 구축했던 반면에 박근혜 전 대통령은 한국전쟁 와중에 대구에서 출생하였지만 서울에서 유년 시절과 학창 시절을 모두 보냈다. 두 전직 대통령은 대구 · 경북 지역에 광범위한 네트워크를 구축하고 있었던 반면에 박근혜 대통령은 지역구 이외에는 특별한 정치적 기반이 존재하지 않았다.

〈그림 7-1〉 주요 후보자의 국정능력에 대한 시민들의 평가

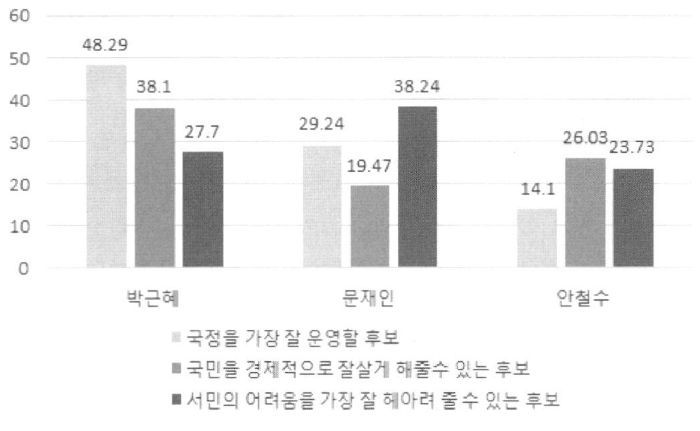

출처: 동아시아 연구원 제19대총선 · 제18대 대선 패널데이터(4차 조사).
참고: 수치는 %.

제18대 대선 캠페인 과정에서 박근혜 후보에 대한 시민들의 지지 특성을 통해서 박정희 노스탤지어의 영향력을 추가적으로 확인할 수 있었다. 〈그림 7-1〉는 제18대 대선에서 박근혜, 문재인, 안철수 세 주요 후보의 능력에 대한 유권자들의 평가를 제시하고 있다. 이 조사는 제18대 대선 두 달 전에 실시된 동아시아 연구원(EAI)의 패널 데이터에 근거하고 있으며 국정

을 가장 잘 운영할 수 있는 후보, 국민을 경제적으로 잘 살게 해줄 수 있는 후보, 서민의 어려움을 가장 잘 헤아려 줄 수 있는 후보와 같은 세 가지 영역을 측정하였다. 두루 알듯이 문재인 후보는 청와대 민정수석과 비서실장을 역임하였고 노무현 대통령의 최측근 참모로서 국정을 직접 경험하였다. 안철수 후보는 직접적인 국정 경험은 없었지만 의사 출신으로 벤처기업을 일구고 성공시킨 1세대 벤처 기업가 출신이었다. 반면에 박근혜 후보는 정치에 입문하기까지 육영재단, 정수장학회의 경영에 참여하였으나 이외에는 특별한 사회경험이 없었다. 이후 대통령에 출마할 때까지 네 번의 지역구 국회의원(제15대~제18대)과 한 번의 비례대표 국회의원(제19대)을 지낸 것이 경력의 전부였다.

이러한 차이에도 불구하고 유권자들이 박근혜 후보의 국정 운영 능력과 경제적 능력을 가장 높게 평가한 이유는 무엇일까? 이는 박근혜 후보에 투영된 아버지 박정희 시대에 대한 노스탤지어였다고 추론할 수 있다. 실제로 제18대 대선 전 실시된 한 여론조사(미디어리서치 2012)에 따르면 박근혜 후보를 통해서 박정희 전 대통령을 떠올리는 비율이 응답자의 3분의 2에 육박하는 64.1%로 나타나 어머니 육영수 여사를 연상하는 비율(25.1%)을 압도했다(조선일보 2011/06/13). 여성이라는 동질성과 육영수 여사의 트레이드마크였던 올림머리 등 외모에서 풍기는 유사성에도 불구하고 많은 시민은 박근혜를 통해서 어머니 육영수가 아니라 아버지 박정희를 불러내고 있는 것이다.

동아시아연구원(EAI) 2012 자료를 통해서 이를 구체적으로 확인할 수 있다. 전직 대통령 중에서 박정희 대통령에게 가장 많은 호감을 가진 유권자일수록 또한 박정희 대통령이 전직 대통령으로서 가장 일을 잘한 대통령이라고 인식할수록 박근혜 후보의 국정 운영 능력과 경제 운영 능력에 대해서 긍정적인 평가를 내렸다.[95] 먼저, 전체 응답자 중에서 박근혜 후보의 국정 운영 능력을 평가한 유권자의 비율(48.29%)에 비해서 박정희 전 대통령에 대한 가장 큰 호감을 가진 유권 중에서 같은 평가를 내린 유권자의 비율은 20% 상승하였다(68.85%). 또한 박정희 전 대통령이 일을 가장 잘했다고 평가한 유권자 중에서 같은 집단은 30% 이상 상승하였다(78.62%). 다음으로 전체 응답자 중에서 박근혜 후보가 국민들을 경제적으로 잘 살게 해 줄 수 있는 후보라고 평가한 응답자의 비율(38.1%)에 비해서 박정희 전 대통령에 대해서 가장 큰 호감을 가진 유권자 중에서 같은 평가를 내린 유권자의 비율은 18%가량 증가하였다(56.19%). 박정희 전 대통령이 일을 가장 잘했다고 평가한 유권자 중에서 같은 집단은 국정운영 능력에서와 비슷하게 30% 이상 상승하였다(69.78 %).

두루 알듯이 박근혜 전 대통령은 정계 입문 이후 원칙과 소신의 정치인이라는 자신만의 정치적 자산(political capital)을 만들어왔다. 따라서, 박근혜 후보의 당선을 박정희 노스탤지어 효과만으로 돌릴 수는 없다. 하지만 많은 시민이 박근혜를 통해서 고도성장으로 대표되었던 박정희 시대를 불러냈던 것이다. 박근혜 후보는 시대적 요구로 부상한 복지 담론을 경제성장우선주의와 결합한 변형된 성장 담론(박근혜 후보의 슬로건은 '국민 행복 시대'였다)을 통해서 민주화 세력과의 진영 대결에서 승리한 것이다.

95_이러한 평가는 다음과 같은 문항에 기반을 두고 평가되었다: "귀하께서는 다음 전 현직 대통령 중 가장 좋아하는 대통령은 누구입니까?" "다음 대통령 중에서 대통령으로서 일을 가장 잘한 대통령은 누구라고 생각하십니까?"

박근혜 정부의 콘크리트 지지층

박정희 노스탤지어의 정치적 영향력을 확인할 수 있는 또 다른 현상은 지역 기반이 강고했던 김영삼, 김대중 대통령 시절에도 찾아볼 수 없는 박근혜 전 대통령에 대한 콘크리트 지지층의 존재였다. 앞서 언급한 대로 박근혜 전 대통령은 한국 전쟁 중이었던 1952년 대구에서 출생했다. 하지만 이후 박근혜 전 대통령은 서울의 장충초등학교, 성심여자중학교, 성심여고, 서강 대학교를 졸업하였다. 서울에서 대부분의 학창 시절을 보낸 것이다. 양 김이 대부분의 학창 시절을 정치적 고향인 부산과 목포에서 지낸 것과는 대조적인 인생역정이다.

박근혜 · 최순실 게이트를 통해서 박근혜 전 대통령이 탄핵되기 전까지 박근혜 전 대통령의 국정 운영 지지율은 민주화 이후 역대 대통령의 국정 운영 지지율과 비교해 볼 때 예외적인 이른바 '콘크리트 지지율'을 보였다. 즉 어떤 상황에도 박근혜 대통령에 대한 지지를 철회하지 않는 고정 지지층이 존재했던 것이다. 여러 여론조사에 따르면 박 대통령에 대한 고정 지지층은 30~40%로 추정되었다.[96]

구체적으로, 박근혜 정부의 지지율 변화를 이전 대통령들의 지지율 변화와 비교해 보자. 먼저 역대 대통령의 분기별 국정 지지율과 박근혜 전 대통령의 전체 기간 지지율의 경우, 탄핵 이전 박근혜 전 대통령에 대한 긍정

96_내일신문이 창간 20주년을 맞아 서강대 현대정치연구소와 한국리서치에 의뢰해 실시한 여론조사 결과에 따르면 박근혜 대통령 국정 운영에 대해 긍정적인 평가를 내린 47.6%의 응답자 중에서 적극적인 지지의사를 표시한 이들은 80.9%였다. 이는 '실제로 일을 잘하고 있어서'라고 응답한 53.7%와 '앞으로 잘할 것이라고 기대해서'라는 응답자 27.2%를 묶은 수치다. 이를 전체로 환산하면 38.6%에 해당한다. 이 수치는 지난 대선 기간 박근혜 후보 고정 지지층 비율과 비슷하다(내일신문 2013/10/10).

적 응답의 최고점은 김영삼, 김대중 정부보다는 낮고, 노무현 정부와 같으며, 이명박 정부보다는 높았다. 반면에 박근혜 · 최순실 게이트 이전 박근혜 전 대통령 국정지지율의 최저점을 살펴보면 집권 기간 전체를 살펴보면 분기별 최저점이 34%로 나타나 이전 대통령들보다 높았다. 기간을 4년 차 1분기까지의 최저점만으로 한정해도 같은 결과가 나타났다. 이에 따라 비교 기간을 다른 대통령의 전체 재임 기간으로 하든 아니면 4년 차 1분기까지로 하든 최고점과 최저점의 차이 역시 가장 적었다.

〈그림 7-2〉 역대 대통령 분기별 국정 지지율

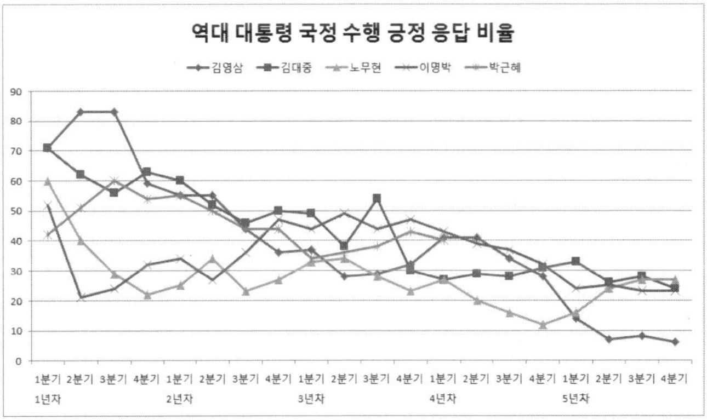

출처 : 한국갤럽 데일리 정치지표 (http://www.gallup.co.kr/gallupdb/report.asp)

〈표 7-1〉 역대 대통령 분기별 국정 지지율 비교

	김영삼	김대중	노무현	이명박	박근혜
최고점	83	71	60	52	60
최저점	6	24	12	21	34
최고점 (4년차 1분기까지)	83	71	60	52	60
최저점 (4년차 1분기까지)	28	27	22	21	34
편차	77	47	48	31	26

편차 (4년차 1분기까지)	55	44	38	31	26

출처 : 한국갤럽 데일리 정치지표(http://www.gallup.co.kr/gallupdb/report.asp)

〈표 7-2〉 박근혜 대통령 주별 국정 수행평가

시기	긍정	부정	비고
2013년 7월 1주	63%	16%	부정 최저점
2013년 7월 4주	57%	16%	부정 최저점
2013년 9월 2주	67%	19%	긍정 최고점
2015년 1월 4주	29%	63%	긍정 최저점, 부정 최고점
2015년 2월 1주	29%	62%	긍정 최저점
2015년 6월 3주	29%	61%	긍정 최저점
2016년 4월 3주	29%	58%	긍정 최저점

출처 : 한국갤럽 데일리 정치지표(http://www.gallup.co.kr/gallupdb/report.asp)

이러한 현상은 박근혜 전 대통령의 국정 수행에 대한 주별 평가에서도 나타나는데, 박근혜 전 대통령의 국정 수행에 대한 긍정적인 응답의 최저점은 29%로, 2016년 4월 3주까지 총 4번 나타났다. 즉 박근혜 대통령의 국정 수행에 대한 긍정적인 응답이 가장 낮은 시기 모두 29%로 나타났으며 그 이하로 떨어지지는 않은 것으로 나타났다. 이러한 수치는 상술한 역대 대통령들의 전체 시기든, 4년 차 1분기까지든 긍정 응답의 최저점보다 높은 것이다. 특히 전직 대통령 국정 수행 평가에 대한 수치가 분기합계라는 점에서 타 대통령에 비해 박근혜 전 대통령이 가진 고정 지지층이 크다는 사실을 유추할 수 있다.

박근혜 정부의 고정 지지층과 관련하여 박근혜 정부에서 나타난 이례적인 현상 중의 하나는 이른바 수많은 '박'의 등장이다(〈표 7-3〉 참조). 박 전 대통령의 측근을 의미하는 용어는 △진박(진실한 친박) △원박(원조 친박) △강박(강성 친박) △신박(신친박) △옹박(박근혜 옹위부대) △복박(돌아온 친박) △범박(범 친박) 등 무려 7가지에 이른다. 이러한 현상은 강력한 카리스마를 가지고 '제왕적 총재'라고 불렸던 양 김이 현직에 있을 때도 존재하지 않았던 이례적인 현상이다.

박 전 대통령은 제20대 국회의원 선거를 앞두고 있던 2015년 11월 10일 청와대에서 열린 국무회의에서 "국민 여러분은 국회가 진정 민생을 위하고 국민과 직결된 문제에는 무슨 일이 있어도 소신 있게 일할 수 있도록 나서주셔야 한다"며 "앞으로 그렇게 국민을 위해서 진실한 사람만이 선택받을 수 있도록 해주시기를 부탁드린다(조선일보 2015/11/10)"고 언급함으로써 제20대 총선에서 이른바 진실한 사람 논쟁을 불러일으켰다.

〈표 7-3〉 박근혜 전 대통령관련 용어들의 정리[97]

용어	의미	구체적인 의미와 인물들
친박	박근혜 계 인물들	2007년 대선후보 경선 당시 박근혜 후보를 지지하는 인물들.
진박	진실한 친박	2015년 "진실한 사람" 논란에서 등장한 용어로 "진실한 친박"을 의미함.
가박	가짜 친박	진박과 함께 2015년 "진실한 사람" 논란에서 발생, 박 대통령의 공천으로 금배지를 달았지만 이후 비박 행보를 보이는 인물들.
용박	박근혜를 이용함	
원박	원조 친박	2004년부터 박근혜와 함께한 서청원, 김을동, 윤상현 등.
핵박	핵심 친박	2007년 대선 캠프 시절부터 함께한 인물들
범박	범 친박	
신박	새로운 친박	원유철이 대표적으로 그 외에도 이인제, 이주영 등이 있음.
강박	강성 친박	최경환, 홍문종, 윤상현(원박으로도 분류), 김재원
옹박	박근혜 옹위부대	
탈박	이탈한 친박	김무성, 한선교, 이혜훈, 전여옥
멀박	멀어진 친박	
쫓박	쫓겨난 친박	유승민, 진영
짤박	잘린 친박	
복박	돌아온 친박	김무성(제18대 대선 당시 선대본부장으로 복박)
홀박	홀대받는 친박	친박계에 속하지만 빛을 보지 못하는 인물들
곁박	곁불쬐는 친박	
울박	울고싶은 친박	

2016년 10월 말 JTBC의 최순실 테블릿 PC 보도로 촉발된 박근혜 · 최

97_김남일. 2013. "새누리 '친박 족보', 원박 · 신박 · 월박 · 복박 · 짤박 · 종박…." 『한겨레』(11월 27일). http://www.hani.co.kr/arti/politics/politics_general/612948.html(검색일: 2017/12/01).

순실 게이트는 공적으로 위임된 권력을 사유화한 신가산제의 속살을 적나라하게 드러냈다. '이게 나라냐'라고 분노했던 시민들은 1,700백만 개의 촛불을 들어서 게이트 처리에 어물쩍대는 제도 정치권의 병목 현상을 돌파했다. 전례를 찾을 수 없는 스캔들로 인해서 현직 대통령 박근혜는 국회에 의해서 탄핵소추를 당했으며 헌법재판소는 만장일치로 탄핵을 결정했다.

박근혜 전 대통령은 최초의 여성 대통령과 부녀 대통령이었으면서 최초로 현직에서 탄핵되고 구속된 대통령이 된 것이다. 적나라하게 드러난 박근혜 전 대통령의 국정농단과 헌법 유린 증거에도 불구하고 일부 시민들은 박근혜 전 대통령에 대한 퇴진과 탄핵의 압력이 거세지는 2016년 10월 즈음부터 모여서 탄핵에 반대하는 집회를 지속적으로 개최했다. 이들이 시위에 태극기를 상징으로 사용하였기 때문에 이 집회를 '태극기 집회'로 부르기도 한다. 이들은 탄핵이 통과된 후 헌법재판소가 탄핵을 기각해야 한다고 주장하면서 보수단체들의 연대체인 '대통령 탄핵기각을 위한 국민총궐기운동본부(탄기국)'을 구성하여 촛불 집회의 맞불 집회인 태극기 집회를 지속적으로 개최해왔다. 헌법재판소의 전원 찬성에 의해서 박근혜 대통령이 파면된 후 탄기국은 대통령 탄핵무효 국민총궐기운동본부로 이름을 바꾸어 지속되었다. 태극기 집회는 대통령 탄핵무효 국민저항 총궐기 국민대회로 이름을 바꾸어 지속하였다.

이러한 현상은 정치인 박근혜에 대한 연민과 미련이 일부 포함되어 있을 가능성을 배제할 수 없지만 박정희 시대의 정치적 구현체로서 박근혜의 몰락을 수용할 수 없다는 의식의 표현이라고 할 수 있다. 삶의 궤적이나 정치적 역정을 비교할 수 없음에도 불구하고 김대중에 대한 팬덤과 비교할 수 있을 만한 정치인 박근혜에 대한 강력한 팬덤은 박정희 노스탤지어의 정치적 영향력을 잘 나타낸다.

정치인 박근혜에 대한 강력한 팬덤

박근혜 전 대통령은 정치권 입문 이후 강력한 팬덤(fandom)을 형성해왔다. 박근혜 전 대통령을 지지하는 여러 단체가 존재했지만 '박근혜를 사랑하는 사람들의 모임'(박사모)이 가장 대표적인 단체이다. 2004년 3월 20일 1인 카페로 시작한 박사모는 2004년 제17대 국회의원 선거를 앞두고 언론으로부터 관심을 받기 시작했다. 박사모 회원은 한국의 정치인 팬덤의 원형이라고 할 수 있는 노사모에 비견할 수 있을 만큼 성장하여 2011년에는 회원 22만 명에 이르기도 하였다(미래한국 2011/07/26). 박사모는 강력한 팬심을 바탕으로 당 내외에 정치적 영향력을 행사해왔다. 대표적으로 2008년 제18대 국회의원 선거에서는 한나라당의 사무총장이 선거에서 낙선한 사례를 들 수 있다. 제18대 총선 공천과정에서 친이(이명박)계의 핵심 실세였던 사무총장 이방호는 이른바 친박학살 공천의 주역으로 박사모에 의해서 지목되었다. 박사모는 사무총장 이방호에 대한 조직적인 낙선운동에 나섰고 현직 사무총장이었던 이방호는 한나라당의 텃밭이었던 경남 사천에서 민주노동당 강기갑 후보에게 패하였다. 이와 비슷하게 친이계 후보와 친박계 후보가 맞붙었던 2009년 경북 경주의 재선거에서도 박사모의 정치적 영향력이 확인되었다. 친이계 정종복 후보는 한나라당의 공천으로 출마했으나 박사모의 조직력에 밀려서 무소속으로 출마한 정수성 후보에게 패배하였다. 박사모 회장이 정수성 후보의 선거 운동원으로 등록하여 직접 지원 유세를 하였고 회원 수백여 명도 경주에 머물며 적극적인 선거운동에 나섰다(일요시사 2014/08/18).

그렇다면 박근혜의 탄핵과 구속이라는 박정희 노스탤지어의 정치적 구현체의 몰락이 박정희 노스탤지어의 정치적 영향력에 어떠한 영향을 미칠 것인가? 박정희 딸의 몰락과 함께 박정희는 역사화 될 것인가? 이 문제는 다음장(제8장)에서 다룰 예정이다. 이와 관련된 접근 가능한 종합적인 여론 조사가 아직 존재하지 않는다. 따라서 이에 대한 정확한 답을 내리기는 아직 이르다.

여기서는 몇 가지 사례를 통해서 추론해 보자. 먼저, 탄핵 정국 과정에서 실시된 역대 대통령 국가발전도에 관한 여론조사(리얼미터 2016/12/23)에 따르면 노무현 전 대통령이 박정희 전 대통령을 제치고 1위를 차지했다. 리얼미터(2016/12/23)가 실시한 여론조사에 따르면 역대 대통령의 국가발전 기여에 대한 국민 인식 조사 결과, 노무현 전 대통령이 국가 발전에 가장 크게 기여했다는 응답이 35.5%로 1위를 차지했다. 박정희 대통령은 30.8%로 2위를 기록했고, 김대중 대통령은 15.8%로 3위로 나타났다. 이 수치를 2015년 11월 조사와 비교하면 흥미로운 양상이 나타났다. 이 조사에서는 박정희 전 대통령이 응답자의 40.7%로 1위를 기록했고 노무현 대통령은 29.0%로 2위를 차지했다. 국정농단으로 인한 탄핵정국을 거치면서 박근혜 전 대통령의 아버지 박정희에 대한 평가가 영향을 받은 것이다. 시민들이 전례 없는 국정농단 스캔들을 목도하면서 국가발전과 대통령의 리더십 평가 기준에 대한 인식에 일정한 변화가 있었다고 할 수 있다.

하지만 이 책이 주장하는 것처럼 박정희 노스탤지어는 다층적인 현상이다. 이를 전직 대통령에 대한 선호도와 일치시킬 수 없다. 탄핵 사태가 발발하기 이전에 이미 일부 조사에 따르면 노무현 전 대통령에 대한 선호도가 박정희 전 대통령에 대한 선호도를 추월했다. 한국 갤럽의 '가장 좋아하는 역대 대통령' 조사(2014/10)에 따르면 노무현 전 대통령이 32.1%의 지지를 받아 1위를 차지했다. 그뒤는 박정희 전 대통령(28%), 김대중 전 대통령(16%)의 순이었다. 10년 전인 2004년 조사에는 응답자의 절반에 가까운

48%가 박정희 전 대통령을 선택했다. 같은 조사에서 당시 현직이었던 노무현 대통령 지지도는 단지 7%에 그쳤다.

둘째, 박근혜 · 최순실 게이트로 인한 박근혜 전 대통령의 탄핵과 함께 박정희 노스탤지어는 이제 그 수명을 다했다는 일부 전문가들의 진단이 있었다. 비록 시민들의 반응에 대한 종합적인 분석은 자료의 미비로 인해서 아직 정확히 분석하기 어렵지만 부분적으로 확인할 수 있는 사실은 시민들의 반응은 일부 전문가들의 진단과는 사뭇 다르다는 것이다. 시민들이 박근혜 전 대통령의 몰락을 보면서 박정희 전 대통령의 역사적 공헌에 대한 비판적 인식을 가지게 되었다는 광범위한 경험적 증거는 아직 확인되지 않고 있다. 이와 관련하여 박근혜 전 대통령에 대한 탄핵 이후 대구지역의 40대 남자 시민들과 대담을 보도한 한 언론사의 기사가 시사적이다. 사업을 하고 있는 한 시민은 "(박근혜가) 박정희 먹칠을 한 것이 가장 속상하다"고 안타까움을 토로하면서 "박근혜가 무능하다고 박정희의 업적을 폄하할 이유가 없다"고 주장하였다(한겨레 2017/01/11).[98]

2. 경제성장우선주의의 정치적 영향

박정희 노스탤지어의 영향력의 두 가지 수준 중에서 가치 차원의 영향력은 개인적 수준의 영향력보다 덜 가시적이지만 훨씬 뿌리 깊게 남아있다. 경제성장우선주의는 문화적으로 볼 때 한국 사회를 이해하는 가장 중

98_또한 박근혜 전 대통령에 대한 지지는 현직에 있을 때와는 비교할 수 없지만 탄핵 과정을 거치면서도 일부 지지층에게 여전히 강력히 남아있다. 탄핵이 가결된 이후 박사모 회원인 ㄱ 씨(61)가 '탄핵가결 헌재 무효' 손팻말과 함께 투신해 사망했다(경향신문 2017/01/29).

요한 문화중의 하나인 현세주의에 뿌리를 두고 있다(김문조 외 2013; 탁석산 2008).[99] 앞서 논의한 대로 박정희 노스탤지어는 전직 대통령 박정희에 대한 회고적인 지지와 존경을 내용으로 한다. 하지만 또 다른 한편으로는 박정희 개인에 대한 회고적인 지지를 넘어서 박정희 시대로 대표되는 고속성장에 대한 열망을 상징한다.

한국형 경제발전 모델의 성공과 함께 한국 사회에 중심적인 가치로 자리 잡은 경제성장우선주의의 영향은 실로 광범위하다. 사회적 수준에서 볼 때 경제성장우선주의는 고도성장을 이끌었던 박정희 시대의 발전 연합의 핵심적 행위자였던 재벌 체제에 대한 지속적인 인정과 지지의 토양이 되었다. 재벌 체제를 개혁하고자 하는 어떠한 시도도 일차적으로 경제성장우선주의의 높은 장벽에 맞닥뜨린다. 세계 10위권의 경제성장을 이룬 한국 사회에서 지배적인 담론은 질 좋은 성장이 아니라 여전히 더 많은 성장에 머물러 있다. 개인의 물질주의적 성향이 경제성장우선주의에 대한 지지로 나타날 수 있다. 역으로 한국 사회에 중심적인 가치로 자리 잡은 경제성장우선주의가 개인의 물질주의적 정향을 강화한다. 다수의 연구가 한국인들의 물질주의적 정향이 OECD 국가들이나 동아시아 국가들과 더 높은 수준을 나타내고 있다고 보고하고 있다(Diener, Suh, Kim-Prieto, Biswas-Diener, and

99_한국인의 중심적인 가치는 내세의 복이 아니라 현세의 성공이다. 더구나 현세의 성공은 아파트 평수로 대표되는 매우 세속적인 가치로 측정된다. 아파트 평수는 성공의 척도로 평가된다. 종종 타인의 아파트의 평수와 시세가 대화의 중심적인 주제이다. 이러한 가치는 아이들의 행동 양식에서도 나타난다. 주상복합 아파트 근처에 임대주택이 있는 경우 각각의 아파트의 종류에 따라서 아이들의 행위도 차이가 난다. 한 인터뷰에 따르면 평수가 작은 임대주택에 사는 올해 초등학교 5학년이 되는 박 모(12) 군은 친구들 사이에서 은근 따돌림을 받고 있다. 박군은 "넓고 화려한 주상복합아파트에 사는 친구들은 자신감이 넘친다"며 "이 애들은 나랑 말도 잘하려고 하지 않는다"고 대답하였다(세계일보 2016/02/04).

Tay 2010). 한 조사에 따르면 한국의 물질주의 수준은 미국의 3배, 일본의 2배에 달했다. 돈과 행복의 상관관계를 묻는 질문에는 돈과 행복이 무관하다고 답한 응답자는 7.2%에 지나지 않아 조사대상 10개국 중에서 최하위를 차지했다(조선일보 2011/01/11).

여기서는 경제성장우선주의의 정치적 영향력에 초점을 맞추어 박정희 노스탤지어의 정치적 영향력의 또 다른 측면을 살펴본다. 앞서 여러 곳에서 밝힌 바와 같이 한국 민주화 과정에서 나타난 중요한 현상 중의 하나는 앞서 논의한 바대로 양적인 경제성장을 중심 내용으로 하는 경제성장우선주의에 대한 선호가 민주주의에 대한 선호를 압도해왔다는 사실이다.

경제성장우선주의는 한국형 경제성장 모델을 만들었던 박정희 정부의 핵심적인 지배이념이었다. 압축적인 고도성장기를 이미 지난 한국 사회에서 위로부터의 권위주의적 동원을 특징으로 하는 박정희 모델은 더 이상 유용한 모델이 될 수 없다.

경제성장우선주의의 한국적 특수성과 함께 주목해야 할 점은 경제성장우선주의의 정치적 영향력에 있다. 한국 민주주의에서 경제성장우선주의는 추상적인 이념의 수준에서뿐만 아니라 현실 정치에서도 유권자들의 투표선택에 영향을 미치는 중요한 변수로 작동해왔다.

유권자들의 선택에 대한 영향

경제성장우선주의는 유권자들의 투표 선택에도 매우 중요한 영향을 미쳤다. 먼저 2007년에 치러진 제17대 대선의 경우를 살펴보자. 두루 알듯이 참여정부 마지막 해인 2007년 12월에 치러진 제17대 대선은 참여정부에 대한 민심의 이반으로 이명박 한나라당 후보가 여당이었던 민주통합당의 정동영 후보에 대해서 500여만 표차로 대승을 거두었다.

현대건설 회장 출신으로 서울시장을 지냈던 이명박 후보의 도덕성에 대한 많은 논란이 선거 과정에서 제기되었다. 이명박 후보에 대한 많은 도덕성 논란에도 불구하고 한나라당 이명박 후보가 대승을 거둔 요인은 여러 가지가 있을 수 있다. 글쓴이는 이명박 후보의 승리 요인 중에서 가장 중요한 요인으로 국민들 속에 뿌리 깊게 자리 잡고 있던 성장에 대한 갈망에 주목한다. 동아시아연구원(EAI 2007-2008)의 자료를 이용해서 이를 살펴보자. 앞서 논의한 대로 IMF 경제 위기를 기점으로 해서 한국의 경제적 불평등이 악화되었다. 제17대 대통령 선거가 치러졌던 참여정부 말기 한국의 경제적 불평등은 IMF 이전에 비해서 뚜렷이 악화되었다. 그럼에도 불구하고 제17대 대선에서 시민들의 경제성장에 대한 선호는 큰 변화가 없었다.

성장에 대한 시민들의 선호는 얼핏 보아 당시의 시대적 과제로 떠오른 경제적 양극화에 대한 선호와 상충되는 듯 보인다. 하지만 여기서 국정과제에 대한 태도와 개인적인 선호의 두 차원을 구분하고 이 둘 사이의 관계를 살펴볼 필요가 있다. 먼저 '차기정부가 가장 중점을 두고 추진해야 할 국정과제'를 묻는 질문에는 '경제적 양극화 완화'(39.50%)를 선택한 사람이 가장 많았다. 하지만 2위를 차지한 '경제성장'(32.83%)과의 차이는 크지 않았다. 더구나, 경제성장과 직접적인 관련이 있는 항목인 4위를 차지한 '국가경쟁력 강화'를 합할 경우 경제적 양극화 완화를 선택한 응답자와 성장 관련 항목을 선택한 응답자의 비율은 거의 차이가 없었다. 한편으로는 경제 위기 이후 심화된 경제적 불평등과 사회적 양극화가 시민들에게 중요한 이슈로 부상했음에도 불구하고 다른 한편으로는 여전히 성장이 중요하다고 인식하고 있는 것이다.

개인적 선호에 대한 질문에서 이는 더 잘 드러난다. 같은 자료에 따르면

'경제성장이 소득 분배보다도 더 중요하다'는 질문에 응답자의 3분의 2가 넘는 69.31%(매우 찬성한다 26.39%, 약간 찬성한다 42.92%)가 더 중요하다고 대답하였다. 반면에 이에 반대하는 응답자는 찬성하는 응답자의 절반에도 못 미치는 30.36%에 지나지 않았다. 경제성장우선주의의 지속성을 좀 더 구체적으로 살펴보기 위해서 이 두 변수 간의 관계를 살펴보자. 소득 분배보다 경제성장이 더 중요하다고 응답한 시민 중에서 차기 국정 과제로서 경제성장이 중요하다고 대답한 응답자는 77.31%에 달했다.

그렇다면 이명박 후보에 관한 중요한 쟁점이었던 도덕성 논란에 대해서 시민들은 어떠한 태도를 가지고 있었나? 여론조사로 나타난 시민들의 평가를 살펴보면 당시 다수의 시민은 이명박 후보의 도덕성에 문제가 있다고 평가하였다. 2007년 12월 제17대 대통령 선거 직전(5차 조사)에 시행된 여론조사자료[100]에 따르면 이명박 후보의 도덕성에 대한 평가는 보통(5점)보다도 낮은 4.2점을 기록한 반면에 정동영 후보의 도덕성에 대한 평가는 이명박 후보의 도덕성에 대한 평가보다 상당히 높은 5.49였다. 이명박 후보의 도덕성에 대한 낮은 평가는 한나라당에서 분당된 자유선진당의 이회창 후보(평균 5.27)의 도덕성과 비교해 볼 때도 매우 낮은 수준이었다.

이렇듯 도덕성에 중요한 문제가 있다고 인식되고 있었음에도 불구하고 이 후보에 대한 지지는 상당히 견고했다. 경선 과정에서 제기된 여러 가지 도덕적인 이슈를 논외로 하더라고 선거 과정에서 등장한 BBK 스캔들은 이명박 후보의 도덕성에 치명적일 수 있는 중요한 사건이었다. 그럼에도 불구하고 다수의 유권자들은 BBK가 사실로 드러나더라도 이명박 후보를 지

100 설문 문항은 "다음 대선 후보들의 도덕성에 대해 어떻게 평가하십니까? 대통령으로서 도덕성이 매우 충분하다를 10, 보통이다 5, 매우 미흡하다를 0이라고 할 때, 후보별로 0에서 10 사이의 숫자로 말씀해주세요"이다.

지하겠다는 의사를 나타냈다. 동아시아연구원 2012년(대선 4차) 조사에 따르면 '김경준 전 대표가 귀국하여 투자자문 회사인 비비케이(BBK) 주가조작 의혹 사건이 다시 논란이 되고 있습니다. 이명박 후보가 주가 조작사건에 연루된 것으로 밝혀지면 어떻게 하시겠습니까'라는 질문에 절반이 훨씬 넘는 61.01%가 이명박 후보가 연루된 것으로 나타나더라도 지지를 철회하지 않겠다고 답했다. 반면에 지지를 철회하겠다고 답한 응답자는 단지 23.86%에 지나지 않았다.[101]

위의 분석 결과는 도덕성 논란에도 불구하고 이 후보를 지지하는 다른 중요한 이유가 있다는 것을 의미한다. 실제로 '이명박 후보를 도덕성 논란에도 불구하고 지지하는 이유'에 대한 질문에서 응답자의 3분의 2에 약간 못미치는 63.12%가 '경제해결 능력이 뛰어나서'라고 답하였다. 두 번째 이유는 '제기되는 도덕성 문제가 심각하다고 보지 않아서'라고 답하였다.

그렇다면 실제로 경제성장우선주의에 대한 선호가 이명박 후보 지지에 영향을 미쳤는가? 경제성장이 소득 분배보다 더 중요하다고 대답한 응답자(725명)중에서 제17대 대선에서 한나라당 이명박 후보를 지지한 유권자는 77.52%(393명)에 달했다. 이 수치는 전체 응답자 중에서 이 후보를 지지한 비율(48.01%)보다 훨씬 높았다. 이와 같이 경제성장우선주의가 이명박 후보의 지지에 중요한 영향을 미쳤다면 경제성장우선주의에 대한 지지와 도덕성 논란에 대한 태도가 이명박 후보 지지에 어떤 영향을 미쳤는가? 이명박 후보와 BBK가 관련이 없다는 검찰의 발표에 대해서 신뢰하지 않는다는 응답자(61.69%)중에서 이 후보를 지지한 비율은 28.10%로 감소하였다. 하

101_흥미로운 점은 당시의 다수의 유권자들은 이명박 후보의 무혐의를 결정한 검찰의 발표를 신뢰하지 않았다. 위의 동아시아연구원(EAI 2007-2008) 조사에 따르면 응답자의 절반이 훨씬 넘는 61.69%가 검찰의 발표를 신뢰하지 않는다고 답하였다(신뢰한다는 35.37%).

지만 검찰 발표를 신뢰하지 않는 경우에도 경제성장우선주의를 지지하는 경우 이 후보를 지지한 비율은 70.75%로 나타나 전체 샘플의 이 후보 지지 비율과 큰 차이가 없었다. 즉 이명박 후보가 주가조작에 관련이 있을 수 있다고 의심하는 유권자들조차도 경제성장우선주의 선호를 가진 경우 압도적으로 이 후보를 지지하였다.

제17대 대선 이후 5개월여 만에 치러진 제18대 국회의원 선거(2008년 5월 30일)에서 집권 한나라당은 153석을 얻어 단독 과반수를 얻는 대승을 거둔다. 반면에 제1야당인 통합민주당은 81석을 얻는 데 그쳐 개헌 저지선에서도 못 미치는 참패를 기록하였다.

제17대 대선과는 달리 제18대 국회의원 선거의 주요 이슈는 지역 개발 공약을 둘러싼 논쟁인 경우가 많았고 선거 결과 경제성장우선주의의 위력이 확인되었다. 특히 서울지역에서 출마한 후보들은 여야 가리지 않고 경쟁적으로 뉴타운 개발 공약을 제시하였다. 특히 5개월 전에 치러진 제17대 대선에서 압도적인 승리로 여당이 된 한나라당은 제18대 국회의원 선거에서 시민들의 개발에 대한 욕망을 자극한 뉴타운 공약을 제시하였고 이에 힘입어 서울지역에서 48개 선거구 중에서 40개 지역을 휩쓸었다. 이 중 절반이 넘는 23개 지역에서 한나라당 후보들은 뉴타운 조기 착공이나 추가 지정 확대를 공약으로 내세웠다. 당시 여권에서는 '뉴타운 공약'이 한나라당 수도권 압승의 일등 공신이라는 말까지 나왔다(조선일보 2011/03/29).

실제로 선거 후 제시된 여러 가지 분석을 통해서 뉴타운 공약의 영향력을 확인할 수 있다. 서울 시내에서 제17대 총선에 비해서 제18대 총선에서 한나라당의 득표율이 상승한 상위 20개 동(성동구 8개, 서초구 4개, 동작 · 도봉구 각 3개, 강동구 2개) 모두 뉴타운으로 대표되는 개발 심리와 직접적인 영향이 있었다. 예를 들어 득표율 상위 20%에 포함된 성동구 성수 1가 1동, 2다

1동은 제지, 인쇄업 등 낙후된 공장이 밀집한 곳으로 클러스터 개발 공약이 제시된 곳이다. 또한 강동구 강일동과 천호 2동에서도 한나라당 후보의 득표율이 17대에서 비해서 18대 총선에서 각각 23.2%, 18.1% 상승한 곳이다. 강일동 지역은 개발제한구역이 해제되면서 개발이 본격화되었고 천호동도 뉴타운으로 지정된 곳이다(동아일보 2008/05/02). 일반적으로 지역 개발은 여당의 프리미엄이 잘 드러나는 공약이다.[102] 뉴타운 열풍은 이명박 대통령의 당선이 가져온 개발과 성장에 대한 기대가 5개월 후에 치러진 총선에서 후광효과(coattail effects)를 가져온 대표적인 사례라고 할 수 있다.

위에서 살펴본 것처럼 경제성장우선주의는 제17대 대선에서 도덕적 결함이 많았던 이명박 후보의 압도적인 당선에 중요한 영향을 미쳤다. 그렇다면 제17대 대선에서 경제성장우선주의가 위력을 발휘한 것처럼 제18대 대선에서도 중요한 영향을 미쳤는가? 일반적인 시각은 제18대 대선의 중심적인 이슈는 경제성장이 아니라 경제 민주화였다고 주장한다. 하지만 이러한 시각은 일면적인 시각이다. 이와 관련하여 두 가지 점이 중요하다. 먼저 2011년 서울 시장 보궐선거 이후 보편적 복지와 같은 복지 이슈의 정치적 영향력이 증가하였다. 이와 함께 대기업 집단의 무분별한 확장에 대한 비판적 여론이 확산되었다. 둘째, 이러한 여론에 기반을 두고 새누리당과 통합민주당, 통합진보당 등 각 당은 18대 대선 7개월여 전에 치러진 제19대 국회의원 선거 캠페인 과정에서부터 경제 민주화에 대한 공약을 제출하였다. 특히 새누리당은 당명을 한나라당에서 새누리당으로 바꾸고 시대의 변화에 맞게 정강정책을 수정하여 경제 민주화를 핵심 정강 · 정책으로 제

102_17대와 18대에서 같은 후보가 출마해 벌인 리턴매치 중 8곳에서 1위와 2위 순위가 바뀌었다. 지역 관계자들의 말을 종합하면 이 경우도 개발 공약이 당락에 큰 영향을 미친 것으로 나타났다(동아일보 2008/05/02).

시하였다.[103]

복지에 대한 시민들의 관심이 확산되고 골목상권까지 침해하는 대기업 집단의 이윤추구에 대한 비판적 여론이 높아지자 보수정당이 이러한 이슈를 선점하기 위해서 변모를 시도한 것이다. 이에 따라 그동안 진보정당의 이슈였던 경제 민주화가 보수 원조 정당의 핵심적인 정강 · 정책이 된 것이다. 박근혜 후보는 한 언론과의 인터뷰를 통해서 "경제 민주화를 통해 공정하고 투명한 환경을 만들어서 대기업, 중견 기업, 중소기업, 소상공인, 소비자 등 모든 경제 주체가 조화롭게 같이 발전해 나갈 수 있는 틀을 확실하게 만들겠다"고 약속했다(동아일보 2012/09/14).

〈그림 7-3〉 **차기 정부 국정과제 우선순위 (상위 2위)**

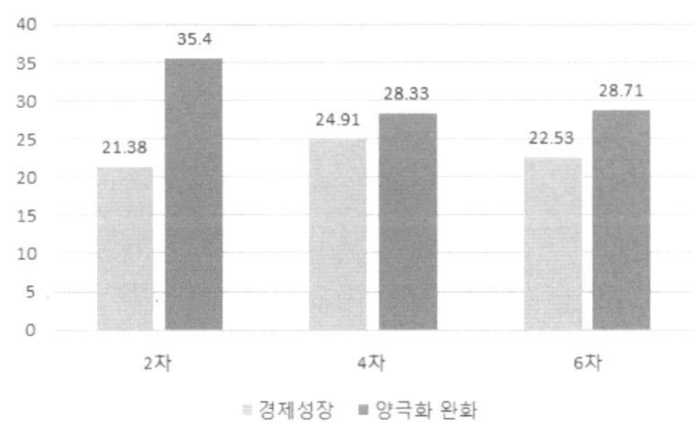

출처: EAI(2012) 자료.
참고: 수치는 %. 총 사례 수는 2차 1,562명, 4차 1,433명, 6차 1,327명.

103_새누리당의 새로운 정강 · 정책 국민과의 약속 중 세 번째 약속은 공정한 시장경제 확립과 성장 잠재력 제고였다. 이중 핵심적인 공약은 "시장경제의 효율을 극대화하고 공정하고 투명한 시장경제 질서를 확립하기 위한 정부의 역할과 기능을 강화하여 경제 민주화를 구현한다(새누리당 정강 정책 2012)." 경제민주화는 제18대 대선에서 박근혜 후보의 4대 국정 목표(국민통합, 정치 쇄신, 경제 민주화, 중산층 재건)중의 하나로 제시되었다.

〈그림 7-3〉은 차기 정부의 국정 과제 우선 순위에 대한 여론의 변화를 나타내고 있다. 이는 제19대 총선 직후 조사된 2차 조사와 선거전이 본격화되기 시작한 10월에 실시된 4차 조사, 그리고 선거 직전 12월에 실시된 6차 조사 결과를 비교하여 국정과제 우순 선위에 대한 변화를 제시하고 있다. 위의 분석 결과는 2012년 총선과 대선을 아우르는 양대 선거의 경쟁과정에서 경제적 양극화가 중요한 이슈였음을 나타내준다. 하지만 이와 함께 경제성장에 대한 지속적인 중요성 또한 확인할 수 있다.

국정 과제로서 이슈의 중요성은 시대적인 분위기에 영향을 받을 수 있다는 점에서 경제성장우선주의의 지속성을 정확히 분석하기 위해서는 앞서 제17대 대선의 경우와 같이 성장과 분배에 대한 개인적인 선호를 추가적으로 살펴보는 것이 필요하다. 같은 자료에서 '우리 사회에서 성장과 분배 중에서 어느 쪽이 더 중요하다고 생각하십니까?'라는 질문에 성장이 더 중요하다고 대답한 응답자는 50.38%(722명)인 반면에 분배가 더 중요하다고 대답한 응답자는 46.89%(672명)였다. 이러한 결과는 시대적 분위기의 영향으로서 국정과제로서 경제적 양극화에 대한 중요성에 대한 인식이 증가하였지만 개인적인 차원에서는 성장에 대한 선호가 여전히 더 중요하다는 것을 나타내 주고 있다.

그렇다면 경제성장우선주의가 박근혜 후보의 지지에 중요한 영향을 미쳤는가? 이 문제에 답하기 위해서는 시민들의 경제성장우선주의에 대한 선호와 박근혜 후보의 경제성장우선주의에 대한 상대적 우위에 대한 평가(이슈 소유권)와 관련된 두 변수에 대한 분석이 필요하다. 시민들의 경제성장우선주의에 대한 선호는 위의 변수를 활용할 수 있다. 두 번째는 "국민을 경제적으로 잘 살게 해줄 수 있는 후보는 누구라고 생각하십니까"라는 문항을 통해서 분석할 수 있다. 이 질문에 38.10%(546명)가 박근혜 후보를 선택하였다. 2위는 응답자의 26.03%(373명)가 지지한 안철수 후보였다. 문재인 후보는 19.47%(279명)만이 선택해 3위에 그쳤다. 동아시아연구원(EAI 2012) 자료에서 나타난 박근혜 후보의 지지율(50.87%)과 위의 두 변수를 교차해서 나타난 박근혜 후보에 대한 지지율 간의 차이를 살펴보면 제18대 대선 과정에서 나타난 경제성장우선주의의 영향력을 분석할 수 있다.

먼저 경제성장우선주의 선호만을 가지고 있다고 응답한 유권자가 박근혜 후보를 지지한 비율은 67.19%로 증가하였다. 또한 경제성장우선주의 선호를 가지고 있으면서 '박근혜 후보가 국민을 경제적으로 잘살게 해줄 수 있는 후보'라고 평가한 응답자가 박근혜 후보를 지지한 비율은 90.40%로 대폭 상승하였다. 즉, 전체 샘플의 박근혜 후보 지지율(50.87%)과 비교할 때 단지 경제성장우선주의 선호만을 가지고 있을 경우에는 박근혜 후보 지지율은 16.32% 증가하였다. 하지만 응답자가 경제성장우선주의 선호를 가지고 있으면서 동시에 박근혜 후보가 경제성장을 더 잘할 것이라고 인식하는 경우(경제성장에 대한 이슈 소유권) 지지율 상승폭의 비율이 39.53%로 커졌다.[104]

경제 민주화에 대한 넘쳐나는 담론 속에서 기표 장에서 박근혜 후보를 지지하는데 더 중요한 영향을 미친 요인은 박근혜 후보가 더 많은 경제성장을 가져올 수 있다는 믿음이었던 것이다. 선거에서 중요한 쟁점으로 부상했던 경제 민주화조차도 경제성장을 위한 방편으로 제시되었다는 점이

104_보다 구체적인 경험 분석은 강우진(2013), Kang(2018)을 참고하라. 강우진의 연구에 따르면 제18대 대선의 투표선택에 대한 일반적인 분석과는 달리 유권자들의 박근혜 후보 지지에는 경쟁모델을 통제한 이후에도 성장에 대한 선호의 일치가 중요한 변수로 작용하였다. 즉 다른 조건이 일정할 때 성장에 대한 선호를 가진 유권자들은 박근혜 후보가 성장에 강점을 가지고 있다고 인식할수록 박근혜 후보를 지지할 가능성이 높았다.

중요하다. 박근혜 후보는 대선전에 열린 외신기자 클럽 기자회견에서 경제민주화는 경제 활성화 전략의 일환임을 분명히 하였다.[105] 국민들 또한 경제민주화는 경제성장에 도움이 되는 것으로 인식하고 있었다. 실제로, 제18대 대선 직전에 실시된 경제개혁 연구소 여론조사에 따르면 국민 10명 중 7명이 '경제 민주화 정책이 경제성장에 도움이 될 것'이라고 판단하고 있었던 것으로 나타났다(경향신문 2012/12/06).

이 장은 박정희 노스탤지어의 두 차원: 개인적 차원과 가치적 차원의 정치적 영향력을 분석하였다. 박정희 시대와의 차별화를 시도했던 전두환 정부 시절 박정희 노스탤지어는 수면 하에 있었다. 역사 속의 박정희를 다시 불러온 것은 두 가지 계기를 통해서였다. 첫 번째 계기는 민주화였다. 민주화 과정에서 제도화된 지역 정당 체제는 유신체제의 후예들이 정치적으로 부활할 수 있는 정치적 배경이 되었다. 하지만 이들은 민주화라는 시대정신 속에서 박정희 노스탤지어를 적극적으로 활용할 수 없었다. 여기서 두 번째 계기가 중요하다. 노태우 정부 후반기 경기침체를 배경으로 등장했던 정주영 바람은 박정희 노스탤지어의 정치적 호명의 서곡이었다. 전대미문의 외환위기를 거치면서 박정희 노스탤지어에 대한 본격적인 정치적 호명이 이루어졌다. 이 과정에서 흥미롭게도 박정희의 장녀 박근혜의 정치입문이 이루어졌다. 박근혜의 정치입문, 정치적인 성장, 그리고 대통령 당선에는 박정희 노스탤지어의 효과가 크게 작용하였다.

개인적 차원의 박정희 노스탤지어의 정치적 효과는 박근혜 정부에서 정점을 이루었다고 할 수 있다. 박정희의 장녀가 대통령을 역임한 이후에는

105_박 후보는 "경제 민주화를 통해 새로운 경제 운영의 시스템을 만들고 경제 활성화나 성장 동력, 잠재력을 높여 '투트랙(two-track)'으로 가야 한다"고 강조했다(중앙일보 2012/11/08).

박정희 시대에 노스탤지어를 가진 사람들의 시각에서 볼 때 박정희 시대에 대한 신원(伸寃)이 어느 정도 이루어졌다고 할 수 있다. 보다 더 중요한 정치적 영향력은 박정희 시대 이후 한국 사회의 지배적인 가치로 뿌리내린 경제성장우선주의의 정치적 영향력이다. 민주주의의 가치와 대립되는 이념으로서 경제성장우선주의는 민주화 이후에도 중요한 정치적 영향력을 나타내왔다. 국민들이 내면화한 경제성장우선주의는 제18대 국회의원 선거 사례가 나타내듯이 국회의원 선거에서 큰 영향력을 발휘하였다. 또한 이명박 대통령과 박근혜 대통령의 당선에도 중요한 역할을 하였다.

8장

박근혜 탄핵과 박정희 노스탤지어의 미래

두루 알듯이 박근혜 전 대통령은 2012년 12월 19일에 치러진 제18대 대통령 선거에 당선됨으로써 한국 최초의 부녀 대통령, 최초의 여성 대통령, 최초의 과반 득표로 당선된 대통령이 되었다. 하지만 임기 4년 차에 발생한 최순실 국정 농단 게이트로 인해서 박근혜 대통령은 연인원 1,700여만 명이 넘는 시민들의 저항에 직면하였다. 2016년 12월 9일 국회에서 박근혜 대통령에 대한 탄핵 소추안이 통과되었고 헌법재판소는 만장일치 탄핵 결정을 내렸다(2017년 3월 10일). 박근혜 전 대통령은 2017년 3월 31일 박근혜-최순실 게이트 관련 뇌물수수와 공무상 비밀누설, 직권남용과 강요죄 등 13가지 혐의로 구속되었다. 이로서 박근혜 전 대통령은 현직에서 탄핵당하고 구속된 최초의 대통령이 되었다.

박근혜 전 대통령의 정치적 등장과 성공 그리고 몰락의 극적인 역사를 관통하는 핵심어는 민주화 이후 한국 사회에서 부상하여 광범위하게 존재하고 있는 박정희 노스탤지어이다. 박근혜 전 대통령은 외환위기를 계기로 1998년 대구 달성 보궐선거를 통해서 정치에 입문한 이후 특히 2004년 전국적으로 몰아닥친 탄핵 역풍 이후 비상대책위원장으로 한나라당을 이끈

후부터 원칙과 소신의 정치인이라는 자신만의 정치적 자산(political capital)을 축적해왔다. 이를 통해서 각종 선거에서 한나라당을 승리를 이끌어 '선거의 여왕'이라는 별칭을 갖기도 했다. 하지만 박근혜 전 대통령이 제19대 대선에서 절반 이상의 지지를 얻어 당선된 배경에는 박정희 노스탤지어가 중요하게 작용하였다는 사실에는 의심의 여지가 없다(Kang 2018; Kim 2014).

고도성장의 시기를 이미 지난 한국은 이미 저성장 시대에 진입하였고 박정희식 권위주의적 동원을 통한 급속한 경제성장은 더 이상 가능하지 않다. 이러한 상황에서 한국 사회에 존재하고 있는 광범한 박정희(모델)에 대한 노스탤지어는 민주주의 심화의 경로에서 총량적인 경제성장을 중심으로 한 수행력에 대한 지속적인 압력으로 작용할 가능성이 크다.[106]

그렇다면 박근혜 전 대통령의 비극적인 몰락과 함께 박정희 노스탤지어는 사라지거나 최소한 잦아들 것인가? 이 문제의 중요성에도 불구하고 이 문제를 본격적으로 학술적으로 다룬 연구는 거의 존재하지 않는다. 그동안 제시되었던 시각들은 대부분 학문적인 연구가 아니라 언론의 비평 또는 분석 기사 등이었다(김동인 2017; 김동춘 2016; 백철 2016; 윤홍식 2016; 최혜정 2016; 김진호 2017). 박근혜 전 대통령 탄핵 이후 박정희 노스탤지어의 미래를 분석한 연구는 현재까지 출간되지 않았다. 언론의 기술적인 분석을 중심으로 개인적인 의견이 제시된 수준이다. 이를 간략히 요약하면 세 가지

106_동아시아 민주주의를 연구하는 학자들은 동아시아 국가에서 시민들의 민주적 지지가 중국, 싱가포르, 필리핀과 같은 사회주의 국가 혹은 경쟁적인 권위주의 국가에서 더 높다는 역설적인 사실에 직면했다(동아시아의 퍼즐). 시민들의 민주적 지지의 원천에 대한 비교적 연구에 따르면 비민주적인 정부에서도 경제적 성과와 거버넌스가 제공된다는 믿음이 정당성의 원천이 된다(Gilley 2006).

입장으로 정리할 수 있다.

먼저, 박근혜 전 대통령의 집권과 함께 박정희 노스탤지어가 해소되었다는 입장이 있다. 박정희 전 대통령 지지자들은 박근혜 전 대통령에 대한 절대적인 지지를 통해서 비극적으로 삶을 마감한 박정희 전 대통령(과 육영수 여사)에 대한 정치적 신원(伸冤)을 이룬 것이다. 박정희 전 대통령에 대한 정치적 신원과 함께 박정희 모델은 정치적 영향력을 상실할 것이다(서중석 2013). 이에 따라서 박정희 노스탤지어는 잦아들 것이다.

두 번째 시각은 박근혜 전 대통령의 정치적 몰락과 함께 박정희 노스탤지어가 사라질 것이라는 것이다. 박근혜 · 최순실 게이트의 본질은 한국형 정경 유착의 파국적 결말이며 공적으로 위임된 권력의 사유화이다. 이러한 체제의 역사적 기원은 박정희 시대이다. 따라서 박근혜 전 대통령의 몰락은 박정희 모델의 몰락을 의미하는 것이다(한겨레 2017/04/12; 윤승민 · 김원진 2016/ 11/11)

세 번째 시각은, 박정희는 여전히 존경하지만 박근혜가 아버지의 업적을 망쳤다는 시각이다. 예를 들어, 탄핵 정국의 와중에서 한 고령의 지지자(75세)는 "박정희는 존경하지만 박근혜는 대통령 자격이 없다"고 일갈했다(김윤나영 2016, 프레시안 2016/11/01).

이 책의 시각에서 볼 때 선행 연구는 다음과 같은 한계를 지닌다. 먼저, 대다수의 연구가 전직 대통령에 대한 호감도 조사에만 기반을 두고 시민들이 가지고 있는 박정희 노스탤지어를 전직 대통령 박정희 개인에 대한 선호와 일치시킨다. 하지만 이 책이 분석한 바와 같이 박정희 노스탤지어는 전직 대통령 박정희에 대한 회고적 평가를 넘어서는 다층적이고 체계적인 현상이다(강우진 2013; Kang 2018). 이는 전직 대통령 박정희에 대한 선호를 넘어서 한국형 경제발전 모델의 정착과 급속한 경제발전에 대한 박정희 전 대통령의 역사적 저작권(백낙청(2005)은 이를 '지속 불가능한 발전의 유공자'로 표현했다)을 인정하고 지지하는 태도이다. 또한 시민들이 박정희 시대의 지배이데올로기인 경제성장우선주의를 적극적으로 수용하는 태도이다.

이러한 면에서 여론조사에서 나타난 박정희 전 대통령에 대한 선호는 박정희 노스탤지어의 한 측면의 표출에 불과하다. 더구나 여론조사 결과만 본다면 박근혜 정부 출범 이후 일련의 조사에서 노무현 전 대통령에 대한 선호도가 박정희 전 대통령을 지속적으로 앞서왔다.[107] 그렇다면 노무현 노스탤지어가 박정희 노스탤지어를 극복한 것인가?

둘째, 선행 연구는 박정희 노스탤지어의 재생산 메커니즘을 전혀 분석하지 않는다. 박정희 노스탤지어는 노년층에서 주로 나타나는 현상인가? 선행 연구가 의존하는 여론조사에서도 드러나듯이 박정희 노스탤지어가 1990년대 초반부터 20년 이상 지속된 이유는 무엇인가? 박정희 시대를 전혀 경험하지 않은 젊은 층이 박정희를 지지하는 이유는 무엇인가? 이 문제는 박정희 노스탤지어의 다면적인 성격에 대한 분석과 박정희 시대를 경험하지 않은 젊은 층들이 박정희 노스탤지어를 가지게 된 원인과 경로에 대한 분석 없이는 답하기 어렵다.

박정희 노스탤지어는 지속될 것인가?

이 장에서 다루는 탄핵 이후 박정희 노스탤지어의 미래를 논의하기 위해서 박정희 노스탤지어에 대한 앞선 분석으로 다시 한번 되돌아보자.

107_리서치뷰의 연속조사에 따르면 2013년 노무현, 박정희에 대한 선호도는 각각 35.0%와 26.0%였다. 하지만 그 차이는 지속적으로 벌어져서 가장 최근 조사인 2017.4월 조사에서는 48.7%대 23.2%로 벌어져 두 배 이상 차이가 났다(프레시안 2017/04/28).

이 책의 주장은 전직 대통령 박정희 개인에 대한 평가와 박정희 시대 혹은 박정희 모델에 대한 평가가 서로 긴밀히 연결되어 있지만 다른 차원으로 인식해야 한다는 것이다. 전자는 후자에 기반을 두고 있고 특정한 국면에서 일정하게 변동할 수 있다. 박정희 전 대통령 개인에 대한 지지가 다소 쇠락하더라도 한국형 발전 모델로서 박정희 모델에 대한 향수는 지속될 수 있는 가능성이 충분하다.

먼저 전직 대통령으로서 박정희에 대한 평가는 이 책이 제시한 대로 이명박 · 박근혜 정부 이전의 거의 모든 여론조사에서는 압도적으로 수위를 기록했다. 하지만 노무현 전 대통령 서거 이후 변화를 보이기 시작하여 최근 (일부) 조사에서는 노무현 전 대통령에 대한 지지가 박정희 전 대통령에 대한 지지를 크게 앞서기도 했다.

박정희 전 대통령에 대한 지지가 최근에 하락하고 있다. 그렇다면 이러한 변화의 이유는 무엇인가? 노무현 김대중 두 전직 대통령 사후 이들에 대한 정치적 향수도 어느 정도 기여하였다고 볼 수 있다. 하지만 이명박 · 박근혜 정부하에서 발생한 민주주의 후퇴는 선거 민주주의가 공고화되었다고 하더라도 민주주의의 다른 부분 정체들이 퇴보할 수 있다는 사실을 잘 드러내 주었다. 민주주의가 후퇴하는 시대적 상황에서 박정희 노스탤지어가 가리고 있는 박정희 시대의 민주주의 후퇴와 인권탄압에 대한 부정적인 인식이 증가한 것으로 볼 수 있다.

다음으로 박정희 신드롬을 박정희 체제 혹은 박정희 모델에 대한 향수로 광범위하게 정의할 경우 문제는 더 복합적이다. 왜냐하면 이는 한국형 발전 모델에 대한 박정희의 역사적 재산권(백낙청 2005)의 문제와 연관되어 있기 때문이다. 이 책이 주장하는 것은 박정희 정부의 유산 중에 가장 강력한 것은 경제성장우선주의다. '잘살아 보세'로 상징되는 국가 권력에 의한 성장 담론의 동원은 대중들의 동의와 결합하면서 발전 동맹을 형성하였다. 이는 박정희 체제의 헤게모니적 지배의 핵심 고리 중의 하나였으며 현재에도 그 유산이 강력히 남아있다.[108]

앞서 간단히 살펴본 박근혜 탄핵 이후 박정희 노스탤지어의 미래에 대한 앞선 논의와는 달리 이 책의 주장은 박근혜 전 대통령의 탄핵 이후에도 박정희 노스탤지어는 상당히 지속될 수 있다는 것이다. 재벌 중심 체제를 엔진으로 하는 총량적인 의미의 경제성장에 대한 강한 선호가 지속될 때 박정희 노스탤지어는 지속적인 영향력을 가질 것이다. 특히, 경제 침체가 반복될 때마다 박정희(식 경제성장 모델)에 대한 정치적 호명(political interpellation)이 반복될 것이다. 경제성장우선주의가 민주주의의 가치를 압도하는 한 한국형 경제 모델의 건축가로 인식되고 있는 박정희에 대한 향수는 지속될 것이다.

산업화 세대와 그 이전 세대는 국가주의와 경제성장우선주의를 기반으로, 그리고 박정희 시대를 경험하지 않은 젊은 세대는 경제성장우선주의를 중심으로 국가주의를 부차적으로 박정희 시대의 신화를 지속적으로 향유할 가능성이 크다. 한국전쟁, 박정희 시대를 온몸으로 버텨낸 한국전쟁 세대와 베이비붐 세대(의 상당수)는 국가의 발전을 개인의 발전과 동일시했다. 이들 중 박정희 노스탤지어를 가진 사람들은 박정희 시대에 대한 부정을 자신의 삶에 대한 부정과 동일시한다.[109] 반면에 에코(echo) 세대[110]는

108_한 연구자는 1997년 경제 위기를 통해서 개발주의 세력과 신자유주의 세력이 헤게모니적인 신개발 동맹을 형성하였다고 지적하였다(김철규 2007). 개발주의의 정치적 위력은 18대 총선에서 서울 지역에서 나타난 이른바 '뉴타운' 열풍을 통해서 여실히 드러났다. 이는 욕망의 정치화의 대표적인 사례이다. 경제성장우선주의의 정치적 영향력은 제7장에서 자세히 다룬 바 있다.

109_실지로, 태극기 집회의 담론 지도를 분석한 한 조사에 따르면 태극기 집회의 비결은 대한민

박정희 시대를 직접 경험하지 않고 상대적으로 자유로운 성향을 가지지만 저성장 속의 취업난으로 인해서 성장주의에 강한 선호를 가진다.

박정희 노스탤지어의 재생산과 관련된 연구가 존재하지 않기 때문에 엄밀한 분석은 미래의 과제이다. 하지만 여론조사를 통해서 일부 실마리를 찾을 수 있다. 먼저, 10년 차를 두고 실시된 동아시아 연구원(East Asian Institute)의 한국인의 정체성 조사를 비교해보면 박정희 모델에 대한 인정과 지지는 노년층의 전유물이 아니었으며 정치적 상황에 크게 영향을 받지 않고 연속성을 가진다는 사실이 명확하다. 2005년 조사에서 박정희 정부가 경제발전에 기여한 공에 대한 질문에서 20대(96.33%)와 30대의 거의 모든 응답자(98.42%)가 긍정적으로 평가했다. 2015년 조사에서는 소폭 감소하였지만 여전히 20대의 응답자의 85.3%, 30대의 88.0%가 박정희 정부의 공을 인정하였다.[111]

또한, 탄핵을 전후로 한 시기에 실시된 한 여론조사 결과가 시사적이다. 2016년과 2017년 사이 노무현 전 대통령에 대한 선호도는 39.9%에서 45.3%로 증가한 반면에 박정희 전 대통령에 대한 선호도는 28.8%에서 23.1%로 감소했다. 하지만 노무현 전 대통령에 대한 지지자 중에서도 같은 시기 박정희 모델의 핵심 요소인 재벌체제의 유용성에 대한 긍정적인 평가가 오히려 증가했다. 노무현을 신뢰한다는 응답층에서 '한국의 대기업

국(믿음), 태극기(행위), 국민(소속감)의 애국의 삼각형이었다(시사IN 2017/04/03).

110_베이비 붐 세대(1955-1963년생)의 메아리라는 뜻으로 베이붐 세대의 자녀 세대(1979-1992년생)를 지칭하는 개념이다.

111_반면에 진보 정부인 김대중 노무현 정부가 경제성장에 미친 영향에 대한 평가는 2005년 조사에서 20대에서 각각 46.69%, 20.62%, 30대에서 39.37%, 18.11%에 지나지 않았다. 2015년 조사에서는 김대중 정부에 대한 평가에서 20대가 64.1%, 30대가 59.4%로 증가했다. 하지만 여전히 박정희 정부에 대한 긍정적 평가보다 매우 낮은 수치이다.

은 수출과 고용 창출로 경제에 힘이 된다'는 질문에 긍정적인 응답은 34%(2016년) 에서 41.9%(2017년)으로 오히려 증가했다(박정희 신뢰 응답층에서 비율은 같은 시기 68.8%에서 85.4%로 증가)(김동인, 시사IN 2017/10/12).

관련 연구와 자료가 턱없이 부족하기 때문에 체계적인 분석을 확인할 수 없지만 탄핵 이후 여러 가지 집회와 대담을 통해서 탄핵 이후에도 박정희 노스탤지어가 여전히 존재함을 확인할 수 있다. 특히, 청년층에게서 확인되는 박정희 노스탤지어가 앞으로도 상당 기간 지속될 수 있다는 것을 시사한다.

〈표 8-1〉은 탄핵 과정을 거치면서 집회, 기고, 토론 등에서 나타난 청년층들의 박정희 노스탤지어를 확인할 수 있는 대표적인 발언을 소개하고 있다. 이 발언을 통해서 확인할 수 있는 사실은 이 연구가 주목하는 바와 같이 박정희 노스탤지어가 경제성장우선주의(경제성장의 공)와 안보를 중심으로 한 국가주의를 통해서 청년층들에게 재생산되었을 가능성이 크다는 것을 시사한다.

〈표 8-1〉 **탄핵 이후 청년층에서 나타난 박정희 노스탤지어를 확인할 수 있는 발언들**

청년층의 박정희 노스탤지어(경제성장에 대한 공)	출처
박정희 대통령은 빈민층의 삶을 벗어날 수 없었던 노동자들을 위한 교육기관을 만들고, 그들이 기능공의 역할을 수행하고 중산층으로 성장할 수 있는 길을 만들었다.	-여명. 2018. "노동자들을 중산층으로 만든 박정희." 『박정희 정신』 제7호, 126.
누군가 내게 부모님을 제외하고 가장 존경하는 인물이 누구냐고 물었을 때 나는 한 치의 주저함도 없이 "박정희 대통령"이라고 답한다. 왜 박정희 대통령을 가장 존경하는 인물로 뽑았냐는 질문에는 "그가 대한민국을 가난에서 벗어나 세계 속의 당당한 국가로 만들었기 때문"이라고 답한다.	-우상원. 2018. "나는 박정희에게 감사한다." 『박정희 정신』 제7호, 232.
존경하는 애국 국민 여러분 우리나라가 이렇게 잘 살게 된 것이 누구 때문입니까.....중략...... 우리 어르신들이 피와 땀을 흘리며 배고픔을 이기며 박정희 대통령님과 함께 건국한 우리 박정희 대통령 때문 아니겠습니까. 박정희 대통령 각하님 고맙습니다. 전 북한 빨갱이 세력으로부터 나라를 지켜내시고, 잘 사는 자유 대한민국을 만들어 주셔서	-최경탄. 2017. 02. 18. "전라도 청년의 고백-박근혜 대통령을 지킵시다. 박원." · 제13차 탄기국 주최 애국 태극기 집회에서 청년 박원씨의 연설. https://www.youtube. com/

정말 감사합니다.	watch?v=keb-4CPemHY-(검색일: 2018/10/11).
청년층들의 박정희 노스탤지어(국가안보를 강조)	
단순히 경제성장만을 이뤄낸 것이 아니라 국민의 전반적인 삶의 질을 높였고, 대외적으로도 공산화를 막아낸 위인이지만 독재자라는 절대 악(惡)의 낙인은 지워지지 않고 있다.	-최종부. 2017. "박정희와 민주화는 정비례 관계." 박정희 정신』제3호, 86-87.
박정희 대통령은 평생에 북한을 압도하는 국방력, 경제를 건설해야겠고 그렇기 때문에 자주국방을 하기 위해 유신을 했고 중화학 공업을 했고 또 중화학 공업을 하기 위해 유신을 했던 거거든요.	-슈타인즈정치경제연구소. 2017. "청년들의 박정희 대통령 끝장 토론!! 슈타인즈 자유토크." https://www.youtube.com/watch?v=GHx44xvWVoY(검색일: 2018/11/11).
국민들에게 무조건 퍼주는 정부는 의존적 국민을 만든다. 하지만 박정희는 국민들의 원망을 무릅쓰고 '자립'을 강조했다. 결국 박정희는 자립을 통해 개인의 삶을 개척하고 국가 발전의 역군이 되는 국민들을 만들어냈다. 의존적 국민을 만들려는 정권과 사회 흐름 속에서 청년 세대가 의타심을 뿌리치고 최우선으로 흡수해야 할 박정희 정신은 바로 자립이다.	-황정민. 2018. "청년들이여 스스로 일어서자."『박정희 정신』제7호, 227.
가난과 전쟁이라는 민족사적 질곡 속에서 오직 내 나라, 내 민족의 더 나은 내일을 위해 기꺼이 목숨을 걸었던 박정희의 삶이야말로 영웅적이면서도 비극적이고, 자랑스러우면서도 가슴이 메어오는, 위대한 개인의 삶이고 지도자의 삶이다. 그것이야말로 지금의 대한민국 청년들이 지향해야 할 성취하는 삶, 역사를 진전시키는 삶, 나와 공동체 모두를 더 나은 내일로 인도하는 삶의 이상향이다.	-이승수. 2017. "윤이상과 윤동주, 그리고 박정희."『박정희 정신』제6호, 95-96.
올바른 역사관과 국가관을 가진 인재를 양성하고, 그 인재들이 각자의 전문 분야에서 활약할 수 있도록 기반을 다져주는 것. 그것이야말로 국민들에게 더 나은 삶을 제공하고자 한 박정희 대통령의 정신에 어울리는 일이 아닐까? '국민교육헌장'을 만들고 의무교육을 실시한 박정희의 정신은 실패를 두려워하지 않는 도전과 스스로 삶을 일으키고자 하는 개척, 두 가지로 요약될 수 있을 것이다. 전쟁의 폐허를 딛고 일어나 한강의 기적을 이루게 한 것은 기성 세대들의 강력한 의지와 책임감이었다. 어릴 때부터 박정희 대통령에 대한 책과 영상을 자연스럽게 접할 수 있고, 고대사보다는 근현대사를 비중 있게 다루는 교육, 책과 영화를 통해 자유대한민국의 이념과 가치를 받아들일 수 있는 문화를 만들기 위해 도전하는 것. 그것이야말로 후손들이 잘 사는 나라를 만들고자 한 박정희 대통령의 정신을 올바로 계승하는 방법일 것이다.	-강승은. 2018. "그동안 우리는 무엇을 했나?"『박정희 정신』제7호, 247.
진행자: 'We Can Do It' 이것이야말로 박정희 대통령을 상징하는 정신 아닙니까. 박정희 대통령을 경제적인 업적만 치우쳐서 설명하기보다는 정말 정신혁명을 일으킨 분이다. 이 점에 방점을 두고 싶어요. 왜냐하면 식민지도 겪었고, 6·25도 겪으면서 이제 한국 사람들이 어떤 역전 의식, 패배 의식에 사로잡혀 가지고 우리는 못해, 우리는 저렇게 못사는 우리. 이런 패배주의에 사로잡혀 있을 때 아니다, 우리도 남들처럼 잘 살아 볼 수 있다. 우리도 할 수 있다라는 정신을 심어준 것이 그 분의 위대한 업적이다. (중략) 여명: 요즘 느끼는 것은 위대한, 나쁜 쪽으로든 어떤 쪽으로든 신처럼 된 분이잖아요. 하지만 그 분도 인간이었고, 화도 낼 줄 알고 울 줄도	-슈타인즈정치경제연구소. 2017. "청년들의 박정희 대통령 끝장 토론!! 슈타인즈 자유토크." https://www.youtube.com/watch?v=GHx44xvWVoY.(검색일: 2018/10/12).

알고 누구를 미워할 줄도 알지만 그럼에도 불구하고 그 분의 신념이었던 '오로지 조국 근대화' 또 그게 명확한 문장으로 되어있잖아요. '내 일생 조국과 민족을 위해서', 정말 이 문장을 정말 평생 각인시켰던 분이거든요. 전 그래서 그럼에도 불구하고 초점을 맞춰서 그런 점에서 존경합니다. 나는 인간이지만 그럼에도 불구하고 내 감정을 억누르고 내 욕망을 억누르고 오로지 국가와 내 조국을 위해 헌신하는 그 영웅적인 삶, 태도를 존경합니다.

〈표 8-2〉 현재 활동 중인 박정희 정신계양을 목적으로 하는 대표적인 단체 목록

단체명	개설 목적
청년박정희연구회	(회장) 이승수, (부회장) 여명 (개설목적) 청년박정희연구회는 박정희 정신을 연구하는 학술 단체입니다. 본 연구회는 연구한 것을 바탕으로한 우리 사회의 건강한 의식 확산 활동과 오피니언 리더 양성을 지향합니다. https://www.facebook.com/pg/%EC%B2%AD%EB%85%84%EB%B0%95%EC%A0%95%ED%9D%AC%EC%97%B0%EA%B5%AC%ED%9A%8C-588209221379547/posts/?ref=page_internal
한국대학생포럼	(개설목적) 대학생들에게 국가 안보 의식을 고취시키고, 왜곡된 역사 인식하에서 대한민국을 역행시키려는 움직임을 준엄히 비판하는데 앞장서고자 합니다. 또한 자유시장경제체제를 중요시 여기며, 선진국으로의 도약을 위해 필요한 기틀을 다지기 위해서 노력할 것입니다. http://www.univforum.kr/
자유대한청년포럼	(리더) 강승은 (개설목적) 자유대한청년포럼은 특정 정당의 정치 활동을 보조하는 단체가 아닙니다. 다만, 우파 청소년들과 청년분들이 바른 이념과 가치관을 가질 수 있도록 교육과 문화 분야에서 기반을 마련해드리고자 열심히 뛰고 있습니다. https://www.facebook.com/search/top/?q=%23%EC%9E%90%EC%9C%A0%EB%8C%80%ED%95%9C%EC%B2%AD%EB%85%84%ED%8F%AC%EB%9F%BC
애국청년포럼	(개설목적) 저희는 태극기 집회에서 만난 2,30대 청년들이 대한민국의 자유민주주의 수호를 위한 합심의 필요성을 절감하여 창설한 단체입니다. 태극기 집회에 홀로 참여하셔서 외로우셨던 분, 아니면 차마 혼자서 집회에 나오기가 부담되셨던 분, 또 지방에 거주하셔서 참석하지 못하신 분, 이런분들께 "애국청년포럼"가입을 강력 추천합니다. 1500만 국민의 염원으로 당선된 대통령을 억지로 끌어내림에도 모자라 독방에 처넣고 박수치며 성희롱과 같은 인격살인을 해대는, 이 미쳐돌아가는 꼴을 도무지 보고있을 수 만은 없어 저희들이 나섰습니다 http://www.pictame.com/user/youngkoreanpatriots/4787945258

이 문제와 연관하여 최근의 의미 있는 변화에 주목할 필요가 있다. 먼저 앞서 지적한 대로 박정희 정부 지지자 중에서 민주주의 체제에 대한 지

지('민주주의 체제가 낫다고 대답한 응답자')가 절반(58.15%)을 넘었다. 또한, 3분의 2에 조금 못 미치는 응답자(64.67%)가 일관된 민주주의자이거나 혹은 비판적 민주주의자였다. 즉 자유민주주의적 가치를 가진 집단이었다. 이러한 결과는 광범위한 기반을 가진 박정희 정부에 대한 지지가 민주주의적 가치와 반드시 배치되지 않는다는 사실을 제시하고 있다. 또한, 앞서 사회경제적 배경을 통해서 확인한 대로 20-30 집단의 경우 단지 10%만이 박정희 정부를 지지하였다. 즉 세대교체에 따른 지지패턴의 변화 가능성이 존재한다는 것을 나타내고 있다.

또한 민주 정부에 대한 평가가 긍정적인 쪽으로 변화하였다. 예를 들어 앞선 동아시아 연구원의 2005년 '한국인의 정체성 조사'에서는 경제발전에 대한 민주 정부(김대중 노무현 정부)의 기여에 대한 긍정적인 평가는 3분의 1이 약간 넘는 수준(39.41%)에 머물렀다. 하지만 2010년에는 절반이 넘는 응답자(두 정부 평균 57.76%)가 경제발전에 대한 민주 정부의 기여에 긍정적인 평가를 내렸다. 민주 정부의 정치발전 기여에 대한 긍정적인 평가도 2005년 조사에서는 절반이 약간 넘은 수준(김대중 정부 50.77%)이었으나 2010년 조사에서는 3분의 2가 넘는(평균 67.72%) 수준으로까지 향상되었다. 시간이 지나면서 국민들이 민주 정부가 이룬 민주적 성취에 대해서 점진적으로 인식하고 평가하고 있다는 추론이 가능하다.

마지막으로, 경제발전과 민주화에 대한 국민들의 선호에도 의미 있는 변화가 발생하였다. 한국민주주의바로미터(KDB) 2001년 조사에서는 3분의 2에 약간 못미치는(62. 78%) 응답자가 경제발전이 민주주의보다 중요하다고 대답하였으며 민주화가 더 중요하다고 대답한 응답자는 단지 9.76%에 지나지 않았다. 하지만 두 번의 민주 정부를 거친 후 실시된 한국민주주의바로미터(KDB) 2010년 조사에서는 경제발전이 민주주의보다 중요하다고 응답한 응답자는 절반에 약간 못 미치는 수준으로(48.31%) 감소하였다. 또한 민주주의가 중요하다는 응답자는 여전히 경제발전을 꼽은 국민들에 비하면 3분의 1 수준이지만(16.33%) 둘 간의 차이는 2001년 조사에 비해서 훨씬 줄어들었다. 이는 두 가지 요인의 복합적인 결과라고 할 수 있다. 먼저 앞서 밝힌 대로 민주 정부를 거치면서 국민들이 민주주의와 경제발전에 대한 일정한 선호 변화가 발생하였다. 또한 역설적으로 국민들이 이명박 정부하에서 발생한 민주주의의 후퇴를 경험하면서 민주주의의 중요성에 대해서 인식하게 되었다고 볼 수 있다.

이러한 결과를 종합하면 박정희 노스탤지어 지속 문제는 한국 민주주의가 박정희식 총량적 의미의 성장 모델을 넘어서는 지속 가능한 민주적 발전 모델을 구축할 수 있느냐에 달려 있다고 할 수 있다.

| 참고문헌 |

〈제1장〉

강준만. 1999. "박정희 신드롬을 해부한다". 『인물과 사상』(2월호). 서울: 인물과사상사.

_____. 2002. "박정희 신드롬과 공정영역의 소멸". 『인물과 사상』(12월호). 서울: 인물과사상사.

김일영. 1995. "박정희 체제 18년을 어떻게 볼 것인가?" 『계간 사상』 겨울호(통권제27호), 298-256.

김정렴. 1998. 『아 박정희』. 서울: 중앙M&B.

_____. 2006. 『(김정렴 회고록) 최빈국에서 선진국 문턱까지: 한국 경제정책 30년사』. 서울: 랜덤하우스코리아.

김태형. 1997. 『(진정한 한국인 김태형의) 영웅 박정희』. 경기: 광명.

김형아 저 · 신명주 역. 2005. 『박정희의 양날의 선택 (유신과 중화학공업)』. 서울: 일조각.

류석춘. 2018. 『박정희는 노동자를 착취했는가(대한민국 기능공의 탄생과 노동귀족의 기원)』. 서울: 기파랑.

박원탁. 1978. 『歷史의 點火: 朴正熙大統領의 政治와 哲學』. 서울: 태양문화사.

백낙청. 2005. "박정희 시대를 어떻게 생각할까." 『창작과비평』, 제33권 2호, 287-297.

서울신문사. 1978. 『民族과 함께 歷史와 함께 : 朴正熙大統領 - 그 人間과 思想』. 서울: 서울신문사 출판국.

서유석. 2009. "사회적 퇴행과 참여민주주의: 박정희 신드롬과 한국 민주주의." 『건지인문학』 제1집, 145-161.

송복 외. 2017. 『박정희 바로 보기: 우리가 알아야 할 9가지 진실』. 서울: 기파랑.

송효빈. 1977. 『가까이서 본 박정희 대통령』. 서울: 휘문출판사.

신용구. 2000. 『박정희 정신분석 신화는 없다』. 서울: 뜨인돌출판사.

오원철. 1995. 『한국형 경제건설 1: 엔지니어링 어프로치』. 서울: 기아경제연구소.

_____. 1995. 『한국형 경제건설 2: 엔지니어링 어프로치』. 서울: 기아경제연구소.

_____. 1996. 『한국형 경제건설 3: 엔지니어링 어프로치』. 서울: 기아경제연구소.

_____. 1996. 『한국형 경제건설 4: 엔지니어링 어프로치』. 서울: 기아경제연구소.

_____. 1996. 『한국형 경제건설 5: 엔지니어링 어프로치』. 서울: 기아경제연구소.

_____. 2010. 『박정희는 어떻게 경제 강국을 만들었나』. 서울: 동서문화사.

유종일 외. 2011. 『박정희의 맨 얼굴: 8인의 학자, 박정희 경제 신화 화장을 지우다』. 서울: 시사IN북.

이영훈 외. 2017. 『박정희 새로 보기: 오늘에 되살릴 7가지 성공모델』. 서울: 기파랑.

이인화. 1993. 『영원한 제국』. 서울: 세계사.

_____. 1997. 『인간의 길. 1』. 서울: 살림.

______. 1997.『인간의 길. 2』. 서울: 살림.
______. 1998.『인간의 길. 3』. 서울: 살림.
임경석. 2009. "박정희 시대를 보는 눈."『역사와 현실』 제74호, 3-12.
임지현. 2000.『우리 안의 파시즘』. 서울: 삼인.
______. 2004. "대중독재의 지형도 그리기." · 임지현 · 김용우 편.『대중독재 1: 강제와 동의 사이에서』. 서울: 책세상.
임지현 · 이상록. 2005. "대중독재와 포스트 파시즘; 조희연 교수의 비판에 부쳐." · 임지현 김용우 편.『대중독재 2: 정치종교와 헤게모니』. 서울: 책세상.
임혁백. 2011. "박정희 시대 경제발전과 근대화의 해석: 권위주의적 발전론은 민주적 발전론에 비교우위가 있는가?" 민주 · 평화 · 복지포럼 5 · 16 쿠데타 50년 학술대회 〈5 · 16 우리에게 무엇인가〉.서울. 3월 14일.
______. 2012. "박정희에 대한 정치학적 평가: 리더십, 근대화, 유신, 그리고 몰락."『평화연구』제20권 2호, 51-84.
정재경. 1992.『위인 박정희』. 서울: 집문당.
______. 1995.『朴正熙大統領傳記 1』. 서울: 민족중흥연구회.
______. 1995.『朴正熙大統領傳記 2』. 서울: 민족중흥연구회.
정진기. 1977.『朴正熙大統領의 指導理念과 行動哲學』. 서울: 매일경제신문사.
조갑제. 1992.『박정희 1 불만과 불운의 세월』. 서울: 까치.
______. 1998.『내 무덤에 침을 뱉어라 1』. 서울: 조선일보사.
______. 1998.『내 무덤에 침을 뱉어라 2』. 서울: 조선일보사.
______. 1998.『내 무덤에 침을 뱉어라 3』. 서울: 조선일보사.
______. 1999.『내 무덤에 침을 뱉어라 4』. 서울: 조선일보사.
______. 1999.『내 무덤에 침을 뱉어라 5』. 서울: 조선일보사.
______. 2001.『내 무덤에 침을 뱉어라 6』. 서울: 조선일보사.
______. 2001.『내 무덤에 침을 뱉어라 7』. 서울: 조선일보사.
______. 2001.『내 무덤에 침을 뱉어라 8』. 서울: 조선일보사.
좌승희. 2018.『박정희-동반성장의 경제학』. 서울: 기파랑.
진중권. 2003. "죽은 독재자의 사회." · 이병천 외 편.『개발독재와 박정희 시대』. 서울: 창비.
최장집. 2010.『민주화 이후의 민주주의』 서울 :후마니타스.
한민. 2008. "문화심리학적 관점에서 본 박정희 신드롬의 무속적 의미."『한국무속학』 제16집, 391-415.
허수정. 1997.『박정희를 다시 생각한다!』. 서울: 신라출판사.
홍윤기. 2003. "민주화 시대의 박정희." · 이병천 외 편.『개발 독재와 박정희 시대』. 서울: 창비.
홍하상. 2005.『주식회사 대한민국 CEO 박정희』. 서울: 국일미디어.
Feng, Wang. 2011. "The end of 'growth with equity'? Economic growth and income in-

equality in East Asia." *AsiaPacific 101*: 1-8.

Hahm, Chaibong. 2008. "South Korea's miraculous democracy." *Journal of Democracy* 19(3): 128-142.

Kim, Hyung-A. 2003. *Korea' Development Under Park Chung Hee: Rapid industrialization 1961-79.* London: Routlege.

Lee, Namhee. 2009. "The Theory of Mass Dictatorship: A Re-examination of the Park Chung Hee Period." *The Review of Korean Studies* 12(3): 41-69.

※ 기타자료

금정수. 1997. "『인간 복제한다면 김구 테레사順』…고대신문 설문조사."『동아일보』(3월 17일).99. "7,85http://news.donga.com/3/all/19970317/7240361/1(검색일:_2015/01/6).

김병석. 1999. "194명(11월14일 현재)의 「인터넷 月刊朝鮮」 독자들이 뽑은 20세기 한국의 대표人物."『월간조선』(12월 호). http://monthly.chosun.com/client/news/print.asp?ctcd=&nNewsNumb=199912100026(검색일:2017/04/01).

동아시아연구원. 2005. "한국인의 정체성 조사."

_____. 2010. "한국인의 정체성 조사."

_____. 2015. "한국인의 정체성 조사."

리서치뷰. 2017. "[리서치뷰]〈2011.5.9.~2017.4.27.〉 전현직 대통령호감도 조사결과(결산)." (5월 20일). http://rsview.kr/pdboard/bbs/board.php?bo_table=data&wr_id=663(검색일:2016/08/13).

리얼미터. 2015. "前대통령 국가발전 기여도, 1위 박정희, 2위 노무현, 3위 김대중." (11월 26일). http://www.realmeter.net/%E5%89%8D%EB%8C%80%ED%86%B5%EB%A0%B9-%EA%B5%AD%EA%B0%80%EB%B0%9C%EC%A0%84-%EA%B8%B0%EC%97%AC%EB%8F%84-1%EC%9C%84-%EB%B0%95%EC%A0%95%ED%9D%AC-2%EC%9C%84-%EB%85%B8%EB%AC%B4%ED%98%84-3%EC%9C%84/(검색일:2016/04/07).

_____. 2016. "[리얼미터 현안조사] 역대 대통령 국가발전 기여에 대한 국민인식." (12월 12일). http://www.realmeter.net/wp-content/uploads/2016/12/161223_real1.pdf(검색일:2016/12/11).

박민혁. 2008. ""한국 국민에 만족" 54% "지역구 후보 잘 모른다" 62%."『동아일보』(4월 1일). http://news.donga.com/List/Series_70000000000042/3/70000000000042/20080401/8562091/1(검색일:2015/09/11).

박정희대통령기념관. "5천 년 한국을 빛낸 위대한 인물." http://www.presidentparkchunghee.org/new_html/html/thankyou/thankyou_7.php?type=7#info61(검색

일:2015/11/13). (9/10 Bar).
_____. "지난 60년 동안 대한민국을 세계에 널리 알린 인물은?" http://www.presidentparkchunghee.org/new_html/html/thankyou/thankyou_7.php?type=7#info37(검색일:2015/12/01). (6/10 Bar).
_____. "현정부를 포함하여 어느 정부가 잘 했느냐?" http://www.presidentparkchunghee.org/new_html/html/thankyou/thankyou_7.php?type=7#info63(검색일:2015/11/19). (9/10Bar).
이상수. 1997. "박정희 유령이 떠돌고 있다." 『한겨레』(5월 13일), 11.
정용관. 2008. "정부 수립 60년-광복 63년, 본보-KRC 여론조사." 『동아일보』(8월 15일). http://news.donga.com/List/PoliticsPoll/3/70000000000042/20080815/8617468/1?(검색일:2015/11/19).
중앙일보특별취재팀. 2010. "2010 국가 리더십 탐색③역대 대통령 부문별 리더십 평가." 『중앙일보』 (2월 19일). https://news.joins.com/article/4019829(검색일: 2015/12/11).
최성진. 2009. "1993년에야 위대해졌다. 〈조선일보〉 30년간 관련 기사 93.6%가 1993년 2월 이후…YS에 대비돼 신드롬 탄생, 잊혀질 때면 '존경하는 대통령' 보도." 『한겨레 21』(10월 21일). http://h21.hani.co.kr/arti/special/special_general/25938.html(검색일: 2015/12/05).
한국갤럽. 1998. "정부수립 50주년 기념 「대한민국 50년의 50대 인물」." (7월 15일).
_____. 2014. "한국인이 좋아하는 [사람편] - 스포츠선수/가수/탤런트/영화배우/개그맨/소설가/정치인/역대대통령/기업인/존경하는인물 (2004-2014)." (10월 29일). http://www.gallup.co.kr/gallupdb/reportContent.asp?seqNo=638&pagePos=1&selectYear=0&search=1&searchKeyword=%B0%A1%C0%E5%20%C1%C1%BE%C6%C7%CF%B4%C2%20%BF%AA%B4%EB%20%B4%EB%C5%EB%B7%C9(검색일:2015/11/11).
_____. 2015. "한국 갤럽 데일리 오피니언 제174호(2015년 8월 1주)= 역대 대통령 평가와 그 이유." (8월 6일). http://www.gallup.co.kr/gallupdb/reportContent.asp?seqNo=676&pagePos=1&selectYear=0&search=1&searchKeyword=%BF%EC%B8%AE%B3%AA%B6%F3%B8%A6%20%B0%A1%C0%E5%20%C0%DF%20%C0%CC%B2%F6%20%B4%EB%C5%EB%B7%C9(검색일:2015/10/11).
한국정당학회 '기억의 정치' 연구진. 2010. "[기억의 정치] "박정희, 산업화 가장 기여" 73%, "새마을운동 가장 영향 컸다."" 『조선일보』(5월 28일). http://news.chosun.com/site/data/html_dir/2010/05/27/2010052702892.html(검색일: 2015/10/15).
한장희. 2009. "[건국 60주년 여론조사] 역대 가장 훌륭한 대통령 1위 박정희 대통령." 『국민일보』 (1월13일). http://www.kmib.co.kr/search/searchResult.asp?sort=score &searchWord =%C3%D6%B0%ED%C0%C7%20%B4%EB%C5%EB%B7%C9%C0%BA%20-

%20%27%B0%E6%C1%A6%20%BC%BA%C0%E5%27%20%B9%DA%C1%A4%C8%F1%20%BA%CE%B5%BF%C0%C7%201%C0%A7(검색일:2015/11/01

홍영림. 2002. "[여론조사] 우리 역사 존경 인물." 『조선일보』 (8월 25일). http://news.chosun.com/site/data/html_dir/2002/08/25/2002082570211.html(검색일:2015/10/01

_____. 2004. "한국인이 좋아하는 것은? 장미꽃 · 박정희 · 가을…." 『조선일보』(6월 16일). http://news.chosun.com/site/data/html_dir/2004/06/16/2004061670349.html(검색일:2015/11/30

〈제2장〉

강준만. 1999. "박정희 신드롬을 해부한다". 『인물과 사상』 (2월호). 서울: 인물과사상사.

김용학 · 장덕진. 1995. "베버의 가치와 사실의 비대칭적 분리: 가치 연관과 가치 중립성을 중심으로." · 배동인 외. 『막스베버 사회학의 쟁점들』. 서울: 민음사.

김일영. 1995. "박정희체제 18년: 발전과정에 대한 분석과 평가." 『한국정치학회보』 제29집 제2호, 181-215.

박노승. 2005. "박정희 신드롬, 무엇이 문제인가." 『기억과 전망』 제13권, 105-121.

서유석. 2009. "사회적 퇴행과 참여민주주의: 박정희 신드롬과 한국 민주주의." 『건지인문학』 제1집, 145-161.

유종일 외. 2011. 『박정희의 맨 얼굴: 8인의 학자, 박정희 경제 신화 화장을 지우다』. 서울: 시사IN북.

임혁백. 2004. "유신의 역사적 기원: 박정희의 마키아벨리적인 시간(上)." 『한국정치연구』 제13권 2호, 223-258.

_____. 2005. "유신의 역사적 기원: 박정희의 마키아벨리적인 시간(下)." 『한국정치연구』 제14권 1호, 115-146.

_____. 2012. "박정희에 대한 정치학적 평가: 리더십, 근대화, 유신, 그리고 몰락." 『평화연구』 제20권 2호, 51-84.

전재호. 2001. 『반동적 근대주의자 박정희』. 서울: 책세상.

조갑제. 1992. 『박정희 1 불만과 불운의 세월』. 서울: 까치.

_____. 1998. 『내 무덤에 침을 뱉어라 1』. 서울: 조선일보사.

_____. 1998. 『내 무덤에 침을 뱉어라 2』. 서울: 조선일보사.

_____. 1998. 『내 무덤에 침을 뱉어라 3』. 서울: 조선일보사.

_____. 1999. 『내 무덤에 침을 뱉어라 4』. 서울: 조선일보사.

_____. 1999. 『내 무덤에 침을 뱉어라 5』. 서울: 조선일보사.

조석곤. 2005. "박정희신화와 박정희체제." 『창작과 비평』 제33권 제2호, 272-286.

조희연. 2005. "박정희 시대 재평가 논의의 인식론적 성격과 쟁점들-이영훈 · 임지현의 논의에 대한 검토와 민주진보담론의 성찰." 『경제와 사회』 제67호, 298-334.

진중권. 2008.『내 무덤에 침을 뱉으마!』. 서울: 개마고원.
최장집. 2005.『민주화 이후의 민주주의: 한국 민주주의의 보수적 기원과 위기』. 서울: 후마니타스.
한국사회여론연구소. 2006.『참여정부 경제정책에 대한 국민평가조사 결과보고서 2006 박병석 의원 정책용역자료집 3』. 서울: 한국사회여론연구소.
홍성태. 2009.『후진기어 넣고 앞으로 가자고? 대한민국 후진화의 기록』. 서울: 한울.
Kang, Won-Taek. 2010. "Missing the Dictator in a New Democracy: Analyzing the 'Park Chung Hee Syndrome' in South Korea." *Political and Military Sociology* 38(1): 1-25.
Kang, Woo-Jin. 2013. "Democratic Performance and Authoritarian Nostalgia in Korean Democracy." Paper presented at the Annual Meeting of the Southern Political Science Association in Orlando, FL, U.S.A. January 3.
_____. 2012. "Inequality, Welfare System and Satisfaction with Democracy in Korean Democracy." unpublished manuscript.
_____. 2016. "Democratic Performance and Park Chung-hee Nostalgia in Korean Democracy." *Asian Perspective* 40(1): 51-78.
_____. 2018. "The Past is Long-Lasting: Park Chung Hee Nostalgia and Voter Choice in the 2012 Korean Presidential Election." *Journal of Asian and African studies* 53(2): 233-249.
Max Weber 저 · 진성우 역. 2011.『막스베버 사회과학방법론 선집』. 서울: 나남.

※ 기타자료
기억의 정치 연구진. 2010. "[기억의 정치] [1] 4 · 19 50주년, 민주화 50년."『조선일보』(04월 19일). http://news.chosun.com/site/data/html_dir/2010/04/19/2010041900151.html(검색일: 2016/01/15)
동아시아연구원. 2005. "한국인의 정체성 조사."
_____. 2010. "한국인의 정체성 조사."
_____. 2012. "총선대선패널조사(Korean Elections Panel Studies: KEPS 2012)."
안수찬. 2006. "양극화 해소 못하면 '박정희 신드롬' 계속될 것."『한겨레』(02월 27일). http://www.hani.co.kr/arti/society/rights/105333.html(검색일:2016/01/30)
이상훈. 2008. "[새정부 출범 국민여론조사] 건국이후 정부 평가."『서울경제』(01월 01일).
이세영. 2009. "보수세력, 민주개혁 막으려 박정희 신화 꾸며."『한겨레』(11월 09일). http://www.hani.co.kr/arti/society/society_general/386748.html(검색일:2016/03/01)
정원식. 2011. "[포커스] 5 · 16 50년, 박정희 신드롬의 변화."『주간경향』926호, (05월 24일). http://weekly.khan.co.kr/khnm.html?mode=view&code=115&ar-

tid=201105181706031(검색일:2016/02/11).
정해구. 2006. "박정희 신드롬과 한국민주주의." 『한겨레』(12월 19일). http://www.hani.co.kr/arti/opinion/column/179276.html(검색일:2916/03/17)
주간한국. 1999. "[박정희 신드롬] 그칠 줄 모르는 '박정희 향수'." 『주간한국』(01월 6일) 1753호. http://weekly.hankooki.com/article/articleView.php?url=whan/199901 /w61521.htm(검색일:2016/03/29).
중앙일보. "2010 국가 리더십 탐색 ③ 역대 대통령 부문별 리더십 평가." 『중앙일보』(02월 19일). https://news.joins.com/article/4019829(검색일: 2016/03/11).
최성진. 2009. "1993년에야 위대해졌다. 〈조선일보〉 30년간 관련 기사 93.6%가 1993년 2월 이후…YS에 대비돼 신드롬 탄생, 잊혀질 때면 '존경하는 대통령' 보도." 『한겨레 21』(10월 21일). http://h21.hani.co.kr/arti/special/special_general/25938.html(검색일: 2016/01/19).
한홍구. 2005. "2005년의 박정희, 박정희의 2005년." 『한겨레 21』(02월 02일). http://h21.hani.co.kr/arti/cover/cover_general/13135.html(검색일: 2016/02/11).
홍준호. 1995. "가장 훌륭한 정치지도자는 누구입니까? 박정희-김영삼-이승만 순 본사-한국갤럽 고아복 50주년 정치평가 여론조사 "10년후 미래밝다" 46.7%." 『조선일보』 (03월 05일). http://srchdb1.chosun.com/pdf/i_service/pdf_ReadBody.jsp?Y=1995&M=03&D=05&ID=9503050801(검색일:2016/03/20).

〈제3장〉
고세훈. 2007. 『복지 한국 미래는 있는가』. 서울: 후마니타스.
공제욱 외. 1998. 『국가와 일상-박정희 시대』. 서울: 한울.
박태균, 2009. "박정희 정부 시기를 통해 본 발전국가 담론에 대한 비판적 시론." 『역사와 현실』 제74호, 15-43.
백낙청. 2005. "박정희 시대를 어떻게 생각할까." 『창작과비평』, 제33권 2호, 287-297.
유종일 외. 2011. 『박정희의 맨 얼굴: 8인의 학자, 박정희 경제 신화 화장을 지우다』. 서울: 시사IN북.
윤상우. 2016. "한국 성장지상주의 이데올로기의 역사적 변천과 재생산." 『한국사회』 제17권 1호, 3-38.
이내영. 2011. "한국사회 이념갈등의 원인- 국민들의 양극화인가, 정치엘리트들의 양극화인가?" 『한국정당학회』 제10권 제2호, 251-287.
임혁백. 2011. "박정희 시대 경제발전과 근대화의 해석: 권위주의적 발전론은 민주적 발전론에 비교우위가 있는가?" 민주 · 평화 · 복지포럼 5 · 16 쿠데타 50년 학술대회 〈5 · 16 우리에게 무엇인가〉. 서울. 3월 14일.
임혁백. 2012. "박정희에 대한 정치학적 평가: 인간, 근대화, 유신, 그리고 몰락: 리더십, 근대화, 유신, 그리고 몰락." 『평화연구』 제20권 2호, 51-84.
조갑제. 1992. 『박정희 1 불만과 불운의 세월』. 서울: 까치.
_____. 1998. 『내 무덤에 침을 뱉어라 1』. 서울: 조선일보사.
_____. 1998. 『내 무덤에 침을 뱉어라 2』. 서울: 조선일보사.
_____. 1998. 『내 무덤에 침을 뱉어라 3』. 서울: 조선일보사.
_____. 1999. 『내 무덤에 침을 뱉어라 4』. 서울: 조선일보사.
_____. 1999. 『내 무덤에 침을 뱉어라 5』. 서울: 조선일보사.
_____. 2001. 『내 무덤에 침을 뱉어라 6』. 서울: 조선일보사.
_____. 2001. 『내 무덤에 침을 뱉어라 7』. 서울: 조선일보사.
_____. 2001. 『내 무덤에 침을 뱉어라 8』. 서울: 조선일보사.
조희연. 2010. 『동원된 근대화-박정희 개발동원체제의 정치사회적 이중성』. 서울: 후마니타스.
한국교육개발원. 2006. 『교육통계분석 자료집 2006』. 서울: 한국교육개발원.

Baker Wayne. 2005. *America's Crisis of Values: Reality and Perception.* Princeton: Princeton University Press.

Chang Yu-tzung, Chu Yun-han, and Park Chong-Min. 2007, "Authoritarian Nostalgia in Asia." *Journal of Democracy* 18(3): 66-80.

Chu, Yun-han and Huang, Min-hua. 2010. "Solving an Asian Puzzle." *Journal of Democracy* 21(4): 114-122.

Dalton, Russell. 2004. *Democratic Challenges, Democratic Choices : The Erosion of Political Support in Advanced Industrial Democracies: The Erosion of Political Support in Advanced Industrial Democracies.* Oxford: Oxford University Press.

Ekman, Joakim and Jonas Linde. 2005. "Communist Nostalgia and the Consolidationof Democracy in Central and Eastern Europe." *Journal of Communist Studies and Transition Politics* 21(3): 354-374.

Feng, Wang. 2011. "The end of 'growth with equity'? Economic growth and income inequality in East Asia." Asia Pacific Issues 101: 1-8.

Kang, Woo-Jin. 2013. "Democratic Performance and Authoritarian Nostalgia in Korean Democracy." Paper presented at the Annual Meeting of the Southern Political Science Association in Orlando, FL, U.S.A. January 3.

_____. 2016. "Democratic Performance and Park Chung-hee Nostalgia in Korean Democracy." *Asian Perspective* 40(1): 51-78.

Kim Tae-yoon, Kwon Huck-Ju, Lee Joo-ha, and Yi Il-cheong, 2011. "Mixed Governance and Welfare in South Korea." *Journal of Democracy* 22(3): 120-133.

Lee, Sook Jong. 2005. "Democratization and Polarization in Korea Society." *Asian*

Perspective 29(3): 99-125.
Mishler, William and Rose, Richard. 1997. "Trust, Distrust and Skepticism: Popular Evaluations of Civil and Political Institutions in Post-Communist Society." *The Journal of Politics* 59(2): 418-451.
Norris, Pippa. 2011. *Democratic Deficit: Critical Citizens Revisited.* Cambridge: Cambridge University Press.
Ortmann Stephan. 2011. "Singapore: Authoritarian but newly Competitive." *Journal of Democracy* 22(4): 152-164.
Shin, Doh-Chull and Cho, Young-Ho. 2010. "How East Asians Understand Democracy: From a Comparative Perspective." *AISIEN* 116: 21-40.
United Nations, 1999. *Growth with Equity: Policy Lessons from the Experiences of Selected Asian Countries.* New York: United Nations.

※ 기타자료
변진경 · 차해나. 2010. "'퓨어 라이트' 자처하는 젊은 보수." 『시사IN』 (07월 23일). https://www.sisain.co.kr/?mod=news&act=articleView&idxno=7945(검색일:_2016/04/01).
한국정당학회 '기억의 정치' 연구진. 2010. "[기억의 정치] [1] 4 · 19 50주년, 민주화 50년." 『조선일보』(04월 19일). http://news.chosun.com/site/data/html_dir/2010/04/19/2010041900151.html(검색일:2016/03/29).

〈제4장〉
김대중. 1986. 『대중경제론』. 서울: 청사.
_____. 2009. 『대중 참여 경제론』. 서울: 산하.
김성진. 1994. 『박정희 시대 그것은 우리에게 무엇인었는가』. 서울: 조선일보사.
김정렴, 1998. 『아 박정희』. 서울: 중앙M&B.
류상영 · 김동노 외. 『김대중과 대중경제론』. 서울: 연세대학교 김대중도서관.
이인화. 1993. 『영원한 제국』. 서울: 세계사.
_____. 1997. 『인간의 길. 1』. 서울: 살림.
_____. 1997. 『인간의 길. 2』. 서울: 살림.
_____. 1998. 『인간의 길. 3』. 서울: 살림.
이한우. 1995. 『이승만 90년 상 거대한 생애』. 서울: 조선일보사.
이한우. 1995. 『이승만 90년 하 거대한 생애』. 서울: 조선일보사.
임혁백. 2014. 『비동시성의 동시성-한국 근대정치의 다중적 시간』. 서울: 고려대학교 출판부.
재정경제부 · 한국개발연구원. 1998. 『국민과 함께 내일을 연다』. 서울: 대한민국 정부.

전재호. 2000.『반동적 근대주의자 박정희』. 서울: 책세상.
정상호. 1998. "박정희 신드롬의 정치적 기원과 실상." · 한국정치연구회.『박정희를 넘어서』. 서울: 푸른숲 .
정해구. 1998. "박정희 신드롬의 양상과 성격." · 한국정치연구회.『박정희를 넘어서』. 서울: 푸른숲.
조갑제. 1998.『내 무덤에 침을 뱉어라 1』. 서울: 조선일보사.
_____. 1998.『내 무덤에 침을 뱉어라 2』. 서울: 조선일보사.
_____. 1998.『내 무덤에 침을 뱉어라 3』. 서울: 조선일보사.
_____. 1999.『내 무덤에 침을 뱉어라 4』. 서울: 조선일보사.
_____. 1999.『내 무덤에 침을 뱉어라 5』. 서울: 조선일보사.
_____. 2001.『내 무덤에 침을 뱉어라 6』. 서울: 조선일보사.
_____. 2001.『내 무덤에 침을 뱉어라 7』. 서울: 조선일보사.
_____. 2001.『내 무덤에 침을 뱉어라 8』. 서울: 조선일보사.
중앙선거관리위원회. 1993.『大韓民國政黨史 : 1980年-1988年. 第3輯.』. 서울: 중앙선거관리위원회.
_____. 2009.『大韓民國選擧史 . 第5輯, 1988.2.25~1993.2.24』. 경기: 중앙선거관리위원회.
_____. 2009.『大韓民國選擧史 . 第6輯 , 1993.2.25~1998.2.24』. 경기: 중앙선거관리위원회.
_____. 2009.『大韓民國選擧史. 第4輯, 1980.1.1.~1988.2.24』. 경기: 중앙선거관리위원회.
최장집, 1996. "변형주의와 한국의 정치발전."『성곡논총』 제27권 제2호, 849-890.
Bell Daniel A. 2015. *The China Model Political Meritocracy and the Limits of Democracy*. Princeton University Press.
Chang Yu-tzung, Chu Yun-han, and Park Chong-Min. 2007, "Authoritarian Nostalgia in Asia." *Journal of Democracy* 18(3): 66-80.
Chu, Yun-han. 2006. "Third-Wave Democratization in East Asia:Challenges and Prospect." *ASIEN* 100: 11-17.
John Higley and Michael Burton. 2006. *Elite Foundations of Liberal Democracy*. Oxford: Rowman & Littlefield.
Karl, Terry Lynn. 1987. "Petroleum and Political Pacts: The Transition to Democracy in Venezuela." *Latin American Research Review* 22(1): 63-94.
Kurlantzick Joshua. 2014. *Democracy in Retreat: The Revolt of the Middle Class and the Worldwide Decline of Representative Government*. Council on Foreign Relations Books.
Loxton, James and Mainwaring, Scott. eds. 2018. *Life after Dictatorship: Authoritarian Successor Parties Worldwide*. Cambridge University Press.
Loxton, James. 2015. "AUTHORITARIAN SUCCESSOR PARTIES." Journal of Democracy

26(3): 157-170.

O'Donnell Guillermo, Philippe C. Schmitter, and Laurence Whitehead. 1986. *Transitions from Authoritarian Rule: Tentative Conclusions about Uncertain Democracies*. Johns Hopkins University Press.

Ortmann Stephan and Mark R. Thompson. 2016. "China and the Singapore Model." *Journal of Democracy* 27(1): 39-48.

Przeworski Adam. 1991. *Democracy and the Market: Political and Economic Reforms in Eastern Europe and Latin America*. Chicago: University of Chicago.

______. 1999. "Minimalist Conception of Democracy: A Defense." pp. 23-55. edited by Ian Shapiro and Casiano Hacker Cordo'n. *Democracy's Value*. Cambridge University Press.

Riker, William H. 1982. *Liberalism against populism: A Confrontation Between the Theory of Democracy and the Theory of Social Choice*. San Francisco: WH Freeman.

Rothstein, Bo. 2009. "Creating Political Legitimacy: Electoral Democracy versus the Quality of Government." *American Behavioral Scientist* 53(3): 311-330.

Schumpeter, Joseph A. 1942. *Socialism, capitalism and democracy*. Harper and Brothers.

※ 기타자료.

강민석. 1998. "박태준 총재 대구 · 경북 잇단 방문 'TK표밭갈이' 재시동." 『경향신문』(04월 30일), 5.

국가법령센터. "대한민국임시헌장." http://www.law.go.kr/%EB%B2%95%EB%A0%B9/%EB%8C%80%ED%95%9C%EB%AF%BC%EA%B5%AD%EC%9E%84%EC%8B%9C%ED%97%8C%EC%9E%A5/(00001,19190411)(검색일:2016/04/20).

국가법령센터. "대한민국헌법." http://www.law.go.kr/lsInfoP.do?lsiSeq=53081#0000(검색일:2016/05/01).

김동현. 2006. ""'박정희 신드롬' 진원지는 민주세력 실패" 민주진영 토론회 "386, 이제 끝난 것 아니냐" 쓴소리 봇물." 『뷰스앤뉴스』(06월 27일). https://www.viewsnnews.com/article?q=3712(검색일: 2016/04/29).

김병석. 1999. "194명(11월14일 현재)의 「인터넷 月刊朝鮮」 독자들이 뽑은 20세기 한국의 대표 人物." 『월간조선』(12월 호). http://monthly.chosun.com/client/news/print.asp?ctcd=&nNewsNumb=199912100026(검색일:2016/05/01).

김영삼민주센터. "문민정부 주요업적." http://kyscd.org/achievement(검색일:2017/12/01).

김영태. 2005. ""5.18 사망자 606명"…통계자료 발표." 『노컷뉴스』(05월 13일). https://www.nocutnews.co.kr/news/55243(검색일:2016/04/26).

김용성. 1996. "박정희 향수 '찻잔속 태풍'그쳐." 『한겨레』(04월 15일), 5.
남동희. 1996. "與野(여야)지도부 휴일 유세전." 『매일경제』(03월 11일), 2.
노무현사료관. "제58주년 광복절 경축사 : 대통령 연설문." http://archives.knowhow.or.kr/record/all/view/86645#(검색일: 2016/04/25).
대통령기록센터. 1993. "「5.18」 광주민주화운동과 관련하여 국민 여러분에게 드리는 말씀." (05월 13일). http://theme.archives.go.kr/viewer/common/archWebViewer.do? singleData=Y&archiveEventId=0050753927(검색일: 2017/02/30).
매일경제. 1998. "자민련 선거로고송 '새마을 노래' 선정." 『매일경제』 (05월 06일), 6.
매일신문. 1996. (02월 28일). "朴正熙향수」 自民聯바람 관심"
문화일보. 1998. (04월 01일). "새마을 노래 틀며 향수자극/유세현장 이모저모"
박성원. 2008. ""대한민국 최대 업적은 경제성장" 57.5%." 『동아일보』(01월 01일). http://news.donga.com/3/all/20080101/8528834/1(검색일:2017/10/20).
박정희대통령기념관. "역대 대통령 중 우리나라의 위상을 높이는데 가장 큰 공헌을 한 대통령은." http://www.presidentparkchunghee.org/new_html/html/thankyou/thankyou_7.php?type=7#info6(검색일:2017/11/19). (1/10 Bar).
배한철. 1998. "박정희 향수의 실체." 『매일경제』(04월 04일), 5.
서명덕. 2007. "42개大 총학생회장 "이명박지지"…논란 확산." 『조선일보』(11월 28일). http://news.chosun.com/site/data/html_dir/2007/11/28/2007112800937.html(검색일:2018/01/10).
장영희. 2007. "삼성은 참여정부 두뇌이자 스승이었다. 『시사IN』(11월 26일).
안수찬. 2006. "양극화 해소 못하면 '박정희 신드롬' 계속될 것." 『한겨레』(02월 27일). http://www.hani.co.kr/arti/society/rights/105333.html(검색일:2018/02/11).
이상훈. 2008. "[새정부 출범 국민여론조사] 건국 이후 정부 평가." 『서울경제』(01월 01일).
이재명. 2008. "3명중 1명 "참여정부 잘한 일 없다." 『한겨레』(01월 01일). http://www.hani.co.kr/arti/politics/politics_general/260505.html(검색일:2018/03/19).
정영무. 1992. ""6공 재집권땐 경제위기… 결심 굳혀"정주영씨 일문일답."『한겨레』(01월 09일), 2.
중앙일보. 1980. "계엄사 발표-권력형 부정축재자 수사 결과" (6월 18일) .
중앙일보. 2001. "역사상 가장 존경하는 인물 "박정희" (12월 27일).
최성진. 2009. "1993년에야 위대해졌다. 〈조선일보〉 30년간 관련 기사 93.6%가 1993년 2월 이후…YS에 대비돼 신드롬 탄생, 잊혀질 때면 '존경하는 대통령' 보도." 『한겨레 21』(10월 21일).http://h21.hani.co.kr/arti/special/special_general/25938.html(검색일:2017/03/11).
신승근. 2007. "청와대-삼성" 무슨 관계이기에? 『한겨레』(11월 18일).
한국갤럽. 1998. "정부수립 50주년 기념 「대한민국 50년의 50대 인물」." (7월 15일).
______. 2014. "한국인이 좋아하는 [사람편] - 스포츠선수/가수/탤런트/영화배우/개그맨/소설가/

정치인/역대대통령/기업인/존경하는인물(2004-2014)." (10월 29일). http://www.gallup.co.kr/gallupdb/reportContent.asp?seqNo=638&pagePos=1&selectYear=0&search=1&searchKeyword=%B0%A1%C0%E5%20%C1%C1%BE%C6%C7%CF%B4%C2%20%BF%AA%B4%EB%20%B4%EB%C5%EB%B7%C9(검색일:2017/11/12).
______. 2015. "데일리 오피니언 제174호(2015년 8월 1주) - 역대 대통령 평가와 그 이유." (08월 06일). http://www.gallup.co.kr/gallupdb/reportContent.asp?seqNo=676(검색일: 2018/01/22).
한국경제. 1992. (11월 14일). "〈정가스케치〉 정주영대표, 고 박정희대통령 높이 평가"
홍영림. 2002. "[여론조사] 우리 역사 존경 인물." 『조선일보』 (8월 25일). http://news.chosun.com/site/data/html_dir/2002/08/25/2002082570211.html(검색일: 2017/11/12).
Pan Hsin-Hsin and Wen-Chin Wu. 2016. "Quality of Governance and Political Legitimacy:Governance-Based Legitimacy in East Asia." Asian Barometer Survery Working Paper Series 121.

〈제5장〉
김대중. 1969. "대중경제를 주창한다." 『신동아』 11월호, 176-186.
______. 1986. 『대중경제론』. 서울: 청사.
김동춘. 1995. "1960, 70년대 민주화운동세력의 대항이데올로기." · 역사문제연구소. 『한국정치의 지배 이데올로기와 대항이데올로기 - 해방 50주년 기념연구』. 서울: 역사비평사.
김원. 2006. "박정희 시기 도시하층민 : 부마항쟁을 중심으로." · 장문석 · 이상록 편. 『근대의 경계에서 독재를 읽다: 대중독재와 박정희 체제』. 서울: 그린비.
김준. 2006. "박정희 시대의 노동: 울산 현대조선 노동자를 중심으로." · 장문석 · 이상록 편. 『근대의 경계에서 독재를 읽다: 대중독재와 박정희 체제』. 서울: 그린비.
대중경제연구소. 1971. 『김대중씨의 대중경제 100문 100답』. 서울: 범우사.
류상영 · 김동노 외. 2013. 『김대중과 대중경제론』. 서울: 연세대학교 김대중도서관.
박명림. 2008. "박정희 시대 재야의 저항에 관한 연구, 1961-1979: 저항의제의 등장과 확산을 중심으로." 『韓國政治外交史論叢』 제30집 제1호, 29-62.
박정희. 1997. 『국가와 혁명과 나』. 서울: 지구촌.
박희범. 1968. 『한국경제성장론』. 서울: 고려대학교아세아문제연구소.
윤해동. 2006. "대중 독재론과 한국의 민주주의." · 장문석 · 이상록 편. 『근대의 경계에서 독재를 읽다: 대중독재와 박정희 체제』. 서울: 그린비.
이영훈 외. 2017. 『박정희 새로 보기: 오늘에 되살릴 7가지 성공모델』. 서울: 기파랑.
임지현. 2004. "대중독재의 지형도 그리기." · 임지현 · 김용우 편. 『대중독재 1: 강제와 동의 사이에서』. 서울: 책세상.
임지현 · 이상록. 2005. "대중독재와 포스트 파시즘; 조희연 교수의 비판에 부쳐". · 임지현 · 김용우 편. 『대중독재 2』. 서울: 책세상.
임혁백. 1994. 『시장. 국가. 민주주의』. 서울: 나남.
_____. 2014. 『비동시성의 동시성-한국근대정치의 다중적 시간』. 서울: 고려대학교 출판부.
조석곤. 2010. "1970년 전후 제시된 한국경제발전론 비교 검토." 『민주사히와 정책 연구』 제17권, 281-321.
조희연. 2004. "박정희 시대의 강압과 동의-지배 · 전통 · 강압과 동의의 관계를 다시 생각한다." 『역사비평』통권 67호, 135-190.
_____. 2005. "박정희 시대 재평가 논의의 인식론적 성격과 쟁점들-이영훈 · 임지현의 논의에 대한 검토와 민주진보담론의 성찰." 『경제와 사회』 제67호, 298-334.
_____. 2005. "박정희 시대의 강압과 동의." · 임지현 · 김용우 편. 『대중독재 2』. 서울: 책세상.
_____. 2005. "박정희 체제의 모순성과 복합성." · 임지현 · 김용우 편. 『대중독재 2』. 서울: 책세상.
_____. 2010. 『동원된 근대화-박정희 개발동원체제의 정치사회적 이중성』. 서울: 후마니타스.
진덕규. 1992. "한국 정치사회의 개혁 방향: 계급구조와 정치이념을 중심으로." 『계간 사상』 제15호, 97-116.
최장집. 1997. 『한국의 노동운동과 국가』. 서울: 나남.
_____. 2010. "한국 민주주의를 이해하는 방법에 관한 하나의 논평." 『경제와 사회』통권 제 85호, 93-120.
황병주. 2004. "박정희 체제의 지배담론과 대중의 국민화." · 임지현 · 김용우 편. 『대중독재 1: 강제와 동의 사이에서』. 서울: 책세상.
황석만. 2012. "박정희 경제 체제의 형성과 지속- 경로의존적 접근." 『아시아리뷰』 제2권 제1호, 153-184.
홍민기. 2015. "최상위 소득 비중의 장기 추세 (1958~2013년)." 『경제발전연구』 제11권 4호, 1-34.
Beetham, David. *The legitimation of power 2nd edition*. Macmillan International Higher Education.
Diamond, Rarry. 2008, "The Democratic Rollback-The Resurgence of the Predatory State." *Foreign Affairs* 87(2): 36-48.
Gramsci, Antonio. 1971. *Selections from the Prison Notebooks*. New York: International Publishers.
Hahm, Chaibong. 2008, "South Korea's Miraculous Democracy." *Journal of Democracy* 19(3): 128-142.

※ 기타자료.

국민일보. 2008. (08월 14일). ".최고의 대통령은 - '경제 성장' 박정희 부동의 1위."

동아시아연구원. 2010. "한국인의 정체성 조사."

오픈아카이브. "10.2 시위~전국 각 대학 동맹 휴학사건." http://db.kdemocracy. or.kr/collections/%20view%20/10000023(검색일:2017/09/09).

오픈아카이브. "굶어 죽을 자유말고 먹고 살 권리 찾자." http://db.kdemocracy.or.kr/isad/view/00883565(검색일:2018/01/01).

〈제6장〉

강우진, 2013a. "박정희 신드롬과 한국의 민주주의: 네 가지 쟁점을 중심으로." 『한국과 국제정치』 제29권 2호, 73-105.

______. 2013b. "민주주의에 대한 불만족 결정 요인에 대한 연구- 이명박 정부의 사례." 『한국정당학회보』 제12권 3호, 173-202.

______. 2013c. "제18대 대선과 경제투표- 경제성장에 대한 정책선호의 일치의 영향력을 중심으로." 『한국정치학회보』 제47권 5호, 213-233.

강정인. 2014. 『한국 현대 정치사상과 박정희 』. 서울: 아키넷.

기미야 다다시. 2012. 『박정희 정부의 선택』. 서울: 후마니타스.

김동춘, 2006. "박정희 시대의 민주화 운동." · 정성화 편. 『박정희 시대와 한국현대사』. 서울: 선인.

김보현. 2003. "『사상계』의 경제개발론, 박정희 정권과 얼마나 달랐나?: 개발주의에 저항한 개발주의." 『정치비평』 제10권, 345-380.

______. 2005. "박정희 정권기 저항엘리트들의 이중성과 역설: 경제개발의 사회-정치적 기반과 관련하여." 『사회과학연구』 제13권 1호, 164-197.

김순영. 2010. 『대출 권하는 사회』. 서울:후마니타스.

김일영, 2006. "조국근대화론대 대중경제론: 1971년 대선에서 박정희와 김대중의 대결." · 정성화 편. 『박정희 시대와 한국현대사』. 서울: 선인.

김철규. 2007. "87년 체제의 해체와 개발주의의 부활." 『한국사회학』 제8집 2호, 33-54.

류동민. 2012. "김대중의 경제사상에 관한 검토: 경제적 민주주의 개념을 중심으로." 『기억과 전망』 제23권, 142-171.

새천년민주당정책선거 특별본부. 2002. 『새로운 대한민국 국민후보 노무현』.

박태균. 2009. "박정희 정부 시기를 통해 본 발전국가 담론에 대한 비판적 시론." 『역사와 현실』 제74호, 15-43.

오원철. 2010. 『박정희는 어떻게 경제 강국을 만들었나』. 서울: 동서문화사.

윤상우. 2009. "외환위기 이후 한국의 발전주의적 신자유주의화-국가의 성격변화와 정책대응을 중심으로." 『경제와 사회』 제 83호, 40-68.

이동윤. 2011. "경제 위기와 동남아의 정치적 대응- 태국과 말레이시아의 비교." 『국제관계연구』 제16권 1호, 69-86.

장승진. 2013. "경제민주화와 제18대 대선-쟁점 투표(Issue Voting)와 정치지식(Political Knowledge)." 『한국정당학회보』, 제12권 제1호, 87-112.

조명래. 2003. "한국 개발주의의 역사와 현주소." 『환경과 생명』 통권 37호, 31-53.

조희연, 2003. "정치사회적 담론의 구조 변화와 민주주의의 동학 – 한국 현대사 속에서의 지배담론과 저항담론의 상호작용을 중심으로." · 조희연 편. 『한국의 정치사회적 지배담론과 민주주의 동학: 한국 민주주의와 사회운동의 동학 (3)』. 서울: 함께 읽는 책: 33-120.

_____. 2010. 『동원된 근대화-박정희 개발동원체제의 정치사회적 이중성』. 서울: 후마니타스.

최현일. 2002. "김대중 정부의 주택정책에 대한 평가연구." 『한국정책연구』 제2권 1호, 53-73.

황병주. 2008. "1960년대 박정희 체제의 '탈후진 근대화' 담론." 『한국민족운동사연구』 56권, 239-280.

Chu, Yun-han and Huang, Min-hua. 2010. "Solving an Asian Puzzle." *Journal of Democracy* 21(4): 114-122.

Chu, Yun-han. Huang, Min-hua and Jie Lu. 2013. "Understanding of Democracy in East Asian Societies." paper in conference on "Citizen Politics and Democracy in EastAsia." coorganized by Program for East Asia Democratic Studies. IAS-NTU. Institute of Political Science, Academia Sinica. and Taiwan Foundation for Democracy.

Dalton, Russell. 2004. *Democratic Challenges, Democratic Choices : The Erosion of Political Support in Advanced Industrial Democracies: The Erosion of Political Support in Advanced Industrial Democracies*. Oxford: Oxford University Press.

Lee Kuan Yew. 1994. "Culture is Destiny, an Interview with Fareed Zakaria." *Foreign Affairs* 73: 109-126.

Ostry, Jonathan D. Loungani, Prakash. and Furceri, Davide. 2016. "Neoliberalism: Oversold?" *Finance & Development* 53(2): 38-41.

Pye, Lucian W. 1985. *Asian Power and Politics*. Cambridge. MA: Harvard University Press.

Scalapino, Robert. 1989. *The Politics of Development: Perspectives on Twentieth Century Asia*. Cambridge. MA: Harvard University Press.

Shin Doh-Chull and Cho Young-ho. 2010. "How East Asians Understand Democracy: From a Comparative Perspective." *ASIEN* 116: 21-40.

※ 기타자료.

구교형. 2013. "[갑의 횡포 을의 눈물]경제민주화 의제 확장… 여 "갑을 상생" 야 "을 지키기" 시각차.” 『경향신문』(06월 16일). http://news.khan.co.kr/kh_news/khan_art_view.html?art_id= 201306162214195(검색일: 2018/11/18). 국가기록원. “수출진흥(확대)회의(1965).” http://www.archives.go.kr/next/search /listSubjectDescription.do?id=007296&pageFlag=(검색일: 2017/01/12).

권영빈. 2007. “진보는 없다.” 『중앙일보』(03월 05일). https://news.joins.com/article/2663234(검색일: 2015/02/03).

김기천. 2013. “[만물상] 수출진흥확대회의.” 『조선일보』(05월 03일). http://srchdb1.chosun.com/pdf/i_service/pdf_ReadBody.jsp?Y%20=2013&M=05&D=03&ID=2013050300075(검색일: 2017/01/24).

대통령기록관. “1964년 제19주년 8.15 경축사.” http://www.pa.go.kr/online_contents/speech/speech02/1305394_6175.html#(검색일: 2016/12/07).

위문희. 2015. “심상정 정의당 새 대표 “밥 먹여주는 진보.” 『중앙일보』(07월 20일). https://news.joins.com/article/18272537(검색일:2017/11/19).

윤성효. 2012. “문성현 전 민주노동당 대표 〈밥 먹여주는 진보〉 출판기념회 9일.” 『오마이뉴스』(01월 3일). http://www.ohmynews.com/NWS_Web/View/at_pg.aspx?CNTN_CD=A0001679283(검색일:2018/02/22).

조혜정. 2009. “거대한 유산 “민주주의가 밥 먹어주냐” - 10.26 이후 30년 왜 아직도 진보는 박정희를 넘어서지 못하는가.” 『한겨레 21』 제782호 (10월 21일). http://h21.hani.co.kr/arti/special/special_general/25940.html(검색일: 2016/02/01).

중앙일보. 2013. “[박근혜대통령 취임] ‘한강의 기적’ 4번 언급…경제 도약 최우선.” 『중앙일보』(02월 25일). https://news.joins.com/article/10778710(검색일: 2016/03/20).

한겨레. 2002. “노무현 ″ 정부 경기부양 신중을 ″ .” 『한겨레』(10월 14일). http://legacy. www.hani.co.kr/section-003000000/2002/10/003000000200210141112314.html(검색일: 2017/03/01).

한국경제신문. 2014. “[한경 특별사설] 도처에서 경제적 자유가 위협받고 있다.” 『한국경제신문』(10월 12일). https://www.hankyung.com/news/article/2014101282481(검색일: 2016/02/15).

〈제7장〉

강우진. 2013. “제18대 대선과 경제투표: 경제성장에 대한 정책선호의 일치의 영향력을 중심으로.” 『한국정치학회보』 제47집 5호, 213-233.

강정인. 2017. “박정희 시대의 국가주의-국가주의의 세 차원-.” 『개념과 소통』 제20권 20호, 110-155.

김문조 외. 2013. 『한국인은 누구인가 : 38가지 코드로 읽는 우리의 정체성』 경기: 21세기북스.

정운현. “군정30년-박정희시대를 해부한다. 박정희 시대가 그리운 사람들-박정희 추모단체의 활동과 성격." 『역사비평』 제23호, 168-179.

중앙선거관리위원회. 1993. 『大韓民國政黨史 : 1980年-1988年. 第3輯.』. 서울: 중앙선거관리위원회.

탁석산. 2008. 『한국인은 무엇으로 사는가』. 경기: 파주.

Diener, E., Suh, E. M., Kim-Prieto, C., Biswas-Diener, R., and Tay, L. S. 2010. "Unhappiness in South Korea: why it is high and what might be done about it." Paper presented at Seoul, Korean Psychological Association.

Kang, Woo-jin. 2018. "The Past is Long-Lasting: Park Chung Hee Nostalgia and Voter Choice in the 2012 Korean Presidential Election." *Journal of Asian and African studies* 53(2): 233-249.

※ 기타자료.

강시영 · 조진명. 2011. ""박사모는 사상적으로 중도, 우리가 보수와 다른 점은…"." 『미래한국』 (07월 26일). http://www.futurekorea.co.kr/news/articleView.html?idxno=20455 (검색일: 2017/02/01).

경향신문. 2017. "박사모 회원, '탄핵 가결 헌재무효' 태극기 들고 투신." 『경향신문』(01월 29일). http://sports.khan.co.kr/bizlife/sk_index.html?art_id=201701292009003&sec_id=560901(검색일:2017/04/01).

국민일보. 1992. "'어떻게 되어가나/5대 도시 초반 민심 현장 점검'." 『국민일보』(11월 20일).

권혜진. 2008. "한나라 표 증가 상위 20곳 모두 '개발 기대감' 작용." 『동아일보』 (05월 02일). http://news.donga.com/3/all/20080502/8573794/1(검색일:2017/03/22).

김경학. 2012. ""경제민주화 정책, 경제성장에 도움 될 것"." 『경향신문』 (12월 05일). http://biz.khan.co.kr/khan_art_view.html?artid=201212051710081&code =920301(검색일: 2018/06/12).

김남일. 2013. "새누리 '친박 족보', 원박 · 신박 · 월박 · 복박 · 짤박 · 종박…." 『한겨레』 (11월 27일). http://www.hani.co.kr/arti/politics/politics_general/612948.html(검색일: 2018 /09/11).

김명일. 2014. "아직도? 새누리 움직이는 '박사모' 실체추적." 『일요시사』 (08월 18일). http://www.ilyosisa.co.kr/news/articleView.html?idxno=68323(검색일: 2018/10/11).

김신영. 2011. "[2011년 한국인이여 행복하라] 韓 물질주의, 美 3배 · 日 2배… 돈 집착 · 北 위협이 행복 빼앗아." 『조선일보』 (01월 01일). http://news.chosun.com/site/data/html_dir /2011/01/01/2011010100054.html(검색일:2018/09/11).

김이택. 1992. "경제대통령 '공방전'." 『한겨레』 (04월 07일), 2.

김창훈. 2015. "[아산 탄생 100주년] 수행 비서 눈에 비친 '정주영과 박정희'." 『한국일보』 (11월 25일). https://www.hankookilbo.com/News/Read/201511250474416417(검색일:

2018/12/01).
김현주. 2016. "[김현주의 일상 톡톡] 아파트 평수 따라 따로 노는 아이들 어쩌죠?." 『세계일보』 (02월 04일). https://news.v.daum.net/v/20160204050130925?f=m(검색일:2018/11/29).
내일신문. 2013. "[내일신문 창간 20주년 특별기획 - 박 대통령 지지율의 '비밀' ②] 20% 소극지지층 '결'이 다르다. 적극지지층 비해 '이탈 가능성' 높아 … 복지와 대야관계에는 불만." 『내일신문』 (10월 10일). http://m.naeil.com/m_news_view.php?id_art=39794(검색일:2018/11/19).
노현웅. 2017. "파도시 대구는 어떻게 반공과 지역주의의 첨병이 되었나. [1987~2017 광장의 노래] 2부 우리안의 박정희들-대구 이데올로기의 탄생." 『한겨레』 (01월 11일). http://www.hani.co.kr/arti/PRINT/778365.html(검색일:2018/12/11).
동아시아연구원. 2007. "제17대 대통령선거 패널조사 1~6차."
______. 2012. "제19대 총선 여론조사." 인용적기.
______. 2012. "총선대선패널조사(Korean Elections Panel Studies: KEPS 2012)."
동아일보. 1992. "遊說場쟁점 「經濟難局」 누가 책임지나."『동아일보』(03월 18일), 3.
동정민 · 홍수영. 2012. "박근혜 "IT 통한 일자리 창출 '스마트-뉴딜'이 신성장동력"." 『동아일보』 (09월 14일). http://news.donga.com/3/all/20120914/49400027/1(검색일:2018/09/10).
리얼미터. 2016. "[리얼미터 현안조사: 역대 대통령 국가발전 기여에 대한 국민인식." (12월 23일). http://www.realmeter.net/wp-content/uploads/2016/12/161223_real1.pdf(검색일:2018/10/10).
문화일보. 1998. 『문화일보』(04월 4일). "새마을 노래 틀며 향수자극/유세현장 이모저모."
미디어리서치. 2012. "제18대 대선 전 여론조사." 인용적기. p 223.
박태균. 2010. "[2010 연중기획]한국 경제발전의 상징 경부고속도로 기념탑." 『주간경향』 위클리경향 862호 (02월 09일). http://weekly.khan.co.kr/khnm.html?mode=view&artid=201002041351401&code=114(검색일: 2018/08/02).
박홍신. 1992. "大選(대선)유세 중계 추위 뚫고 강행군 「서울유세」 마감." 『경향신문』(12월 16일).
박홍신. 1992. "총선 街道(가도) 동생의 兄(형)응원에 "형제는 용감"." 『경향신문』(03월 7일)..
배성규. 2011. "[뉴타운 대란 2008년 총선 때 '뉴타운' 공약 걸고 당선… '타운돌이 의원' 서울 48개 지역구중 28명." 『조선일보』 (03월 29일). http://news.chosun.com/site/data/html_dir/2011/03/29/2011032900085.html(검색일: 2018/11/29).
배한철. 1998. "박정희 향수의 실체." 『매일경제』(04월 4일), 5.
자유한국당. "[전문] 국민과의 약속(새누리당 정강 정책 2012)." http://m.libertykoreaparty.kr/news/mnews/readView.do?bbsId=HNS_000000000064778(검색일: 2018/10/30).

정영무. 1992. ""6공 재집권땐 경제위기… 결심 굳혀"정주영씨 일문일답."『한겨레』(01월 09일).
중앙일보. 2012. "[종합]박근혜 "경제민주화 · 경제성장 투트랙으로 가야"." 『중앙일보』(11월 08일). https://news.joins.com/article/9829296(검색일:2018/07/12).
중앙일보. 2012. "'18년 은둔' 박근혜 "돌이켜보면 내첫사랑은…" [출처: 중앙일보] '18년 은둔' 박근혜 "돌이켜보면 내첫사랑은…"." 『중앙일보』(08월 21일). https://news.joins.com/ article/9098238(검색일: 2018/11/19).
최승현. 2015. "박 대통령 다시 '국민심판론'.."진실한 사람만 선택받게 해달라"." 『조선일보』(11월 10일). http://news.chosun.com/site/data/html_dir/2015/11/10/2015111002140.html(검색일:2019/08/12).

한국갤럽. 2014. "한국인이 좋아하는 [사람편] - 스포츠선수/가수/탤런트/영화배우/개그맨/소설가/정치인/역대대통령/기업인/존경하는인물 (2004-2014)." (10월 29일). http://www.gallup.co.kr/gallupdb/reportContent.asp?seqNo=638&pagePos=1&selectYear=0&search=1&searchKeyword=%B0%A1%C0%E5%20%C1%C1%BE%C6%C7%CF%B4%C2%20%BF%AA%B4%EB%20%B4%EB%C5%EB%B7%C9(검색일: 2018/11/20).
홍영림. 2011. "국민 50% "박근혜, 대통령 되면 정권교체"." 『조선일보』(06월 13일). http://news.chosun.com/site/data/html_dir/2011/06/13/2011061300117.html?Dep0=twitter&d=2011061300117(검색일: 2018/09/20).

〈제8장〉
강승은. 2018. "그동안 우리는 무엇을 했나?" 『박정희 정신』 제7호, 242-247.
강우진, 2013. "박정희 신드롬과 한국의 민주주의: 네 가지 쟁점을 중심으로." 『한국과 국제정치』 제29권 2호, 73-105.
김진호. 2017. "박근혜 숭배현상과 대중의 절망" 『경향신문』(04월 14일)
김철규. 2007. "87년 체제의 해체와 개발주의의 부활." 『한국사회학』 제8집 2호, 33-54.
백낙청. 2005. "박정희 시대를 어떻게 생각할까." 『창작과비평』, 제33권 2호, 287-297.
여명. 2018. "노동자들을 중산층으로 만든 박정희." 『박정희 정신』 제7호, 126-134.
우상원. 2018. "나는 박정희에게 감사한다." 『박정희 정신』 제7호, 232-241.
이승수. 2017. "윤이상과 윤동주, 그리고 박정희." 『박정희 정신』 제6호, 91-101.
최종부. 2017. "박정희와 민주화는 정비례 관계." 『박정희 정신』 제3호, 86-94.
황정민. 2018. "청년들이여 스스로 일어서자." 『박정희 정신』 제7호, 227-231.
Gilley, Bruce. 2006. "The determinants of state legitimacy: Results for 72 countries." *International political science review* 27(1): 47-71.
Kang, Woo-jin. 2018. "The Past is Long-Lasting: Park Chung Hee Nostalgia and Voter

Choice in the 2012 Korean Presidential Election." *Journal of Asian and African studies* 53(2): 233-249.)
Kim, Hyejin. 2014. "A link to the authoritarian past? Older voters as a force in the 2012 South Korean presidential election." *Taiwan Journal of Democracy* 10(2): 49-71.

※ 기타자료.
김동인. 2017. "그리운 노무현 잊혀가는 박정희." 『시사IN』(10월 12일). http://m.sisain.co.kr/?mod=news&act=articleView&idxno=30317(검색일: 2018/11/30).
김동춘. 2016. "[김동춘 칼럼] 박정희 성장 신화는 이제 마침표." 『한겨레』(04월 19일). http://www.hani.co.kr/arti/opinion/column/740405.html(검색일:2018/12/01).
김윤나영. 2016. "'박정희 사랑'하는 노인도 "박근혜 하야해야" 탑골공원 노인들 "최순실보다 박 대통령이 문제"." 『프레시안』(11월 01일). http://www.pressian.com/news/article/?no=143500#09T0(검색일:2018/09/11).
동아시아연구원. 2005. "한국인의 정체성 조사."
동아시아연구원. 2010. "한국인의 정체성 조사."
동아시아연구원. 2015. "한국인의 정체성 조사."
백철. 2016. "[표지이야기]박정희 신드롬의 종말은 오는가." 『주간경향』 1207호 (12월 27일). http://weekly.khan.co.kr/khnm.html?mode=view&code=113&artid=201612191730461(검색일:2018/11/02).
슈타인즈정치경제연구소. 2017. "청년들의 박정희 대통령 끝장 토론!! 슈타인즈 자유토크." https://www.youtube. com/watch?v=GHx44xvWVoY(검색일:2018/10/12).
애국청년포럼. http://www.pictame.com/user/youngkoreanpatriots/4787945258(검색일: 2018/11/30).
윤승민 · 김원진. 2016. "딸 추락에…허물어지는 '박정희 신화'." 『경향신문』(11월 11일). http://news.khan.co.kr/kh_news/khan_art_view.html?artid=201611112130005(검색일: 2018/12/03).
윤홍식. 2012. "[시평 62] '소신' 박근혜는 사라지고 '침묵'하는 박근혜가 나타났다." 『참여연대』(05월 03일). http://www.peoplepower21.org/Research/900394(검색일:2018/10/11).
임경구. 2017. "전직 대통령 호감도 노무현 1위, 박근혜 최하위 [프레시안-리서치뷰 여론조사] 심상정 선정에 정의당 지지율 10.3%." 『프레시안』(04월 28일). http://www.pressian.com/news/article/?no=157087#09T0(검색일:2018/05/06).
자유대한청년포럼. https://www.facebook.com/search/top/?q=%23%EC%9E%90%EC%9C%A0%EB%8C%80%ED%95%9C%EC%B2%AD%EB%85%84%ED%8F%AC%EB%9F%BC(검색일: 2018/04/06).

천관율. 2017. "태극기 집회의 비결 '애국의 삼각형'." 『시사IN』 (04월 03일). https://www.sisain.co.kr/?mod=news&act=articleView&idxno=28778(검색일: 2018/09/20).

청년박정희연구회. https://www.facebook.com/pg/%EC%B2%AD%EB%85%84%EB %B0%95%EC%A0%95%ED%9D%AC%EC%97%B0%EA%B5%AC%ED%9A%8C-588209221379547/posts/?ref=page_internal(검색일:2018/08/11).

최경탄. 2017. 02. 18. "전라도청년의 고백-박근혜 대통령을 지킵시다. 박원." · 제13차 탄기국 주최 애국 태극기집회에서 청년 박원씨의 연설. https://www.youtube.com/watch?v=keb-4CPemHY-(검색일:2018/10/11).

최혜정. 2016. "박정희 · 박근혜 시대 종언을 알리다." 『한겨레』(12월 10일). http://www.hani.co.kr/arti/politics/bluehouse/774093.html(검색일:2018/12/08).

한겨레. 2017. "레퍼런스 모름. p248." 『한겨레』(04월 12일).

한국대학생포럼. http://www.univforum.kr/(검색일: 2018/12/19).

제3장 주요 변수에 대한 설문 문항

변수		설문 문항
박정희 정부 지지		다음 정부들 중에서, ㅇㅇ님은 어느 정부가 가장 좋은 정부라고 생각하십니까?(1. 박정희 정부)
경제적 조건 (국가 경제, 가정경제)		ㅇㅇ님은 현재 우리나라(댁)의 전반적인 경제사정이 얼마나 좋다고 생각하십니까? 혹은 나쁘다고 생각하십니까? (1.매우 좋다; 2.좋은 편이다; 3.좋지도 않고 나쁘지도 않다; 4.나쁜 편이다;5. 매우 나쁘다)
경제적 불평등에 대한 인식		정부는 모든 국민을 동등하게 대한다: ㅇㅇ님은 '빈부차이를 줄이는 것이 우선시 되어야 한다'고 생각하십니까? 혹은 '정치적 자유를 보호하는 것이 우선시 되어야 한다'고 생각하십니까?
민주 정부에 대한 부정적 인식		다음 정부들 중에서, ㅇㅇ님은 어느 정부가 가장 나쁜 정부라고 생각하십니까?(5.김대중 정부; 6.노무현 정부)
민주주의 효능성		ㅇㅇ님은 민주주의가 우리 사회의 문제들을 해결할 수 있다고 생각하십니까? 혹은 해결할 수 없다고 생각하십니까?(1.문제들을 해결할 수 있다; 2.문제들을 해결할 수 없다).
민주주의 원칙 지지		정치체제에 관한 다음 견해 중 ㅇㅇ님의 생각과 가장 가까운 것은 어느 것입니까?(1.민주주의가 다른 어떤 형태의 정부보다 항상 더 낫다; 2.상황에 따라서는 독재 정치가 더 낫다; 3.나 같은 사람에게는 민주정부나 독재 정부나 상관없다)
권위주의적 정향	목표달성	정치 지도자에게는 기존 질서를 무시해서라도 목표를 달성하는 것이 중요하다(1.매우동의; 2.약간동의; 3.약간반대;4매우반대)
	반대 견해 타협 거부	지도자는 자신의 견해가 옳다고 믿는다면 반대하는 사람들이 많더라도 그들과 타협을 거부해야 한다.
	정치적 이견 인정	지도자는 자신의 정치적 견해와 다른 사람들의 견해도 인정해야 한다.
	소수 의견 무시	지도자는 다수의 지지를 받는다면 소수의 견해를 무시해도 된다.
자유민주주의 가치	인민주권	국회와 선거제도 를없애고 강력한 지도자가 모든 것을 결정해야 한다.
	정치적 다원주의	정당 하나만 선거에 참여시키고 국정을 맡도록 해야 한다.
	권력 분립	국회가 정부를 끊임없이 감시하면 정부는 중요한 일을 해낼 수가 없다.

Park Chung Hee Nostalgia and Korean Democracy

by Kang, woo-jin

Park Chung Hee Nostalgia is another characteristic of Korean democracy that the author aims at analyzing in this book. In the process of democratization, Park Chung Hee Nostalgia spread widely, which is citizen's support of former President Park Chung Hee, who achieved rapid industrialization through authoritarian mobilization from the above, and their acceptance and preference of Park Chung Hee's industrialization model.

Park, Chung Hee Nostalgia deeply embedded in our lives in various forms. For Park Chung Hee followers Park Chung Hee is revered as a hero of the half-baked half-souls who saved the Korean people from poverty. For those who have survived the Park Chung Hee era, the Park Chung Hee era was a touch time ear for all, but it was a dynamic era in which the slogan of "live well" was symbolically expressed and committed together for a common goal. Park Chung Hee Nostalgia also exist for those who remember the Park Chung Hee era as the dark age of an emergency measure, the garrison decree, and human right repression without being aware of it.

They might say this. As in all ages, there are light and shades in the

Park Chung Hee era. Since democratization has achieved, what is essential is that to maintain the growth engine in the low growth period? For a young generation who has not experienced Park Chung Hee, Park Chung Hee is a historical figure. However, the most important value for them would be economic growth priority.

In particular, it was the result of a survey that led the author to study this issue in earnest. According to the Korea Democracy Barometer 2010, 34.9% of the respondents selected Park Chung Hee as the "best government," outpacing the ratio of the Roh Moo-hyun government and the Kim Dae-Jung government. Furthermore, additional analysis has confirmed that Park Chung Hee Nostalgia has a substantial basis. The year 2010 was the time when Korea passed the two-turnover test and evaluated as a consolidation of Korean democracy. How can we assess the two different phenomena? Since then this question has continuously been stimulating the author.

The principal claim of this book is that Park Chung Hee's Nostalgia has a multi-layered character. Park Chung Hee's Nostalgia as retrospective support for the former presidents has limitations in analyzing the multi-layered nature of Park Chung Hee Nostalgia. Park Chung Hee Nostalgia means retrospective support for former president Park Chung Hee, who has led high growth by building a Korean economic growth model. However, it should note that the source of support for former President Park Chung Hee is citizen's preference for economic growth first. Preference for Economic growth first was a mechanism by which

Park Chung Hee Nostalgia could be reproduced even after democratization.

In a democratized South Korea that has already undergone a period of high growth, the Park Chung Hee style growth model is no longer relevant. However, Park Chung Hee's growth model, which was a chaebol-centered export-driven growth center system, maintained its basic framework even after democratization. In the progressive government, the chaebol - centered economic system has strengthened, and preference of the economic growth first has continued. The limit and cost of Park Chung Hee style's economic growth model is clear. Our question is not economic growth for whom or sustainable growth but how much growth. As a result, political interpellation of the Park Chung Hee repeated every time a brief recession caused by internal and external factors occurred during the democratization process.

The contents of each chapter of this book are summarized as follows. In Chapter 1, I analyzed what Park Chung Hee Nostalgia as a multilayer phenomenon is. The results of the survey on former President Park Chung Hee, which has been in full swing since 1990, can be summarized as follows. First, citizen's preference as the favorite the former president has been on the pace until the mid 2010's - However, since the mid 2010s's-to-a recent date, the results showed that former President Roh Moo-Hyun preceded Park Chung Hee. Second, former President Park Chung Hee has maintained the highest level in the surveys concerning the achievements of the former president. Third, the positive evaluation of former President Park Chung Hee exist to both ordinary citizens and experts.

There are very few prior studies that deal with Park, Chung Hee Nostalgia. This study can classify into the studies that analyzed the Park Chung Hee Nostalgia from the psychological perspective, the studies examined from a mass standpoint, and the analyzes investigated as the result of the justification discourse. From the author's point of view, the precedent research has a limitation that it can not capture the multi-layered nature of Park Chung Hee Nostalgia. Primarily, from the critical point of view, the previous study analyzed the citizens' support for the Park Chung Hee and Park Chung Hee models and regarded their support as a pathological phenomenon. In this study, I defined the Park Chung Hee Nostalgia as the following phenomenon. Citizens support the authoritarian leader, Park Chung Hee as the architect of the Korean model of economic growth, and feel the Nostalgia for the time and politically support it. Further, they prefer most economic growth and still believe Park Chung Hee's economic model is more efficient for economic growth.

In Chapter 2, attempted an objective analysis of Park Chung Hee Nostalgia by analyzing four issues related to the Park Chung Hee Nostalgia. The results of the analysis are summarized as follows: First, Park Chung Hee Nostalgia cannot be regarded as historically retrospective and anti-democratic. Instead, many Park Chung Hee supporters have a democratic orientation. Second, it can not be analyzed only as a result of political mobilization. The base for Nostalgia was broad. Park

Chung Hee received some support from Cholla region and progressive bloc, which are politically opposed camps. Third, Park Chung Hee Nostalgia has some relationship with the evaluation of the policy failure of the democratic governments. Fourth, Park Chung Hee Nostalgia does not only mean the citizen's support for former president Park Chung Hee, but it is also significantly associated with statism that is mediated by economic growth priority and national security.

Chapter 3 empirically analyzed the micro-foundation of the Park Chung Hee's Nostalgia. Although Park Chung Hee Nostalgia emerged as a significant phenomenon in Korean democracy, there was little discussion about the theoretical framework for systematic analysis. This chapter is a preliminary discussion to overcome this. For this purpose, we analyzed the micro-foundation of the Park Chung Hee Nostalgia by employing the framework of Ekman and Linde (2005) which investigated the communist Nostalgia after the democratic transition in the East European democracies. As a result of analyzing the four models (biographic dimension, political, ideological dimension, performance evaluation dimension-individual, and system evaluation), Park Chung Hee Nostalgia was a two-dimensional phenomenon. Critical assessment of the performances of democratic government and age is a significant determinant of Park, Chung Hee Nostalgia. In particular, the negative perception of democratic efficacy (democracy can solve significant problems in our society), which shows the efficacy of the democratic system, was significantly related to Park Chung Hee's Nostalgia. As a result of this analysis, it can be inferred that citizen's critical evaluation of policy ineptness of democratic governments is significantly associated with the Park Chung Hee Nostalgia.

Chapter 4 analyzes the historical conditions and origins that Park Chung Hee Nostalgia could emerge. In this chapter, we traced the conditions that contributed to the emergence and spread of Park Chung Hee's Nostalgia and the origins of Park, Chung Hee's Nostalgia. First of all, the historical conditions focused on the understanding of the lower limit of the authoritarian regimes as a soft authoritarian regime, the mode of democratic transition, the dual role of the Chun Doo Hwan regime, and the output-oriented democracy. These conditions seem to have contributed to the emergence of Park Chung Hee's Nostalgia by underestimating the democratic achievement of the Korean people and overestimating the economic performance of the authoritarian regime. As for the origin of the Park Chung Hee Nostalgia, I critically reviewed two arguments (the origin of civil government and the origin of the democratic governments) for the search for the origin of Nostalgia. Park Chung Hee's Nostalgia originated in the Park Chung Hee period, but I argued that it was subsequently expanded and reproduced by political competition and mobilization.

Chapter 5 analyzed the relationship between the people's consent to Park Chung Hee system and Park Chung Hee Nostalgia. The Park Chung Hee regime had a massive base that can not be reduced by the imposition of urgent measures and the garrison decree. In this chapter, I attempted to analyze public consent to the Park Chung Hee regime based on theoretical debates surrounding the mass dictatorship. From this book's perspective, the precedent research focused on the mobilization efforts of the Park Chung Hee regime made was unsatisfactory to finding empirical grounds for the public's view (consumer). As a result of this chapter, there was a certain consensus and belief between the people and the Park Chung Hee system about the tasks of the period. However, it was hard to say that the voters had actively agreed upon the Park regime when analyzing the voter's support for Democratic Republic Party during the Yushin regime period. Park Chung Hee Nostalgia continued to be not because the Park regime possesses hegemony without cleavages but because it failed to build counterhegemony after democratization.

Chapter 6 analyzes the preference of the economic growth-first as a legacy of Park Chung Hee Nostalgia. In this chapter, I have tried to investigate the determinants of the citizen's preference for economic growth-first by focusing on the question of why they support economic growth-first after democratization. Among the currently available public opinion surveys, the most favorable polls in 2001, the Korea Barometer Survey, showed that citizens' preference for economic growth preference was closely related to the critical evaluation of the efficacy of the democratic system. The preference for citizens' preference for economic growth was also related to the citizen's understanding of the essence of democracy.

Chapter 7 analyzed the political influence of Park Chung Hee Nostalgia. The argument of this book regarding the origins and proliferation of Nostalgia is that political mobilization played a vital role in the spread of Park Chung Hee's Nostalgia. This chapter first analyzed historically how the political forces mobilized park Chung Hee Nostalgia after democratization. In particular, former President Park Geun-Hye relied on Park's Nostalgia for every political phase. I also analyzed the political influence of the citizen's preference of the economic growth-first, another dimension of Park Chung Hee's Nostalgia. As can be seen from the elections of Lee Myung-Bak and Park Geun - Hye, the preference of the economic growth first has had a significant influence on voters' electoral choice after democratization.

Chapter 8 explored after Park Geun-Hye's impeachment and arrest, what will be Park Chung Hee Nostalgia? Despite the importance of this problem, no previous research analyzed it academically. This chapter critically reviews some of the three positions presented in the media analysis and argues that Park Chung Hee Nostalgia, which has a multi-layered landscape, can be maintained even after the impeachment of Park Geun-Hye. The mechanism by which Park Chung Hee Nostalgia can reproduce for the young generation is the preference of economic growth first and statism.

ARI Monograph Series 37

Park Chung Hee Nostalgia and Korean Democracy

First Published 2019
by The Asiatic Research Institute at Korea University
145 Anam-ro, Seongbuk-gu, Seoul 136-701, Korea
www.asiaticresearch.org

아연동북아총서 37

박정희 노스탤지어와 한국 민주주의

1판1쇄 | 2019년 7월 31일

저자 | 강우진
펴낸이 | 이종화
펴낸 곳 | 아연출판부
등록 | 2000년 5월 24일 제6-376호
주소 | 서울시 성북구 안암로 145 고려대학교 아세아문제연구소(136-701)
전화 | 02-3290-1600 팩스 | 02-923-4661
홈페이지 | www.asiaticresearch.org

값 15,000원

ISBN 978-11-89273-13-2 94300
ISBN 978-89-90769-29-9 (세트)

이 도서의 국립중앙도서관 출판예정도서목록(CIP)은 서지정보유통지원시스템 홈페이지(http://seoji.nl.go.kr)와 국가자료종합목록 구축시스템(http://kolis-net.nl.go.kr)에서 이용하실 수 있습니다. (CIP제어번호 : CIP2019028344)